U0797606

天

Borderless

下

天下，在乎正义和你

天
Borderless
下

数字司法的中国图景

THE CHINESE DIGITAL JUSTICE

左卫民 著

法律出版社 | LAW PRESS
北京

图书在版编目（CIP）数据

数字司法的中国图景 / 左卫民著. -- 北京：法律出版社, 2023
ISBN 978-7-5197-8551-2

Ⅰ. ①数… Ⅱ. ①左… Ⅲ. ①数字技术-应用-司法-研究-中国 Ⅳ. ①D926.04-39

中国国家版本馆CIP数据核字（2023）第219677号

数字司法的中国图景
SHUZI SIFA DE ZHONGGUO TUJING

作　　者：左卫民
责任编辑：张心萌　孔明林
装帧设计：贾丹丹
出版发行：法律出版社
编辑统筹：学术·对外出版分社
责任校对：张翼羽
责任印制：陶　松
经　　销：新华书店
开　　本：710毫米×1000毫米　1/16
印　　张：17.25
字　　数：233千
版　　本：2023年12月第1版
印　　次：2023年12月第1次印刷
印　　刷：固安华明印业有限公司
书　　号：ISBN 978-7-5197-8551-2
定　　价：88.00元
版权所有·侵权必究

销售电话：010-83938349　客服电话：010-83938350　咨询电话：010-63939796
地　　址：北京市丰台区莲花池西里7号(100073)
网　　址：www.lawpress.com.cn
投稿邮箱：info@lawpress.com.cn
举报盗版邮箱：jbwq@lawpress.com.cn
凡购买本社图书，如有印装错误，我社负责退换。电话：010-83938349

序　言

当今世界正处于一个全面数字化的时代，在数字竞争的国际格局中，中国在诸多方面已处于全球领先地位。党的十八大以来，以习近平同志为核心的党中央高度重视数字化建设，我国数字化建设也取得了一系列成就。2021 年 3 月 11 日，十三届全国人大四次会议表决通过的《国民经济和社会发展第十四个五年规划和 2035 年远景目标纲要》（以下简称“十四五”规划）将“加快数字化发展　建设数字中国”单列成篇，这势必会进一步推动中国加快全面数字化建设的步伐。

司法数字化及数字化驱动的司法人工智能建设也是国家数字化战略的重要内容。2018 年，科学技术部专门设立国家重点研发计划“公共安全风险防控与应急技术装备”重点专项“公正司法与司法为民关键技术研究与应用示范”专题研究任务（科技部国家重点研发计划“司法专题任务”），截至 2021 年已发布 5 批次招标项目，投入了大量资金专门开展司法数字化相关技术与装备的研究，特别是在线诉讼、法院管理、诉讼服务、裁判预测、类案智能推送系统等数字化、智能化的智慧法院技术和装备,[①]“十四五”规划也明确提出,要加强智慧法院建设。应当看到,近年来通过中央和地方各个层面大量资金的投入以及司法机关、高校、科研机构、科技企业的通力合作,中国司法数字化、智能化建设取得了诸多成果,许多成就领先世界。一是司法数字化探索与变革方面的全面推进,例如,相对于其他国家,中国的庭审直播在政策和话语层面似乎一开始就呈现出普遍适用的特殊现象,国家的支持、技术的发展、实践的推动使中国的司法公开在某种程度上实现了“弯道超车”。[②] 又如,中国的在线诉讼发展也已从“跟跑”走向“领跑”,2017 年 8 月 18 日,全球第一家专业互联网法院——杭州互联网法院正式挂牌,标志着中国开启了在线诉讼时代;2018 年 9 月,北京互联网法院、广州互联网法院相继挂牌成立;在线诉讼快速推广,在中央和最高人民法院的要求下,2020 年春节后,中国法院普遍积极推行了在线诉讼活动。我国在线诉讼在推进方式以及适用模式上选择了一条较为温和、渐进的路径,一定程度上确保我国在线诉

---

① 为全面落实《国家中长期科学和技术发展规划纲要(2006-2020 年)》《关于深化中央财政科技计划(专项、基金等)管理改革的方案》(国发〔2014〕64 号),科技部会同最高人民法院、最高人民检察院、司法部等,组织专家制定了国家重点研发计划“公共安全风险防控与应急技术装备”重点专项“公正司法与司法为民关键技术研究与应用示范”专题研究任务实施方案,该专题研究任务被列为新增任务之一并正式进入实施阶段。该专题任务面向“全面依法治国”战略布局,积极响应“建设网络强国”“大数据战略”“互联网+行动计划”,重点围绕国家智慧司法体系建设中亟待解决的问题,开展技术攻关和应用示范,致力于使我国的司法资源优化配置理论和跨部门、跨层级多业务司法协同关键技术达到国际先进水平,形成一批具有中国特色、引领世界司法技术和装备发展的先进技术成果,初步形成以智慧司法知识中心和法检司三部门运行支撑平台为核心的国家智慧司法运行支撑体系,为实现公正司法和司法为民,建成公正、透明的司法体系提供科技支撑。该专项任务实施期为 2018~2021 年。已立项的研究项目如上海交通大学承担的“法院智能化综合管理与决策关键技术研究”,获批中央财政经费 2238 万元;东南大学承担的“面向诉讼全流程的一体化便民服务技术及装备研究”,获批中央财政经费 2324 万元;四川大学法学院承担的“高质高效的审判支撑关键技术与装备研究”,获批中央财政经费 3418 万元;中国社科院大学承担的“内外贯通的审判执行与诉讼服务协同支撑技术研究”,获批中央财政经费 3049 万元;昆明理工大学承担的“智慧法院智能化服务技术研究及支撑平台开发”,获批中央财政经费 3205 万元;等等。这些研究课题虽然都由高校承担,虽然不少项目都是高校法学专家作为负责人,但在实施中分别与所在地的法院和科技公司合作,研究和开发相关的技术和装备,其成果可以直接落地变成智慧法院基础构件的一部分。

② 参见本书第一章“司法数字化的时代发展:庭审直播”。

讼在适用广度、落地深度以及适用效果方面都居于世界领先水平。[①] 二是以审判管理信息化、裁判文书上网、庭审直播、在线诉讼等为重点内容的司法数字化探索与变革,带动了实务界与理论界对各类司法大数据特别是裁判文书大数据的挖掘与法律研究,这为中国司法从数字化向智能化进一步升级奠定了坚实基础。三是在司法大数据挖掘技术驱动以及法律研究不断迈向计算化的时代背景下,中国司法人工智能建设蓬勃发展,一批智能产品出现并在实践中得到应用,如最高人民法院的类案智能推送系统、北京法院的“睿法官”智能研判系统、上海法院的“206”刑事案件智能辅助办案系统等。整体而言,数字化、智能化的现代科技体系作为法院工作的支撑系统,在审判执行工作现代化中扮演着越来越重要的角色,其发展历程呈现的一条主线是:以审判管理信息化、裁判文书上网、庭审直播、在线诉讼等为重点内容的司法数字化探索与变革,在国家和地方大量投入的研发经费的支持下,带动了司法机关、高校、科研机构、科技企业通力合作,对各类司法大数据特别是裁判文书大数据展开挖掘与法律研究,进而驱动了司法人工智能的勃兴。

随着司法数字化、智能化技术和装备的研发与应用,中国针对司法数字化与人工智能化的法律规范、伦理规范等制度体系也在不断构建与完善。例如针对在线诉讼,2018 年 9 月 7 日起,最高人民法院《关于互联网法院审理案件若干问题的规定》施行,2021 年 8 月 1 日起,《人民法院在线诉讼规则》施行,2022 年 1 月 1 日起,《人民法院在线调解规则》施行,2022 年 3 月 1 日起,《人民法院在线运行规则》施行,三大在线诉讼规则是世界范围内首次构建的全方位、系统化的互联网司法规则体系,推动了中国特色、世界领先的互联网司法模式迎来划时代变革。[②] 在司法人工智能领域,发展优位似乎是中国特殊的规制模式,[③]虽然尚未有专门针对司法甚至法律人

① 参见本书第二章第二节“后疫情时代的在线诉讼”。

② 参见孙航:《勇立潮头 踏浪前行——人民法院深化司法体制改革工作综述》,载《人民法院报》2022 年 3 月 5 日,第 7 版。

③ 参见李训虎:《刑事司法人工智能的包容性规制》,载《中国社会科学》2021 年第 2 期。

工智能的法律规范、伦理规范出台,但 2021 年 9 月国家新一代人工智能治理专业委员会发布的《新一代人工智能伦理规范》以及 2022 年 3 月中共中央办公厅、国务院办公厅印发的《关于加强科技伦理治理的意见》提出的科技伦理原则、伦理规范在很大程度上能够为司法人工智能活动提供一定的规范指引,对其起到一定的规制作用。

需要指出,虽然中国司法数字化与人工智能化建设在技术与装备上取得了一定发展与突破,在法律规则体系上也有创新与发展,但已有的技术与装备在实践运行中仍然存在不少问题,未来想要取得进一步发展也面临不少难题与障碍,包括技术难题、保障机制不足、法理与伦理障碍以及制度规范的合理性、合法性问题等。具体而言,表现在以下几个方面:

一是司法数字化探索与变革方面的问题。例如,针对庭审直播,不少学者寄予厚望,认为庭审直播既是司法公开的最新形式,也是保障和监督司法公正的有力方式,还有律师和学者认为庭审直播可以改变以往审判公开的有限性和形式化。但从法理层面上来看,庭审直播与司法公开的根本宗旨是否存在冲突,庭审直播是否可以成为司法公开的适当路径仍然值得追问。又如,针对在线诉讼,不少人仅将其视为一种应对新冠肺炎疫情的权宜之计;同时,对于如何看待在线诉讼与传统诉讼之间的关系,学术界也未直接作出回答,未来在线诉讼能否成为一种与传统诉讼方式并驾齐驱的独立诉讼方式,值得思考。此外,在线诉讼的审判机理、规范体系、技术等问题也需要我们深入讨论。

二是司法数字化驱动的大数据挖掘与法律研究问题。司法数字化建设产生了裁判文书、审判管理信息、庭审直播录音录像等各种结构化、非结构化的司法大数据,使基于司法大数据的司法实践与相关新型实证研究成为可能,并可能带来法律研究方式的革命性变化。但综观当下的司法大数研究与挖掘实践,依然存在技术方面的难题。当前大数据研究的技术手段仍停留在较为初级的阶段,例如,现有的研究仍未完成对裁判文书充分的文本识别与信息挖掘,当下常见的大数据研究在裁判文书中所收集和挖掘的多是一些浅层数据、显性数据，在难度更大的深层数据、隐性数据（如原被告的主张及相应证据、法院的说理和判决结果等）信息的获取方面尚无充分有效的技术手段，也尚无研究者实现对此类信息的大数据分析。此外，研究者对数据分析方法的运用也趋于单调，法律实证研究在整体上仍以基础的平均数、频数、方差等描述性统计方法为首要工具，这与当前经济学、管理学等学科的研究技术水平相去甚远。描述性研究在对经验现象的特征勾勒上起到了重要作用，但在面对构建事物间的相关性甚至是因果性这类深入研究时显得捉襟见肘。包括大数据法律研究在内的法律实证研究不应当仅是描述现象的工具，更需承担起揭示法律运作过程的规律、深度阐释事实背后的相关关系或因果关系的任务。司法大数据的深度挖掘以及相关的法律研究与司法人工智能技术、装备的研发和应用能够取得何种成效紧密相关。如果不能对司法大数据特别是深层数据、隐形数据进行深度挖掘，不能准确揭示法律运作过程规律、深度阐释事实背后的相关关系或因果关系，就无法设计产出符合司法规律要求的合法、合理的司法人工智能技术与装备，或者说产出的司法智能产品很大程度上会出现“算法歧视”“算法黑箱”的不公正结果，将有损司法人工智能化的目的。未来该如何开展大数据挖掘与法律研究，在“技术”与“思想”之间求得一种平衡，最大限度地为司法人工智能技术与装备的研发和应用提供丰富且有效的“养料”，也是颇为值得讨论的问题。

三是大数据驱动的司法人工智能的研发、应用以及未来发展前景问题。当前中国司法人工智能界存在着一种话语与实践的冷热差异。一方面，中国在顶层设计、政策制定、学术界研究方面对司法人工智能的重视程度超过不少国家；另一方面，已有的一些司法人工智能系统在司法实践中的运用效果却遇冷。[①] 这在很大程度上与司法人工智能系统难以满足司法实践的真正需求有关，也与司法人工智能的运用存在诸多法理障碍以及伦理风险有关。例如，由于法律数据不充分、人工智能技术存在瓶颈，相应产出的司法人工智能

---

① 参见本书第七章第二节“中国司法人工智能的‘冷热’悖论”。

产品如裁判预测、类案智能推送系统等得出的结果出现问题，难以为法官裁判提供有效的辅助，甚至很大程度上导致法官对其产生不信任感、排斥感。更为重要的是，由于存在“算法歧视”“算法黑箱”等技术风险和问题以及人们对审判的历史传统存在固有认识，司法人工智能也缺乏社会认同的基础，在中短期甚至长期以来，社会对司法人工智能应用的许多问题可能难以达成共识。因此，未来司法人工智能的发展前景如何依然存在不确定性，司法人工智能到底该走向何方，如何发挥其最大的效用，也需要我们深入研究。

应当看到，作为近年来我国司法领域全面深化改革的热门话题以及法学研究的前沿课题，司法数字化、大数据与人工智能等问题的研究产生不少高质量成果，其中不乏真知灼见，并且在很大程度上推动了中国司法数字化与人工智能化的建设进程。但整体观之，相关研究成果可能存在以下问题：第一，研究的系统性、体系化程度不足；第二，对作为推动司法数字化、智能化建设的核心手段的法律大数据研究方法的提炼不够；第三，针对一些具体现象的分析与把握存在误区，一些具体观点也值得商榷。本书即尝试围绕中国司法数字化和人工智能化这一主题展开体系化研究，基于中国司法数字化、智能化建设这一逻辑主线，从“司法数字化的探索与变革”“司法数字化驱动的大数据研究”“大数据驱动的司法人工智能”三大方面进行系统性检视与前瞻性思考，致力于全面揭示中国司法数字化与人工智能化存在的一些核心问题，如大数据挖掘与研究的基本问题、司法人工智能的热与冷悖论等，也希望能纠正一些误区，如庭审直播远非普遍乃至得到充分认可的司法现象；在线诉讼不应仅被视为应对新冠肺炎疫情的权宜之计，其在后疫情时期具有继续使用的独特价值与意义。更为重要的是，对于中国数字化与人工智能化的未来发展趋势，本书更致力于提出一些富有建设性、合理性与可行性的理论创见与对策建议，例如：未来可以探索一种全新的自科法学开展大数据挖掘与法律研究；司法人工智能应当从通用化走向专门化；AI 法官的运用前景如何仍然具有不确定性，取决于技术发展与法理、伦理等诸多因素的调适；等等。

总之，本书力求深度融合科技与法律两大学科知识，在技术赋能司法与法律保障权利之间寻求一种动态的、有机的价值平衡，为实现数字化时代“技治”与“法治”的合力共为提供助力，推动中国司法的现代化和智慧化走深走实，以推进国家治理体系与治理能力现代化。

需要指出的是，尽管这一领域的科技日新月异，相关的应用产品层出不穷，理论研究也如火如荼，但其基本趋势清楚可辨，因而本书所呈现的基本观点也一以贯之，希望读者给予指正，是为序。

左卫民

2023 年 9 月 28 日于川大江安

目　录

上篇　司法数字化的探索与变革

中篇　司法数字化驱动的大数据研究

上篇　司法数字化的探索与变革

第一章　司法数字化的时代发展：庭审直播

在当下中国司法数字化建设的法治实践中，一个热度颇高的话题就是庭审直播。广义的庭审直播是指法院通过电视、互联网或者其他公共传媒对公开开庭审理的案件过程进行图文、音频、视频的同步记录和实时播放，包括直播和录播两种形式。庭审直播最显著的特征就是庭审过程记录的实时性和可回放性，以视频形式进行的庭审直播尤其如此。庭审直播特别是互联网直播自诞生以来，就被视作司法公开的重要途径，同时也被视作提高司法公信力、建设阳光司法的重要途径。

庭审直播勃兴的最大动力来自最高人民法院的政策驱动。为了推广与支持庭审直播，最高人民法院相继出台了《关于司法公开的六项规定》《司法公开示范法院标准》《关于人民法院接受新闻媒体舆论监督的若干规定》《关于人民法院直播录播庭审活动的规定》等规范性文件，从内容、程序、方式等层面对庭审直播进行了规范，并且要求全国各级法院积极开展庭审直播工作。[①] 在上述规定的指引

① 《关于司法公开的六项规定》第二项“庭审公开”中规定，因审判场所等客观因素所限，人民法院可以发放旁听证或者通过庭审视频、直播录播等方式满足公众和媒体了解庭审实况的需要。

下，庭审直播工作在中国如火如荼地开展起来。①

除了政策层面的支持外，最高人民法院还牵头建立了中国庭审公开网。截至 2020 年 6 月 2 日，中国庭审公开网已累计直播案件 7,363,941 件，累计访问量达 24,367,001,348 余次，共接入法院 3494 家，接入率为 100%。② 这意味着中国所有法院、所有员额法官的庭审均可能进行全国范围的直播。在对常规案件进行直播的同时，该网站也同步直播、录播了一些重大疑难案件或者受到公众关注较多、社会影响较大的案件。③ 中国庭审公开网的建立为庭审直播工作提供了统一的平台，大大增加了直播案件的数量，获得了更多的公众关注。由此观之，中国司法决策者、实务者推行普遍化庭审直播的意愿似乎颇为强烈。

显然，在话语层面上，学界和社会公众已经意识到庭审直播的兴起及其作用。笔者在 2020 年参加了一场名为“阳光下的司法”的庭审直播研讨会，这次会议上，不少学者对于庭审直播寄予厚望，认为庭审直播是司法公开的最新形式，同时也是保障和监督司法公正的有力方式。有的律师和学者认为，庭审直播可以改变以往审判公开的有限性和形式化。因此在一些重要案件当中，庭审直播能够通过公共舆论制约公权力机关，防止权力的滥用，使得法官能够更加充分考虑、吸纳律师和社会公众的建议，从而达致他们所认同的司法公正。然而，在会上也有部分学者对庭审直播持审慎态度，特别是对庭审直播可能带来的对个人隐私信息过度暴露等风险表示了

---

① 在 2013 年 5 月召开的全国法院新闻宣传工作会议上，时任最高人民法院院长周强提出：“要客观、及时、全面地公开人民法院工作信息。人民法院要坚持善用媒体、善待媒体，加强对传统媒体和新兴媒体的统筹运用，坚定不移地推进司法公开。”（《周强：在新媒体环境下奏响公正司法的时代强音》，载人民网 2013 年 5 月 29 日，http://politics.people.com.cn/n/2013/0529/c70731-21655286.html。）

② 数据来源：中国庭审公开网，http://tingshen.court.gov.cn，最后访问日期：2020 年 6 月 2 日。

③ 例如：聂某斌故意杀人、强奸妇女再审案（2016）最高法刑再 3 号。该案在中国庭审公开网进行了 34 小时 40 分的庭审录播，截至 2020 年 6 月 2 日，累计播放量已达四百余万次。

担忧。[①] 为此,本书拟从比较法与诉讼法理的角度对庭审直播的功能、价值和形式等进行辨析。

第一节　现状:庭审直播真的已经普遍化了吗

就笔者所掌握的材料来看,无论是在域外还是中国,由于种种条件的限制,庭审直播远非普遍甚至得到充分认可的司法现象。就域外而言,对庭审直播的限制往往与立法规范和司法裁量有关,而在中国,庭审直播则主要受到案件本身的特性、公开者和受众理性选择的限制性影响。

一、庭审直播不是一种普遍的域外图景

从横向比较看,大多数发达国家,无论是大陆法系还是英美法系国家,基本没有庭审直播的制度建构,甚至不少国家曾经禁止或限制以视频形式对庭审进行直播,即使最近许多年特别是 21 世纪以来,许多国家在一定程度上对庭审直播进行了“解禁”,但这种“解禁”更多的是技术发展的自然演进,而非司法政策积极促成的结果。[②] 具体而言,庭审直播在域外的非普遍性主要体现在两个方面。

一方面,从制度史角度而言,在相当长时期内域外一些国家和地区都禁止对庭审进行直播。例如,英国早年禁止任何形式的庭审

---

① 报道显示,2019 年 3 月 10 日晚,由北京理工大学司法研究所、北京理工大学法学院诉讼法学研究所、北京理工大学智能科技法律研究中心、中国社科院法学所“人民法院庭审公开第三方评估”课题组联合主办的“阳光下的司法——庭审直播学术研讨会”在线上召开(参见《庭审直播井喷发展后如何完善? 业界大咖和专家学者这样建议》,载澎湃新闻网,https://m.thepaper.cn/newsDetail_forward_3119871,最后访问日期:2020 年 6 月 2 日);关于更多对庭审直播和个人隐私权衡的讨论,可参见刘小鹏:《庭审网络直播与当事人隐私权保护的冲突与平衡》,载《法律科学(西北政法大学学报)》2015 年第 3 期;参见姚广宜:《对网络微博庭审直播现状的实证分析》,载《中国政法大学学报》2016 年第 4 期;等等。

② 参见冯姣:《禁止庭审微博直播与审判公开关系之探析》,载《法治研究》2013 年第 8 期。

直播,晚至2010年12月20日,英格兰及威尔士的首席大法官才签发了《关于在英格兰及威尔士的法庭内适用推特(Twitter)等社交媒体实时文字报道庭审情况的正式指导意见》(以下简称《庭审报道指导意见》),这标志着推特等社交媒体开始嵌入英国司法系统。[①] 不仅如此,法国也一直禁止对法庭活动进行录像。其规定自开庭时起就禁止使用任何录音和放音设备,包括电视机、摄像机、照相机等,否则罚款300法郎至12万法郎,[②]遑论通过网络进行庭审直播。德国在很长一段时间,更是严格且毫无例外地禁止对庭审进行音频和视频录制,直到20世纪90年代,这项禁令才有所松动。即使如此,德国庭审直播禁令相对化进程仍饱受批评:这部分因为当事人的个人权利可能遭到侵犯,但更主要的原因是庭审直播可能会对案件事实真相的发现产生消极影响。例如,有些证人在直播时为了维护个人形象,可能会做出有悖于事实的陈述;有些证人则利用庭审直播将审判庭变成了自己的个人秀场。归根结底,反对者认为这些现象阻碍了庭审活动实现查明事实真相的目的,不利于司法公正。[③]

另一方面,即使当下部分域外国家允许对庭审进行直播,但也对其进行了诸多限制,使之无法成为一个普遍的司法现象。例如,为英国庭审直播"解禁"的《庭审报道指导意见》明确指出,其首要原则是使庭审过程免受不当干扰,其次才是审判公开。《庭审报道指导意见》对可能导致干扰庭审公正的情况进行了严密防范,一旦法官认为旁听人员所发布的信息有损庭审的独立公正,可以随时撤销对其发布信息的授权。目前,英国最高法院虽然允许推特、油管(You Tube)等社交媒体在有限制的条件下对法庭进行录音录像以

① 参见高一飞、祝继萍:《英国微博庭审直播的兴起》,载《新闻与传播研究》2012年第3期。

② 参见《法国刑事诉讼法典》,余叔通、谢朝华译,中国政法大学出版社1997年版,第123页。

③ BVerfG NStZ 1995, 40 m. Anm. Scholz; BVerfG NJW 2000, 2890; BVerfGE 103, 44; BVerfG NJW 2017, 798. 转引自[德]迈克尔·赫格曼斯:《刑事诉讼程序的公开性与新闻自由(Die Öffentlichkeit des Strafverfahrens und die Medien)》,2019年9月23日至27日在德国明斯特大学举办的中德刑事法研讨会会议论文。

帮助公众了解司法体系,但为减少庭审直播的弊端,英国法院也采取了诸多措施,如限制庭审直播主体。具体而言,记者和法律评论员无须申请即可在法庭上使用推特(Twitter)进行实时直播,普通民众则需要通过申请获得许可之后方可进行,而法官和律师则被禁止。在法国,对庭审进行录像需要经过严格的批准程序。例如,《法国刑事诉讼法》第308条规定,在审判法庭庭审辩论过程中,原则上不允许使用电视,但上诉法庭第一院长在听取“视听档案委员会”的意见后,可以批准在庭审辩论中使用电视直播。[①] 值得注意的是,即使是在获准对庭审进行直播的情况下,对直播材料的后期使用也受到了新近立法的严格禁止。[②] 这在某种程度上意味着,法国的庭审直播及附带性的录播材料几乎无法为包括研究人员、科技公司在内的社会公众所接触、获取与利用。在德国,德国联邦宪法法院在处理宪法申诉案件时多次宣称,虽然在审判时不得进行拍摄,但是出于新闻自由在庭审之前和庭审之后都是可以在审判庭内进行拍摄的,即便审判人员在场也可以。[③] 由此可见:其一,从法规范的时空维度来看,联邦宪法法院的这一裁判立场仅针对法庭审判前后的行为,并未放开对庭审过程的限制,换言之,拍摄报道只能在庭审前后进行。其二,从法规范的指涉对象来看,其强调的是允许拍摄的(静态)画面内容,而并不能理解为允许对整个动态过程进行全面录制。

需要指出,虽然美国对庭审直播的态度较为多元化,甚至有一部分州法院对其持开放态度,但联邦法院则对其适用的态度并不一致,能否将新技术应用于庭审直播,主要取决于主审法官的态度以

---

① 参见《法国刑事诉讼法典》,余叔通、谢朝华译,中国政法大学出版社1997年版,第123~124页。

② 参见法国《司法改革法》(Justice Reform Act)第33条规定,“不得为了评价、分析、比较或预测法官和司法行政人员的职业行为而重复使用其身份数据”(参见《突发!法国新法禁止对法官行为进行统计分析,司法科技或遇寒冬》,载微信公众号“数据法盟”2019年6月9日,https://mp.weixin.qq.com/s/vT9WAgKWWwhFoFERngXt_w)。

③ 参见[德]迈克尔·赫格曼斯:《刑事诉讼程序的公开性与新闻自由(Die Öffentlichkeit des Strafverfahrens und die Medien)》,2019年9月23日至27日在德国明斯特大学举办的中德刑事法研讨会会议论文。

及双方当事人的意见。[1] 但在事实层面，对庭审过程的事后、图文报道较为常见，整体上并无完整、普遍的庭审视频直播，因而庭审直播在美国也难称普遍。

由此，我们可以发现，不少法治发达国家对于庭审直播的关注度不高且缺乏“善意”，没有一个国家从国家层面大力推动庭审直播，实践中更没有频繁的庭审直播，缺乏专门的直播网站。这些国家对于有限庭审直播的尝试更像是“戴着镣铐跳舞”，汇聚其上的目光也带着警惕与谨慎。

何以这些法治水平高度发达的国家对于庭审直播的态度并不积极甚至还有所禁止呢？本书认为原因如下：

首先，这些国家对于司法公开的界定非常明确。换言之，其关于司法公开的内容已有隐含的外延。例如，《世界人权宣言》和《公民权利与政治权利国际公约》对审判公开分别进行了如下表述：“人人完全平等地有权由一个独立而无偏倚的法庭进行公正和公开的审讯”“所有的人在法庭上和裁判面前一律平等。在判定时对提出的任何刑事指控或他在一件诉讼案中的权利和义务时，人人有资格由一个依法设立的合格的、独立的和无偏倚的法庭进行公正的和公开的审讯。”上述条文并未直接给出司法公开的定义。但是，一方面，从规范性质上来看，其实质上更加强调公开审判是作为被告人权利的保障性措施而存在，即司法公开是为了保障被告人的程序性权利，因而一旦司法公开的形式不当，可能造成被告人权利的减损，则司法公开就丧失了其正当性基础。另一方面，从规范内容上来看，其特别强调了司法公开的规范对象是法庭，规范事项是“审讯”（审判），即要求在特定案件中正在履行审判职责的组织及其存在的空间应当向社会开放。这显然意味着司法公开具有时空上的特定性和限制性，主要是在法庭的物理空间和时间范围内以亲自在场的人为对象进行公开，以便对审判过程中的信息能够或者应该以何种方式、在多大范围内向社会公开进行控制。所以，关于司法公开的认知是蕴含在其司法传统中的一种隐含认知，公众场合的公开性

---

① 参见王燃：《美国庭审直播制度》，载《国家检察官学院学报》2015 年第 2 期。

是一种有特定背景和含义的"公开",并非无限制的全面公开。就算要向社会公开,他们也大多依靠文字、图片等方式并借助传统纸媒或者社交媒体来公开,如脸书(Facebook)、推特、油管等,而非无限制的视频全程直播。

西方司法公开的传统由来已久,早在古希腊、古罗马时期就出现了诸如"剧院审判"的公开形式。就算新媒体的发展为司法公开提供了前所未有的动力,使这一古老的传统的辐射范围可以从剧院、广场等具体的地点拓展到全国。多数西方国家还是认为,司法公开存在边界与外延,庭审的所有细节都事无巨细地暴露在全社会面前供其审视与评论绝非司法公开的应有之义。因此,大多数西方国家在沿袭司法公开这一传统时,依然秉持在特定空间、特定时间对特定人公开的做法。

其次,这些国家对于司法应该怎样运行以及应当如何尊重、保护司法过程也有着独特的看法。司法审判的过程实际上就是多元价值冲突、博弈、妥协的过程,完善的司法应当平衡多方的利益诉求,使得社会秩序达到相对稳定的状态。司法公开作为公开价值在司法领域的体现,其本身也应当具有平衡诸多价值的张力存在。

司法公开和独立行使审判权这对概念本无特殊联系,但是在个别情况下可能产生冲突。司法公开强调的是司法应当以可视的方式实现公正,古罗马法谚有云:"司法必须以看得见的方式实现公平。"①独立行使审判权则指的是审判权应当独立运行,不受其他主体的干涉。合理、适当的司法公开有助于司法受到监督,进而对独立行使审判权的良好运行起到正向作用,但是过度公开会使司法受到诸多没有必要的关注甚至承受言论、行为上的偏见,这反而会对独立行使审判权产生负面影响。一旦案件的审理过程全面公开,那些庭审过程中经常出现的与普通群众观念有差别的法律术语或是与案件核心事实联系较远但颇引人遐想的细节,往往会引发一些偏

---

① 以《十二铜表法》为代表的成文法典中关于审判程序的诸多内容体现了这一司法理念。

见和情绪,造成舆论的持续发酵,可能使法官被迫将案件审理结果的社会影响放在裁量要素的首位,最终出现舆论胁迫司法的情况,可能干扰判决的公正。

因而当司法公开与独立行使审判权产生冲突时,这些国家认为,司法活动本身不应该成为社会过度关注的焦点,过度的社会关注不仅会对法官的决策产生不利影响,也会对参与诉讼的当事人造成不当干扰。庭审直播有可能会影响法庭的正常审理,破坏司法秩序,甚至会破坏司法的独立性。

最后,庭审直播还面临着司法公开与当事人隐私权之间的冲突。在案件审理过程中,审判员会对当事人的身份信息进行核实,包括姓名、身份证号、家庭住址等,在法庭调查与辩论中,当事人的隐私也有可能成为庭审的焦点而备受关注。一方面,这些个人信息可能会使当事人的生活遭受不当骚扰,另一方面,与案件核心事实无关的细节可能会让社会公众对当事人的道德品质产生怀疑甚至是激烈的抗议、嘲讽和谩骂,某些极端情况下会引发所谓的“道德审判”,舆论定罪的风险不可忽视。

当司法公开和当事人隐私产生冲突时,这些国家倾向于保护当事人的隐私。例如《马德里准则》第 1 条规定,在审前程序中,为了保护个人隐私,需对公众知情权进行有限的限制,以防止庭审未开始,民众已经产生“舆论审判”,同时防止对犯罪嫌疑人进行有罪推定。在美国,审前限制令以“司法限制言论令”(Gag Order)为代表,其目的是防止新媒体在审前对案件的倾向性报道或侵犯个人隐私,进而影响到法院的公正审判。①

可见,不管是独立行使审判权还是当事人的隐私,当他们与司法公开产生冲突时,这些国家考虑的首要因素都是庭审的顺利进行以及审判结果的客观公正,所以其更加警惕庭审直播可能带来的风险。

---

①　参见自正法:《自由之边界:司法改革背景下新媒体公开的维度与限度》,载《安徽师范大学学报(人文社会科学版)》2016 年第 6 期。

二、庭审直播并非普遍的中国特色

与其他国家相较,中国的庭审直播在政策和话语层面似乎一开始就呈现出朝向普遍化发展的特殊现象。国家的支持、技术的发展、实践的推动使得中国的司法公开在某种程度上实现了弯道超车。在互联网、大数据飞速发展的今天,新媒体不仅仅会影响到社会经济形态,更影响了我国的司法样貌,使得中国的司法公开呈现出世界范围内独一无二的形态。但经过仔细的观察、思考,我们不难发现庭审直播也并非普遍的中国特色。

首先,虽然我国庭审直播案件的绝对数量很大,但是其相对比例较小。中国最近几年出现了“诉讼爆炸”的现象,特别是在民事诉讼当中,案件数量呈现出飞速增长的态势。以2018年至2022年为例,虽然这5年庭审直播的总案件已达1700多万件,[①]但占全国案件数量的比例为10%左右,[②]且很难说庭审直播的案件普遍具有典型性和代表性。此外,热点案件进行庭审直播的比例也并不高。2016年至2018年间,最高人民法院每年度评选出了“推动法治进程十大案件”,这3年共30个案件中仅有5个案件进行了庭审直播,[③]一个案件进行了庭审录播[④]。其中,2016年评选出的“奢侈‘包包女’执行判决被搜查案”虽然在执行过程中引入了全媒体直播,并吸引了1200万网友观看,但其并不属于真正意义上的庭审直播。

---

① 数据来源:中国庭审公开网,http://tingshen. court. gov. cn/,笔者利用该网站高级搜索功能,在“直播回顾”中选择时间段为“2018年1月1日至2022年12月31日”,显示共有17,193,803场相关庭审,最后访问日期:2023年9月10日。

② 2018年至2022年,最高人民法院受理案件14.9万件,审结14.5万件,地方各级人民法院和专门人民法院受理案件1.47亿件,审结、执结1.44亿件。数据来源:《最高人民法院工作报告——2023年3月7日在第十四届全国人民代表大会第一次会议上》,载中国人大网2023年3月17日,http://www. npc. gov. cn/npc/c2/c30834/202303/t20230317_428437. html。

③ 这五个案件为:2018年原审被告人张某中再审宣告无罪案、迪奥尔公司商标申请驳回复审行政纠纷案;2016年“加百利”油轮南海救助案、“乔丹”QIAODAN商标行政纠纷案、“快播”传播淫秽物品牟利案。

④ 这个案件为2016年聂树斌被宣判无罪案。

其次,庭审直播的案件大多集中于中、基层法院审理的一审案件,绝大部分的二审、再审、死刑复核、特别程序的案件都没有被纳入庭审直播的范围内。截至2023年9月10日,在累计直播的18,868,094个案件中,基层法院审理案件17,258,390个(占比91.47%),中级法院审理案件1,551,267个(占比8.22%),高级法院审理案件2478个(占比0.28%),最高人民法院审理案件5959个(占比0.03%)。[①]

再次,庭审直播的案件大多是案情简单、争议不大的案件。就算是要对争议较大、社会影响力较强的案件进行直播,也是在经过精挑细选后,处在严格控制下才进行庭审直播。除了少部分社会重点关注的案件以外,绝大多数的案件都没有得到社会公众的关注。[②]

最后,庭审直播的作用不突出、不明显。从对司法形成潜在监督的层面上来说,虽然一些重大疑难案件引起了社会公众的广泛关注,形成了对司法的有效监督,例如王某忠案[③],但这些案件只是特例,相较于数量庞大的直播案件来说只是沧海一粟,并且这些案件得到关注是因为其本身存在特殊性,例如案件事实的离奇和辩护律师的精彩辩护,公众大多出于猎奇心理,怀抱着对司法公正的热忱与憧憬参与到庭审直播当中,但这些独特的吸引力是案件本身特有的,而非庭审直播赋予的。因此,从整体上来看,除极个别案件以外,绝大多数案件的庭审直播能否对司法形成有效监督,还难以被充分评判。

---

① 数据来源:中国庭审公开网,http://tingshen.court.gov.cn/,最后访问日期:2023年9月10日16时。

② 由中国庭审公开网数据可知,除热门案件外,绝大多数案件的浏览量都只有几十、数百,参见中国庭审公开网,http://tingshen.court.gov.cn/rank,最后访问日期:2020年6月2日。

③ 2018年11月8日,吉林省辽源市中级人民法院以庭审直播的方式公开开庭审理该院原法官王某忠涉嫌民事枉法裁判抗诉、上诉案,王某忠及辩护人当庭以王某忠系该院法官为由,提出该院法官应集体回避,法庭遂宣布休庭。11月12日辽源市中级人民法院书面报请吉林省高级人民法院,请求将王某忠等涉嫌民事枉法裁判案指定其他法院审理。11月22日,吉林省高级人民法院作出决定,将王某忠案指定通化市中级人民法院依照刑事第二审程序审判。

当然，除了规范公权力、限制权力滥用以外，提升全社会的法治水平和公民的法律素养也是庭审直播的重要目的。然而，在没有得到足够关注的情况下，繁复的庭审程序似乎很难真正影响到社会公众的认知，这意味着通过庭审直播提高公众法律素质的初衷无法得到满足。相较于没有庭审直播的时代，庭审直播给中国司法公开带来的有利影响并不大。

何以在中国如此讲究通过庭审直播来推动司法公开的情况下，而实践中真正进行直播的仍然是少数案件呢？笔者认为有如下原因：

第一，一线司法机关、司法人员大多对庭审直播持谨慎态度。不少一线司法人员并不乐意将普通案件，特别是对抗性强的案件审理大量进行直播，而是倾向于对简单的日常案件进行网络直播。对多数司法人员而言，普遍的、常态化的庭审直播往往会形成“压力型司法”的态势，易将自身置于公众的苛求与司法责任的双重压力下，这将对其日常的审判工作和审判心理产生较大的负面影响，从而削弱了司法人员参与庭审直播的积极性。另外，一些年龄偏大的法官认为自己不懂网络，因而对包括网络直播在内的互联网司法存在着整体性的拒斥。①

第二，公众对司法案件存在选择性关注的倾向。虽然少数典型案件会引起长期、持续性的公众关注，但大多数普通案件并不能得到广泛的关注和监督。公众对案件的关注也多属于媒体、舆论等影响下的“被动”关注，而非对案件事实真相及社会公正的“主动”追求。因此从某种意义上来说，公众的需求对司法直播的推动作用是有限的。此外，即使是在引发公众关注的少数案件中，公共舆论所指涉、聚焦的往往也并非案件的具体审判过程，而更多地集中于案件的某个或若干细节，而这些细节其实并不需要通过观看整个法庭审判程序来获知。因此，仅从回应公众关注的角度而言，立足于公开完整法庭审判的庭审直播可能并无必要。

---

①　参见《完善庭审直播制度　拓宽司法公开广度——江西安福法院关于庭审网络视频直播工作改调研报告》，载中国法院网 2018 年 6 月 2 日，https://www.chinacourt.org/article/detail/2018/06/id/3373314.shtml。

第三,很多案件没有庭审直播的必要性和价值。一方面,刑事诉讼和民事、行政诉讼中大量案件是认罪案件或争议不大、事实清楚、法律关系明确的简单案件,没有值得公众关注的焦点,并无直播的必要。另一方面,即使是有争议的案件是否有直播的价值也值得商榷。这类案件大多案情复杂、情况严重、持续时间长、证据繁多,证据展示、证人出庭等环节往往缺乏足够的技术水平支持,冗长的庭审程序通常也很难让公众乐于关注。此外,在民事、行政案件当中,绝大多数案件存在当事人化、私人化的特点,不具有向社会公开的价值,当事人也不愿意进行公开。再者,涉及国家秘密、个人隐私的案件依法不应公开审理,涉及商业秘密的案件当事人可依法申请不公开审理,无法对这些案件进行庭审直播。

第二节　未来:庭审直播难以普遍化

笔者认为,在世界范围内,庭审直播并非主流;在中国实践中,庭审直播也并没有成为普遍现象。受司法和社会多重因素约束,庭审直播在未来很有可能也难以实现普遍化,原因如下。

首先,庭审直播特别是面向社会公众的实时视频直播及事后录播,在本质上与司法公开的实质含义有所冲突。经典观点认为,司法公开指在法官审判过程中允许社会公众到法庭参与庭审过程,作为一种社会公开,司法公开有其边界性和限制性。这种边界性与审判本身的自然边界性有关,即审判是控辩审三方以在场的方式在有限的物理空间内展开的。相应地,能够观摩审判的人也应当在同样有限的物理空间内以在场的方式参与。因此,庭审直播与现场公开存在差异。

一方面,司法公开的受众范围存在限制,而庭审直播则突破了这种限制。也许有人会问:“有了技术性的方式,可以使不在场的人都看到庭审,难道不是一种更好方式的公开吗?”但需要指出的是,这两者的概念并不相同。因为,除了审判的自然性质决定了公开的边界以外,公开的限制还取决于公开的社会考量,即对什么样的人进行公开。对这一点的理解可以参考陪审制度，历史上的陪审制度是一种“邻里陪审”，陪审员大多来自案件当事人所居住社区的邻居。司法公开与陪审制度的初衷相同，希望通过公开这种方式，使熟悉案件当事人的社区人士了解案件的基本情况，这在本质上是一种熟人公开。而通过视频进行庭审直播，面向的是全国公众，这让司法公开成了陌生人公开，改变了司法公开的初衷，打破了司法公开的边界。

另一方面，司法公开是一种不可回溯、不可记录的公开，而庭审直播是一种可以精确化记录并可以随时回放的公开。在场的物理范围内的可视性公开是一种肉眼性公开，既不会进行客观记录，也不会进行录制，无法在事后反复观看和分析，通过这种方式，社会公众对司法的了解是有限的、不可回溯的。而摄像头下的公开可以通过录制对司法进行更细致的分析，这种公开是大多数司法参与者不愿意接受的。例如，多数案件的当事人可能会因为隐私等原因不愿意让公众知悉案情；律师也不一定在所有时候都愿意让自己的庭审表现成为公众关注的对象；一线的司法工作者在繁重的工作压力之余还要分心于庭审直播，更会加重他们的负担。

其次，司法公开的形式需要被规范与限制，而庭审直播则突破了此种限制与规范。这一限制的具体要求有二：一是并非所有案件都允许社会公众旁听；二是社会公众在旁听时也不能通过录音、录像和拍照进行直播。一直以来，实务界和理论界对这一观点的认识都不曾改变。而庭审直播意味着摄像头进入法庭，意味着法庭的审判活动可以通过互联网被广泛地传播、观看、评论和分析，这对司法公开本身的定义是一种颠覆性的冲击。庭审直播这种形式的司法公开可能会促使传统的司法公开对司法本身的影响从一种可控的程度转向一种强大甚至是过大的程度。尤其是当整个社会能够对司法进行同步评价时，彼此讨论、安静裁判的模式就会变成在社会激烈关注下进行裁判的模式，司法可能就会因此变成社会性的、政治性的司法。

总体而言，庭审直播的问题可能主要体现在两个方面。其一，庭审直播可能会加剧、放大司法专业性和公共性之间的对立、冲突。

短暂的、当场的公开与长久的、事后的公开，粗线条的公开与细致性的公开，是大不相同的，社会公众对司法本身的关注和评论也会截然不同。在传统司法公开的情况下，社会公众对司法的关注非常有限，而通过视频进行庭审直播，社会公众对司法的关注则会被无限放大。公众往往通过朴素的正义观来审视案件，而法官的判断方式与公众不尽相同，法官是基于专业知识、社会阅历、审判经验、法律良知对案件进行审判。那么在公众的舆论判断与法官的专业审判之间存在差异时，大众裁判可能会取代法官裁判，是福是祸难以预料。就算不至于如此，司法的独立性也会受到很大的冲击，司法会承受来自舆论的巨大压力。其二，庭审直播可能会给真相的查明设置障碍，如对证人出庭作证产生重要影响。心理学上有个概念叫作霍桑效应，指的是人一旦处于被观察之中，就会刻意改变自己的行为习惯和语言表达方式。① 当参与诉讼的当事人意识到自己的言行正在被社会注视的时候，会本能地展现自我人格中完美的一面，而刻意回避自己的缺陷和不足。例如，证人可能会因为自己行为失态而刻意隐瞒或者改变证词，进而影响庭审对于事实真相的调查。法庭开庭前，要对出庭作证的证人进行分隔安置以防止串供的可能性，并且证人在出庭作证之前是不能够进入法庭旁听案件审理的。而信息时代通过视频进行庭审直播，证人通过手机和网络就可以获知相关信息，若遇到复杂疑难、审理周期长的案件，上述工作的难度将大大加强。据此，笔者认为，中国司法目前还没有做好准备，让自己成为全社会关注的焦点，历史上许多重大著名的审判，如东京审判、卢旺达审判，也从未进行过面向全世界的视频直播。

从司法公开公正与不受非法干涉的角度上来说，新型公开（庭审直播）的普遍适用可能会在某种程度上影响审判权的独立行使。庭审直播几乎肯定会引发社会对案件的高度关注，往往会对案件的处理施加各种压力，这无疑会导致独立行使审判权受到影响。在全社会“围观司法”“施压于司法”的情况下，法官可能会考虑将案件

---

① 参见[美]乔治·梅奥：《霍桑实验》，项文辉译，立信会计出版社2017年版，第180~181页。

处理结果的社会影响放在第一位，这无疑会使独立行使审判权受到巨大干扰。

毋庸置疑，司法活动需要人民的监督，但如果任由汹涌的民意裹挟司法裁判的方向，使案件在全社会的目光下变成了“民意审判”，就会破坏司法的独立性。因此，庭审直播将案件全貌展现在全社会面前，把案件审判过程的每一个细节都暴露在全社会的目光下，诚然有助于司法的公开，但与此同时，舆论干预司法的风险也会大大增加，从而扭曲司法公开的原初价值。

第三节　反思：司法公开的价值界限、本质意涵与实现方式

将庭审直播作为司法公开的普遍形式存在诸多潜在的风险和弊端，可能成为中国司法改革的误区。此举在法理上也背离了司法公开的经典定义，可能影响司法公正和独立行使审判权，故庭审直播不应该被当作改革的目标广而行之，而只能作为例外的情形。需要指出的是，庭审直播之所以被误认为司法公开的新路径，其根源仍然在于许多人没有准确认识司法公开的价值界限、本质意涵和实现方式，因而笔者认为有必要对此予以简短回应。

第一，司法公开的价值不应挤压、侵入其他价值范畴。司法公开不得影响法官独立、公正行使审判权，也不得过分暴露当事人的隐私及个人信息。不可否认的是，公开无论是在传统还是现代司法中均是一种从未缺席的价值维度。但需要指出的是，一直以来，司法公开都不是司法的核心价值，其在本质上不过是实现其他司法价值的手段或工具。换言之，之所以要肯认司法公开的价值，实际上是为实现其他更为重要、更为核心的价值提供媒介或工具。在传统社会，审判的公开进行在很大程度上是为了威慑民众，彰显司法的政策指引价值。而在现代社会，审判的公开进行被赋予了更多元化的价值意涵，例如监督价值、教育价值等。但无论在何种社会形态下，司法公开与其他司法价值都是手段与目的的关系，其必须严格

恪守工具性价值的界限，服从、适应司法的其他价值维度。由此观之，作为司法公开的新路径，庭审直播实际上突破了此种价值界限，这会导致司法的价值错位，有舍本逐末之嫌。

第二，司法公开的本质意涵是在有限时空条件下针对特定主体的公开。这主要可以作两个不同层面的理解：一是事中公开，即在法庭审判时，面向旁听群众的公开；二是事后公开，是指在法庭审判后，特定受众通过媒体获得庭审概况和部分其他庭审信息。正如前文所言，司法公开作为一种工具性价值维度，应当服务于其他价值。因而其概念也应当具备封闭的外延。之所以强调司法公开的范围和限度，一方面是基于前文所述的其在漫长的制度史上所形成的较为稳定的"意义约定"，另一方面是由于司法审判的过程涉及较多具有敏感性、隐私性、细节性的信息。为服务于司法的其他价值，这些信息可以被允许在法庭上以一种动态即时化的方式展示在公众面前。但应当注意到，这些特殊信息要么表征着一种失序的社会状态，要么蕴含太多个人化的信息，如果将这些信息以庭审直播的方式无限制、重复性地展示在社会公众面前，则可能将这种失序的表征无限制地扩散，进而引发不必要的负面效应，还可能因为对庭审参与人的个人信息反复播放、提取、分析而产生不当利用个人信息的后果。

第三，司法公开应当主要以一种即时化、概括化、静态化的形式实现。基于上述对司法公开的价值与意涵的说明，可以发现，以细节化、动态化、重复化形式运作的庭审直播并不符合司法公开的要求。但这并不意味着司法公开就一定排斥新兴技术的参与，笔者所要强调的是，司法公开的形式应当顺应其价值、符合其内涵。从这一要求出发，可以预见未来司法公开的适当形式：其一，即时化。这主要是指庭审过程的同步公开，应当采用不可重复的形式，从而避免对庭审信息的过度分析和重复利用。其二，概括化。这主要是指对庭审内容的公开，应当避免透露带有细节性、敏感性的信息，尤其是在面向不特定公众时，应以公开概括的庭审情况为限。其三，静态化。这主要是指公开的媒体形式应当以图文等静态媒介为主，谨慎采用实时录像的方式。

总而言之，在互联网+大数据时代，庭审直播不仅是司法公开的一次形式变革，还有可能冲击、改变司法公开价值格局和实质含义，进而引发诸多问题和困境。故此，我们似乎并不应急于“拥抱新事物”，而应待之以更审慎、更理性的态度。

第二章　司法数字化的重大创举：在线诉讼

毋庸置疑，在线诉讼是中国司法近年来在数字化建设方面的一项重大创举，这不仅体现在中国成立了世界上第一家专业性的互联网法院，而且表明中国在线诉讼在制度规范层面也居于世界领先地位。随着《人民法院在线诉讼规则》《人民法院在线调解规则》《人民法院在线运行规则》的相继施行，中国在世界范围内首次构建起了全方位、系统化的互联网司法规则体系，推动了中国特色、世界领先的互联网司法模式迎来划时代变革。[①] 即便如此，在线诉讼属于一个新生事物，在技术、装备以及制度规范等方面依然存在着诸多难题或问题，需要对其展开深入讨论，本章内容即重点对此进行研究。

第一节　中国在线诉讼：实证研究与发展展望

晚近十来年，一个在线时代正在开启，人类社会特别是中国社会正在进入“在线社会”。全球性新冠肺炎疫情的暴发，进一步加速了这个时代的到

① 参见孙航：《勇立潮头　踏浪前行——人民法院深化司法体制改革工作综述》，载《人民法院报》2022年3月5日，第7版。

来。越来越多的政府、组织、公司、个人通过线上办公,召开会议。根据相关统计,2020年春节后的前30天,中国远程办公需求环比上涨663%;有3亿人用远程办公的方式实现复工;金山文档表单、会议等场景化服务增长超过15倍以上,华为数字化协同办公平台("华为云 We Link")也实现百万级日活用户数,业务流量增长50倍。[①] 2020年3月26日,G20历史上首次以视频会议的方式举行领导人会议亦证明了上述趋势。[②] 根据中国工业和信息化部发布的数据,"2020年1—2月移动互联网累计流量达235亿GB,同比增长44.2%"。[③] 为了因应这个时代,司法是否应该有所变化以及应当如何改变? 这是一个值得关注和研究的大问题。

一、中国在线诉讼的初步探索

一般认为,司法应该是一种现场性活动,其具有物理空间在场性、公开性、当事人亲历性等特征。[④] 而在线诉讼[⑤]具有空间虚拟

---

① 以上数据均来源于《新产经》2020年3月1日的相关报道,参见苏沐晖:《在线办公是昙花一现还是未来趋势?》,载《新产经》2020年第3期。

② 参见张娜:《G20特别峰会推动全球协力抗疫》,载《中国经济时报》2020年3月27日,第4版。

③ 参见《2020年1—2月通信业经济运行情况》,载工业和信息化部官网2020年3月19日,https://www.miit.gov.cn/gxsj/tjfx/txy/art/2020/art_cde56a3079bd41f782649fb07b0e41c1.html。

④ 关于公开审判,笔者认为,"公开审判意味着向当事人公开,即法官的全部审理活动应在有当事人和其他诉讼参与人在场的情况下进行,使其能参与和了解案件事实的认定过程,明了裁判的客观依据"(左卫民、赵勇:《公开审判新论》,载《现代法学》1990年第4期);公开审判既要向当事人公开,也要向社会公开,公开审判为当事人和社会公众对审判活动的监督提供了基本条件,并最大限度地展现了审判权力的运作过程,可以避免关门办案、神秘办案,能较为有效地限制权力的滥用,防止、纠正审判人员的枉法裁判(参见左卫民、周洪波:《论公开审判》,载《社会科学研究》1999年第3期)。关于司法亲历性,朱孝清认为,司法人员"应当亲身经历案件审理的全过程,直接接触和审查各种证据,特别是直接听取诉讼双方的主张、理由、依据和质辩,直接听取其他诉讼参与人的言词陈述,并对案件作出裁判,以实现司法公正"(朱孝清:《司法的亲历性》,载《中外法学》2015年第4期)。

⑤ 在线诉讼在既有研究中也被称为电子诉讼(elitigation)、线上诉讼或网上诉讼(online litigation),同时也与在线法院或网上法庭(online court)、电子法院(ecourt)或微法院存在某种程度的混用。虽然以上语词有所差异,但相似性也非常突出。为了行文需要,本书不做细致区分。

性、当事人非现场化等特征，两者差异明显。由此，传统上按照线下方式处理的线下纠纷被认为不适宜按照在线诉讼的方式处理，至少不适宜按照普遍线上化的方式处理。目前，在线诉讼的推广应用面临双重挑战：一方面，需要应对一系列重要问题，包括：在线诉讼如何匹配线下诉讼的重要特征，如审判的现场性？在线诉讼是否影响诉讼的真相查明功能的实现？审判的合法性能否证成？公众的参与能否得到保障？另一方面，需要突破在线诉讼只适合少量简易案件、公众接受度低的设定，探索在线诉讼在线上时代如何能像商业、社会活动那样普遍推行，而非仅在例外情形中适用。

一般认为，在线诉讼旨在缓解案件数量剧增引发的“诉讼爆炸”与司法资源供给增长缓慢共同加剧的人案矛盾，满足民众接近正义(access to justice)的需求。现有研究显示，早在20世纪70年代，美国联邦民事诉讼规则采纳了电子发现程序；[①]1993年，美国威廉与玛丽法学院启动了利用信息网络技术来建构虚拟法院的研究项目；2000年，密歇根州大约70%的法院和律师事务所能够在电子或虚拟环境中处理事务；2001年美国密歇根州议会通过《电子法院法》，次年正式成立并运作密歇根电子法院；[②]目前，美国联邦法院和各州法院的民事诉讼中都使用电子诉讼。[③] 奥地利的电子诉讼实践也较早，该国1990年建立了能够安全传输数据的电子诉讼系统，并自2000年起向所有当事人开放。此外，英国、德国、韩国、印度等国家均有关于在线诉讼的实践。[④] 尽管没有充分证据表明这些国家在线诉讼的普遍性，但其探索总体而言早于中国。

---

① 参见刘敏：《电子诉讼潮流与我国民事诉讼法的应对》，载《当代法学》2016年第5期。

② 参见李贤华、郭金生：《域外电子法院的诞生与发展》，载《人民法院报》2017年3月17日，第8版。

③ 参见刘敏：《电子诉讼潮流与我国民事诉讼法的应对》，载《当代法学》2016年第5期。

④ 关于域外国家和地区电子诉讼、电子法院的介绍，参见宋朝武：《电子司法的实践运用与制度碰撞》，载《中国政法大学学报》2011年第6期；参见杨建文：《韩国民事电子诉讼制度的发展》，载《人民法院报》2013年5月3日，第8版；参见周翠：《德国司法的电子应用方式改革》，载《环球法律评论》2016年第1期；参见刘敏：《电子诉讼潮流与我国民事诉讼法的应对》，载《当代法学》2016年第5期。

近年来,为了应对中国民事司法的“诉讼爆炸”,法院除了采用增人、加班等传统方式外,亦采取了诸如强化审判管理、简化程序、转移非审判事务等措施,并取得了不错的效果;不过,未来中国民事案件仍将处于上升趋势,甚至可能迎来新一轮的诉讼爆炸。[①] 在此背景下,在线诉讼作为一种有助于提升司法效率的技术方案出现在中国的司法实践中。2017 年 8 月 18 日,杭州互联网法院正式挂牌,标志着中国开启了在线诉讼时代。2018 年 9 月,北京互联网法院、广州互联网法院相继挂牌成立。据最高人民法院 2019 年年底对外发布的《中国法院的互联网司法》白皮书统计,截至 2019 年 10 月 31 日,杭州、北京、广州互联网法院全流程在线审结 80,819 件互联网案件,在线庭审平均用时 45 分钟,案件平均审理周期约 38 天,比传统审理模式分别节约时间约 3/5 和 1/2,一审服判息诉率达 98.0%,[②]法院通过电话、邮箱、微信、短信、公众号等在线送达文书 96,857 次。[③] 杭州互联网法院成立六年来,平均开庭用时 32 分钟、平均审理期限 39.2 天,审判效率较传统法院提升近一半,诉讼成本和时间大幅下降,审判效果得到充分认可。[④] 广州互联网法院成立四年期间,其在线庭审率 99.76%,在线庭审平均用时和案件平均审理周期分别比传统审理模式节约 3/5 和 2/3 的时间。[⑤] 最高人民法院 2023 年的工作报告中也指出,在线诉讼审理周期比传统模式缩

---

① 参见左卫民:《“诉讼爆炸”的中国应对:基于 W 区法院近三十年审判实践的实证分析》,载《中国法学》2018 年第 4 期。

② 参见中华人民共和国最高人民法院:《中国法院的互联网司法》,人民法院出版社 2019 年版,第 6 页。

③ 参见中华人民共和国最高人民法院:《中国法院的互联网司法》,人民法院出版社 2019 年版,第 19 页。

④ 参见陈东升、王春:《互联网司法让当事人享受到数字改革红利　杭州互联网法院设立六周年记》,载《法治日报》2023 年 8 月 19 日,第 4 版。

⑤ 参见《广州互联网法院四年结案 18.4 万宗　办案质效居全国前列》,载微信公众号“广东省高级人民法院”2022 年 9 月 28 日,https://mp.weixin.qq.com/s?__biz=MjM5ODcwOTE0OA==&mid=2649920850&idx=1&sn=dae933f89f9d88c87bd00a970eba1b86&chksm=bec0a7a189b72eb7769e473f38428fbc56a14653313a93da63c64ed7d201fb0525890f3f3ea2&scene=27。

短22天。[①] 从以上数据不难看出,中国法院特别是互联网法院的在线诉讼在提升诉讼效率以及审判质量方面取得了一定的成效。不过,需要指出的是,中国互联网法院秉持的是"网上案件网上审"的思维方式,它不仅强调诉讼方式的非亲历化,更要求管辖范围的互联网性。[②] 涉互联网案件的专业化审理,是互联网法院成立的最大亮点。[③] 最高人民法院《关于互联网法院审理案件若干问题的规定》(以下简称《互联网法院规定》)一方面明确了互联网法院以在线诉讼为基本运作方式,[④]另一方面又将互联网法院审理的案件类型限定为与互联网有关的线上纠纷[⑤]——这些案件本身均带有互联网因素,案件种类特定,适宜线上处理。由此可见,中国的互联网法院实际上是限权式(部分纠纷适用的、限缩案件范围的)在线法院,这种在线诉讼更宜被视作互联网纠纷的互联网式处理,而非替代线下诉讼的具有普遍适用性的在线诉讼机制。司法实践同样表明,通过互联网法院处理的案件相对有限。数据显示,北京、广州、杭州三家互联网法院在2019年受理的案件分别为42,114件、52,258件、

---

① 参见周强:《最高人民法院工作报告——2023年3月7日在第十四届全国人民代表大会第一次会议上》,载全国人大网,http://www.npc.gov.cn/npc/c2/c30834/202303/t20230317_428437.html。

② 参见张兴美:《电子诉讼制度建设的观念基础与适用路径》,载《政法论坛》2019年第5期。

③ 参见陈增宝:《构建网络法治时代的司法新形态——以杭州互联网法院为样本的分析》,载《中国法律评论》2018年第2期。

④ 《互联网法院规定》第1条规定:"互联网法院采取在线方式审理案件,案件的受理、送达、调解、证据交换、庭前准备、庭审、宣判等诉讼环节一般应当在线上完成。根据当事人申请或者案件审理需要,互联网法院可以决定在线下完成部分诉讼环节。"

⑤ 《互联网法院规定》第2条规定:"北京、广州、杭州互联网法院集中管辖所在市的辖区内应当由基层人民法院受理的下列第一审案件:(一)通过电子商务平台签订或者履行网络购物合同而产生的纠纷;(二)签订、履行行为均在互联网上完成的网络服务合同纠纷;(三)签订、履行行为均在互联网上完成的金融借款合同纠纷、小额借款合同纠纷;(四)在互联网上首次发表作品的著作权或者邻接权权属纠纷;(五)在互联网上侵害在线发表或者传播作品的著作权或者邻接权而产生的纠纷;(六)互联网域名权属、侵权及合同纠纷;(七)在互联网上侵害他人人身权、财产权等民事权益而产生的纠纷;(八)通过电子商务平台购买的产品,因存在产品缺陷,侵害他人人身、财产权益而产生的产品责任纠纷;(九)检察机关提起的互联网公益诉讼案件;(十)因行政机关作出互联网信息服务管理、互联网商品交易及有关服务管理等行政行为而产生的行政纠纷;(十一)上级人民法院指定管辖的其他互联网民事、行政案件。"

26,651件，虽然案件数量不算少，但与各地法院受理案件总数相比，占比却很低。以北京市为例，2019年北京市三级法院共受理案件总数为983,654件，北京互联网法院受理案件数占比不足5%。[①] 粗略估算，广州、杭州的互联网案件占比较北京高，但均不到10%。[②] 2022年，北京互联网法院收案38,146件，占北京市法院受理案件总数的比例依然不足5%。[③] 2022年，广州互联网法院收案量占广州市法院受理案件的比例也依然不到10%。[④]

尽管随着互联网经济的快速发展，互联网纠纷数量不断增加，但是，正如前文北京、杭州、广州三家互联网法院的数据所示，当前中国社会的绝大多数纠纷还是线下纠纷。而前述论证也表明，中国

---

① 参见寇昉：《北京市高级人民法院工作报告》，载《北京日报》2020年3月5日，第7版。需要注意的是，受理案件总数中包含当年民事、刑事、行政等各类案件的数量，并非均为民事诉讼。不过，有研究指出，民事审判约占全国法院审判工作总量的90%（蔡彦敏：《断裂与修正：我国民事审判组织之嬗变》，载《政法论坛》2014年第2期）。

② 网络上无法查询到广州市、杭州市三级法院2019年受理案件数，此处均以2018年的数据为基础进行粗略估算。由于案件数逐年增加，用2018年的数据进行替代估算实际上减小了分母，计算所得互联网案件占比估算值会高于实际值。2018年广州市全市法院受理案件464,138件，参见王勇：《广州市中级人民法院2019年工作报告》，载广州审判网，http://www. gzcourt. gov. cn/fybg/2019/03/08114343707. html。2018年杭州市全市法院受理案件331,439件，参见《杭州市中级人民法院工作报告（摘要）》，载杭州市人民政府官网，http://www. hangzhou. gov. cn/art/2019/1/29/art_1621350_30140435. html。

③ 北京互联网法院2022年的收案数据来源于北京互联网法院微信公众号2023年1月2日发布的信息。北京市法院2022年的收案量并没有公开的数据，此处主要根据北京市高级人民法院2022年、2023年这两年工作报告的估算，2021年北京法院收案总数为1,030,393件，2022年比2021年下降了21.9%，约80万件，数据详见《北京市高级人民法院工作报告——2022年1月8日在北京市第十五届人民代表大会第五次会议上》《北京市高级人民法院工作报告——2023年1月17日在北京市第十六届人民代表大会第一次会议上》。

④ 由于广州互联网法院2022年的收案量无公开数据，此处主要根据其2021年全年收案量进行估算，数据显示，广州互联网法院2021年收案量为53,274件，相关数据详见《广州互联网法院2021年度工作报告》，载广州互联网法院官方网站2022年1月12日，https://www. gzinternetcourt. gov. cn/#/articleDetail? apiType = convincing&titleType = workReport&id = uzpj9c02270ch3bg43m07ye4im2frneu。2022年广州市全市法院受理案件72.5万件，该数据详见《广州法院去年结案60.4万件　新收案件11年来首次回落》，载广州审判网2023年1月9日，https://www. gzcourt. gov. cn/xwzx/xwxc/2023/01/10162114718. html? eqid = eef029d4000076ad0000000664477156。

互联网法院实际上是限权式的在线诉讼机制,其审理的均是带有互联网因素、适宜线上处理的特定种类案件,难以由此预测、评判在线诉讼是否同样适用于不带有互联网因素的其他案件。所以,在更广泛的诉讼领域中,线上诉讼能否成为线上时代普遍适用的审判机制,我们还不得而知。在此情形下,通过试点来评判线上诉讼可以如何使用,不失为一种相对适宜的策略。2019 年 12 月 28 日,十三届全国人大常委会第十五次会议审议通过了《关于授权最高人民法院在部分地区开展民事诉讼程序繁简分流改革试点工作的决定》(以下简称《繁简分流改革试点决定》),授权最高人民法院就“健全电子诉讼规则”等内容开展改革试点工作。2020 年 1 月 15 日,最高人民法院印发《民事诉讼程序繁简分流改革试点方案》(以下简称《繁简分流改革试点方案》)和《民事诉讼程序繁简分流改革试点实施办法》(以下简称《繁简分流改革实施办法》)。其中,《繁简分流改革试点方案》将“健全电子诉讼”作为改革的主要内容之一;[①]《繁简分流改革实施办法》明确提出“探索推行电子诉讼和在线审理机制”,并就“健全电子诉讼规则”作出了较为详细的规定。[②] 前述试点改革方案将会对在线诉讼产生何种影响?线下纠纷应否经由线上诉讼解决?如果经由线上诉讼解决线下纠纷,相关难题能否得到根本性解决?回答这些问题,正是学界同人及笔者的兴趣所在。

为了回答上述问题,笔者对作为改革试点地区的成都市两级法院在线诉讼情况进行了实证研究。特别要指出的是,在线诉讼试点开始时(在线诉讼的试点定于 2020 年 1 月开始,但实际开始时间是在 2020 年春节以后的 2、3 月份),适逢民事诉讼程序繁简分流试点改革在成都法院展开,这是开展本次研究的一个重要背景,也是在线诉讼试点改革研究的一大特色。与此同时,新冠肺炎疫情对非接触式交往、工作提出了新的要求,在线诉讼试点改革还因此获得了一个意想不到的推广“机会”。实际上,正是在中央和最高人民法

---

① 《繁简分流改革试点方案》就民事诉讼程序繁简分流改革的目标、基本原则、主要内容、试点范围和期限等内容作出规定,其主要内容第五项即“健全电子诉讼规则”,下文笔者实证调研的成都市两级法院均被纳入试点范围。

② 参见《繁简分流改革实施办法》第 1 条、第 21 条至第 26 条之规定。

院的要求下,春节过后的中国法院普遍积极推行了在线诉讼活动。最高人民法院2020年2月14日发布的《关于新冠肺炎疫情防控期间加强和规范在线诉讼工作的通知》规定,各级人民法院推进在线诉讼,要尊重当事人对案件办理模式的选择权,全面告知在线诉讼的权利义务和法律后果。当事人同意案件在线办理的,应当在信息系统确认、留痕,确保相关诉讼活动的法律效力。从研究者的角度,这是一次非常难得的"自然实证研究"机会,可以自然地以春节前后作为时间断点,比较观察在线诉讼在疫情背景下获得积极推进时,其究竟是如何运行的、效果如何,从而分析、前瞻其未来。

二、在线诉讼试点实践:以成都法院为例

在2020年春节前后,通过对成都两级法院特别是运用在线诉讼最多的高新区法院、双流区法院开展在线诉讼的实证研究,笔者的主要发现如下。

(一)在线诉讼开始广泛适用于不同种类的纠纷处理,且数量不少

既往对线上诉讼的一个推断是:线上诉讼缺乏公众认同,只能在极有限种类的简单案件中使用。然而,实证研究的发现却大不相同。笔者发现:以疫情暴发的2020年春节为时间节点,春节前后两级法院在线诉讼情况颇为不同。成都市中级人民法院在2020年春节后的2月,线上立案共313件,线上开庭79件,而在春节前的2020年1月甚至在2019年全年几乎没有1件线上开庭的案件。同样,在基层法院如高新区法院2020年2月共线上立案515件,线上开庭315件;双流区法院2020年春节后线上立案300件,线上开庭316件。在2020年1月,两家基层法院均没有1件线上开庭案件,高新区法院2019年只有1件远程开庭的离婚纠纷,因为被告在监狱,最后调解结案。所以,相较于几乎没有线上开庭的2020年1月和2019年全年,2020年2月线上开庭数量的暴增显示了在线诉讼方式可以因应特殊的机缘而在中国司法中得以快速、大量地应用。这似乎表明普遍性的线上开庭并没有不可克服的技术、社会、心理障碍。在极其特殊的背景下,线上诉讼可以获得快速、广泛的适用。

同时,笔者发现,线上诉讼几乎适用于绝大多数种类的案件,民事、行政、刑事案件均在使用。以双流区法院为例,其在2020年春节后开庭的刑事案件几乎均在线上开庭,被告人在看守所,法官在法庭,检察官在检察院办公室,律师则到法院与法官同在法庭。至于民事、行政案件,线上开庭也相当多。以高新区法院为例,笔者随机当面访谈了8位高新区法院法官(7名民事庭法官、1名行政庭法官),发现他们均在2020年春节后审理了线上诉讼案件。不过,不同法官审理的案件数量存在较大差异。在2020年春节后一个多月的时间里,有的法官仅在线审理了2件案件,也有的法官审理了约60件案件,两者相差50多件。从案件类型来看,1名行政庭法官审理的行政案件包括行政处罚、政府信息公开案件等,7名民事庭法官在线审理的民事案件类型涵盖了权属侵权类案件和买卖合同、民间借贷、房地产纠纷、服务合同纠纷等在内的合同类案件以及公司破产案件等。其中,合同类案件数量最多,达到了93件。值得注意的是,占传统民事审判案件较大比例的婚姻家庭类案件却并未出现在成都法院的线上庭审案件中。不过,有的法院在家事纠纷的线上办理方面提供了不同经验,据报道,朝阳法院酒仙桥法庭于1天内在线成功调解了涉及继承纠纷、离婚财产纠纷、监护权确认纠纷等多种案由在内的7起家事纠纷,20余名涉案当事人足不出户即化解矛盾冲突。[①] 从上述案件类型多样化的情况来看,线上诉讼只适用于互联网案件的传统见解是可以被打破的。线上诉讼不仅可适用于线上纠纷,还可适用于线下纠纷。

(二)从案件适用的程序来看,普通程序、简易程序的案件均有之

既往的主流看法是:线上诉讼主要适用于依照简易程序、速裁程序审理的简单案件,而不适用于依照普通程序审理的案件。例如王福华认为,小额诉讼程序和督促程序适于在线诉讼。[②] 也有论者

---

① 参见慕婷婷:《朝阳法院1天在线调解7起家事纠纷》,载北京法院网2020年3月31日,http://bjgy.bjcourt.gov.cn/article/detail/2020/03/id/4875731.shtml。

② 参见王福华:《电子诉讼制度构建的法律基础》,载《法学研究》2016年第6期。

认为，“试点法院在线庭审的案件范围原则上没有限制……非试点法院在线庭审限于简易程序案件”，[①]其依据是最高人民法院《关于适用〈中华人民共和国民事诉讼法〉的解释》第259条的规定，即“当事人双方可就开庭方式向人民法院提出申请，由人民法院决定是否准许。经当事人双方同意，可以采用视听传输技术等方式开庭”。需要指出的是，此次民事诉讼繁简分流改革试点似乎也将在线诉讼视为简化诉讼的方式。而在笔者看来，前述规定只是明确了简易程序案件可以采取线上诉讼，但并不意味着非简易案件被禁止或不宜适用在线诉讼。在民事诉讼中，赋予当事人适当的程序选择权有利于“提高公众对民事诉讼的信服度和接纳度，增进民事诉讼效率”。[②] 在线诉讼选择权应该属于典型的程序选择权。实证研究同样发现，在线诉讼与程序类型不具有直接相关性。根据对成都高新区法院线上诉讼案件的不完全统计，在适用线上诉讼审理的民事案件中，有79件案件适用普通程序审理，有83件案件适用简易程序审理，尚未出现适用小额速裁程序审理的民事案件。换言之，在线审理的民事案件中，适用普通程序和简易程序审理的案件基本各占一半。当然，这种普通程序案件线上化的情况或多或少与疫情防控的现实需要有关。在当下的实践中，一方面法院与当事人均有审理、结案的需要，另一方面非接触式又是当下标准的、必需的工作方式。因此，传统上被认为只适用于线下审判的案件不得不线上化了。不过，其可以线上化，似乎也表明了原来的假设和改革设想并不完全正确。

（三）诉讼各方对电子诉讼的态度整体上较为积极

传统观点认为，中国司法的参加者更愿意在线下诉讼，而对线上诉讼兴趣索然。在疫情背景下的实践似乎呈现出相反的图景。笔者在高新区法院访谈中发现，被访谈的法官不仅愿意接受线上诉讼，事实上也开展了线上诉讼，有的还参与了40—60件案件的线上

---

① 参见李承运：《正确把握推进电子诉讼的四个维度》，载《人民法院报》2020年4月2日，第8版。

② 左卫民、谢鸿飞：《论民事程序选择权》，载《法律科学（西北政法大学学报）》1998年第6期。

开庭。而且被访谈法官普遍认为,当事人和律师也倾向适用电子诉讼,这主要是基于诉讼效率、安全和便捷的考量。至于检察官的态度,高新区法院刑事法官表示检察官对在线诉讼是愿意接受的。笔者在双流区法院针对法院人员、律师事务所作问卷调查得出的结论和高新区法院类似。在双流区法院对60名不同身份的人员进行的问卷调查中(问卷对象包括法官15名、法官助理20名、书记员14名、律师6名、庭审速录员2名、人民陪审员1名和其他人员2名),认为当事人愿意在线诉讼的有44人,占比73.33%(另有8人认为当事人部分愿意在线诉讼);认为律师愿意在线诉讼的有46人,占比76.66%(另有4人认为律师部分愿意在线诉讼)。进一步分析发现,受访的6名律师中愿意在线诉讼的有5名,占比83.33%,还有1名表示部分愿意。由此可见,律师群体本身参与在线诉讼的意愿比预想的更为积极。受访者中,认为当事人不愿意在线诉讼的只有3人,认为律师不愿意在线诉讼的仅有1人,还有部分受访者未作答。当事人和律师不愿意或部分愿意在线诉讼的原因主要有:对在线诉讼不了解、不会使用在线诉讼软件、网速差、认为在线诉讼不能清楚充分表达意见等。而关于检察官对待在线诉讼的态度问题,绝大部分答卷人未回答或回答不清楚——可能的原因是绝大部分受访者是民事诉讼参与人,而民事诉讼中通常并无检察官参与,因此,这些受访者对检察官态度确实不了解。相比之下,参与刑事案件在线诉讼的10人中,无人认为检察官不愿意在线诉讼,其中9人认为检察官对在线诉讼持支持态度,只有1名认为检察官部分愿意在线诉讼。上述数据在一定程度上表明,当事人、律师和检察官对待在线诉讼的态度在总体上较为积极。事实上,双流区法院刑事法官在2020年春节后审理的不少案件是在线上开庭的,法官与律师在法庭开庭,检察官在检察院的办公室,被告人则在看守所的审讯室。在特定背景(如此次疫情)下,当法官向当事人及其律师提出线上诉讼时,大多数当事人很快或者经过说服便接受了线上诉讼的形式,而律师接受程度甚至更高。实际上,正如疫情使得各行各业均不得不在某种程度上在线上工作一样,一些诉讼参与人虽有抱怨,但多数人还是很快接受、适应了线上方式,甚至工作表现不比原来差。同样，线上诉讼这种在过去基本上没有被采用过的方式，也开始为法律人所接受、适应并一展身手。这为未来线上诉讼在中国司法中的较广泛适用奠定了大众认同的基础。①

（四）线上诉讼对庭审时间成本的影响并不显著

一般认为，线上诉讼的时间成本会低于线下诉讼，因为当事人不到场理论上会节省颇多时间。然而，数据和访谈对此发出了矛盾信号。双流区法院的60名受访者中，参加过在线诉讼的有42人，未参加过在线诉讼的有18人。60名受访者中，35人认为在线庭审时间更长，19人认为在线庭审更短，4人未作答，2人认为两者时长差不多。进一步分析发现，参加过在线诉讼的42名受访者中24人认为在线庭审时长更长（占比57.14%），未参加过在线诉讼的18名受访者中有11人认为在线庭审的时间更长（占比61.11%），似乎说明在线庭审的时间成本高于预期。对于在线开庭的大致时间，43名受访者未作答，2人作答相差不大，15名受访者给出了大致的庭审时间但相差很大：7人认为在线庭审时间介于30—40分钟，5人认为介于40—60分钟，3人认为介于60—90分钟。在高新区法院所作的调研发现，对于开庭时长，被访谈对象大多认为线上庭审的时间一般在30—90分钟。该数据实际上与通常的线下庭审时长相当。可见，线上开庭的时间并不比线下长。高新区法院被访谈法官对线上工作时间的看法同样存在明显分歧，有3名被访谈法官认为在线工作的时间更长，有2名被访谈法官认为在线工作的时间更短，另有3名被访谈法官认为无法笼统地比较二者的时长，而需根

① 需要说明的是，受疫情防控所限，笔者的团队未直接访谈当事人、检察官和一些参与在线诉讼的律师。为此，调查问卷中的部分问题采取了间接开放式提问，如关于律师和当事人参与在线诉讼意愿的问题，“您认为诉讼各方对电子诉讼的态度是什么？是否愿意？为什么？”鉴于大部分问卷对象亲身参与了在线诉讼或者身边的人参与了在线诉讼，其对在线诉讼情况非常了解或较为了解，所作结论仍然具有相当的客观性，能够直接或间接反映在线诉讼的真实情况。例如前述关于律师参与在线诉讼意愿的问题，其他诉讼参与人关于律师总体愿意参与在线诉讼的判断与实际受访的6名律师所作回答是一致的。另外，发放调查问卷时，所有受访者均被要求如实作答，不清楚的问题可以不回答。前述关于检察官态度的调查问卷，除了10名刑事案件的在线诉讼参与人，仅有4人作答，似乎也表明绝大多数受访者本着实事求是的态度，对于不清楚的问题未作答。这就意味着，凡是受访者作答的问题，其客观性便有一定的保证。

据案情和当事人双方的情况具体看待。访谈还发现,线上诉讼的庭前准备时间变长,且线上诉讼加重了书记员和助理的工作量,大致增加其工作量的0.5—1倍。其原因在于,有些当事人不会操作,反而增加了时间成本。访谈中有负责侵权、劳动争议类的法官说:“我线上有3个案件,其中2个是公告案件,用的是联通的临时庭审平台,庭前的准备工作量很大,和当事人沟通时间长,开庭当天要催促当事人进入庭审平台。”但法官普遍认同在线诉讼避免了诸如疫情这样限制开庭的情况发生,也节约了当事人前往开庭的路途时间。访谈中有法官提到:“我有位在泰国的当事人,肯定无法实现线下开庭,但是通过线上方式完成了开庭,解决了纠纷。”另一位法官有类似案件:“在线调解有一个案件,刚好有一个武汉的当事人,他是肯定无法到庭调解的,但是可以进行网上调解。虽然文书送达可能滞后,但是不影响调解书的生效,这个案件用线上的方法效果很好。”上述事实表明,在线诉讼在时间成本耗费方面具有“两面性”,一方面节省了相关当事人的到庭时间,另一方面却又增加了法官、审辅人员的庭审准备时间。因此,未来线上诉讼的生命力如何,相当程度上取决于其效率优势能否凸显。不过,相信随着诉讼各方对线上诉讼操作技巧的掌握,诉讼各方庭前准备时间会普遍减少,在线诉讼对当事人时间成本的节约优势会更多地表现出来。

(五)在线庭审的实质效果可以接受但一些案件不及线下诉讼

既往的普遍看法是,在线庭审的效果不及线下诉讼。本书的实证研究结果对此予以支持。双流区法院的60名受访者中,50人认为线下庭审效果更好,仅有7人认为线上庭审效果更好(占比为14%),有2人未作答,有1人认为二者相差不大。进一步分析数据显示,实际参与在线诉讼的42名受访者中,仅4人认为在线庭审效果更好(占比为9.5%),表明实际参与在线诉讼的人会更倾向于认为线下诉讼效果更好。而高新区法院被访谈法官对于在线庭审的效果的意见同样较为统一,绝大部分被访谈法官都认为线下诉讼的效果更好。究其原因,有两点。其一,在线庭审的秩序、仪式感难以彰显。有法官说:“当事人线上的环境可能比较随意,削弱法庭的威严性。”还有法官认为:“一些当事人会随意走动,法官对这种情况没法控制。”另一位法官说：“法官着法袍坐在庭上和出现在屏幕上对当事人的威慑力差别很大，有个案件的当事人最开始作为证人的口供和后来被追加为第三人的口供不一致，如果是线下开庭我就可以告知他虚假口供的法律后果，并且当场质问他，但是线上我觉得会削弱法官的这种威严或者说当事人会没有那种作出回应的压力。”其二，法庭调查的实质效果难以充分确保。这主要在于调查证据有难度，例如，证据调查要求当事人与证人分开，而在线诉讼无法确保这一点。当事人陈述时无法杜绝证人同步知道甚至在场的可能性，存在证人旁听案件的可能。此外，对于复杂案件、证据较多的案件、需要现场核对证据特别是物证的案件，在线庭审面临挑战，例如，无法核对证据原件，难以确保真实性，需庭后邮寄原件再次核对。

当然，也有法官相当认同在线诉讼。例如，一位行政庭法官指出，通常行政案件庭审现场围观群众较多，一些行政案件的行政相对人及其代理人会利用旁听群众多的特点借机给法官施压。这种行为同时也造成了庭审进度的不必要拖延，而线上开庭就可以避免这一因素。同时，线上诉讼为外地律师提供了便利，也加快了审理进度。另外，在线诉讼后行政机关负责人出庭应诉率有所提高。

（六）软硬件设备和网络运行速度对在线诉讼的效果有一定影响

调研中发现，Wifi 信号差、网络中断、平台运行速度慢和当事人电子设备没电等原因往往会导致庭审被迫突然中断。绝大多数被访谈法官表示，几乎每件线上开庭的案件都发生过此类现象。在对双流区法院的访谈中，60 名受访法官中有 57 名法官认为在线庭审存在“受网速和配套设备影响较大的”劣势。此外，对在线诉讼提出意见建议的 36 名受访者中（60 名受访者中，有 18 人未作答，6 人回答“无”），有 35 人提出了继续优化、完善和推广在线诉讼的建议，仅有 1 人较为谨慎地提出“当事人自主选择，不作为硬性考核指标”。而 35 名建议者中，有 14 人明确提出提升网络配设、优化软硬件设备的建议。以上事实说明，软硬件设备和网络运行速度等在线诉讼的技术支撑条件尚有进一步提升和完善的空间。

三、线上诉讼的时代会到来吗

基于上述实证研究，我们能否得出在线上时代来临之际，线上诉讼方式相当程度上可以适用于线下诉讼并据此而推行的结论呢？对此，笔者的见解是：

一是线上诉讼方式完全可以适用于大多数线下诉讼案件。2020 年 2 月、3 月的特殊疫情背景，为线上诉讼方式普遍适用于诸多种类的线下纠纷提供了空前的强制性实践机会。甚至可以说，新冠肺炎疫情是在线诉讼的“催化剂”，促使法院审判方式发生了明显变化。通过跟进在线诉讼相关新闻报道，笔者发现，与成都两级法院类似，全国不少法院开展了广泛的在线诉讼实践。例如 2020 年 1 月 15 日至 4 月 23 日，北京法院在线立案 42,774 件，在线庭审案件 53,832 件，在线送达 134,158 件；[①]从 2020 年 2 月 3 日至 4 月 28 日，上海法院在线庭审（含调解、听证、谈话）达 13,173 场，较 2019 年的 48 场增长了 270 多倍。[②] 不仅如此，许多过去包括将来都难以获得线上诉讼机会的案件，在这段特殊时期均广泛开展线上审判。据最高人民法院 2020 年工作报告，新冠肺炎疫情发生以来，全国法院网上立案 136 万件、开庭 25 万次、调解 59 万次，电子送达 446 万次，网络查控 266 万件，司法网拍成交额 639 亿元，执行到位金额 2045 亿元。[③] 以上实践证明：无论民事、刑事还是行政案件，也无论采用简易程序、普通程序或速裁程序，对大多数案件而言，线上处理线下纠纷尽管不一定是很好的方式，但在整体上至少是可以接受的。特别是，在线诉讼打破了传统诉讼不允许的时空阻隔，让原本无法推进的案件得以顺利推进，无疑为许多不便于亲自到庭进行诉讼的参与人提供了更为便利的接近正义的机会。例如上海法院

---

① 参见应悦：《今年 1 月 15 日以来，北京法院在线庭审案件逾 5 万件》，载新京报网，http://www.bjnews.com.cn/news/2020/04/23/720119.html。

② 参见上海高院：《正义之槌在“云端”延伸——上海法院在线庭审“破万”》，载微信公众号“上海高院”2020 年 5 月 7 日，https://mp.weixin.qq.com/s/9T-VH4fFiZeub8-GREzoGw。

③ 参见新华社：《最高人民法院工作报告（摘要）》，载《人民日报》2020 年 5 月 26 日，第 4 版。

在线诉讼的案件就不乏当事人所在地跨越不同国家及地区的情形。[①] 以上均是未来更广泛地推广线上诉讼方式包括改进线上诉讼方式的经验基础。不过，虽然在线诉讼方式可以适用于大多数线下诉讼案件，但并不意味着在线诉讼会“大行其道”。毕竟可行性并不等同于必然性，理论上可行且实践中已经被动施行也不能得出疫情结束后法院和诉讼参与人仍然愿意继续采取在线诉讼方式的结论。下文会对在线诉讼推广适用的影响因素进行探讨，此处不赘述。

二是线上诉讼方式在中国已经基本具备广泛推行的技术条件、社会条件，在线诉讼的实践主体整体上在参与能力、参与意愿和参与体验上能够适应在线诉讼，即便其在上述方面均存在一定的差异。任何一种政治、社会、商业、司法方式是否及如何在实践中大面积展开，相当程度上取决于支撑的技术、社会条件是否充分具备。对于疫情防控中的线上诉讼实践而言，尽管中国支撑线上诉讼的技术条件和社会条件还有待完善，但相关条件显然已经基本具备。

具体而言，一方面，中国司法晚近十来年推行的信息化工作极大地改变了中国法院的技术条件，使其可以胜任开展线上诉讼。以成都两级法院为例，在立案环节有四家平台可以适用于网上起诉、提交材料和诉讼费，包括四川微法院、成都微法院、四川法院诉讼服务平台、成都法院诉讼服务平台，四家平台分别是由多级法院和相关的互联网科技公司共建的。而在庭审环节，成都两级法院也有很好的软硬件条件，如法院笔记本、E 法庭等。至于调研的基层法院，更是有内容丰富、功能齐全的各类软件系统，例如高新区法院智慧审判平台、公道互联 App、与联通公司合作的临时搭建平台。相应地，随着在线时代的到来，中国社会也已经基本具备操作在线诉讼的能力和条件。除少数老年当事人外，绝大多数当事人具备在日常生活中使用电子设备的条件和能力，例如通过智能手机上网并开展视频活动已司空见惯。所以，对于线上诉讼，大多数当事人或可以

① 参见上海高院：《正义之槌在“云端”延伸——上海法院在线庭审“破万”》，载微信公众号“上海高院”2020 年 5 月 7 日，https://mp. weixin. qq. com/s/9T-VH4fFiZeub8-GREzoGw。

胜任或在法官助理、书记员的协助下可以操作。至于律师，同样在业务工作中已经熟悉并频繁应用相关软件，例如法律智能操作系统（iCourt）的阿尔法系统。但调研表明，法律职业群体的整体参与能力普遍较强，而当事人的参与能力存在明显分化——大部分当事人能够较好地参与在线诉讼，老年人和不愿意"动脑筋"的中青年人存在适应在线诉讼的"障碍"。

另一方面，调研显示，在线诉讼的社会条件也相对成熟，尤其是法律职业群体普遍具有强烈的参与意愿。事实上，在疫情的当下，最愿意线上诉讼的主体是律师。被调研法官反映，几乎所有的律师都欣然接受在线诉讼的建议。只有一位法官反映有一个案件的律师不愿意在线诉讼，但理由是：证据多，不方便在线上展示、质证，因而拒绝线上庭审。在参与体验方面，法官、律师和检察官受到的不利影响较少，在线诉讼对其而言只是换了一种场域，无论是从事工作的内容还是工作量均无显著增量。对于律师、检察官而言，在线诉讼还省却了线下庭审所需的路途时间、差旅费用，这便提升了多方参与主体商定开庭审理成功的概率，为其带来了便利。而相比之下，线上诉讼对法官助理、书记员有一些不利影响，其参与线上诉讼要比线下诉讼花费更多的庭前准备时间。

三是线上诉讼的推动力尚不充分，当下的普遍实践往往是不得已而为之。尽管 2020 年 1 月最高人民法院下发了开展民事诉讼繁简分流改革试点的文件，力推线上诉讼，但若没有疫情暴发的特殊背景，全面开展线上诉讼的时机不会这么快到来。因为，绝大多数案件尤其是普通程序案件当事人、法官开展线上诉讼均是无奈之举。如果可以选择，相信不少案件特别是普通程序案件不会太积极开展线上诉讼。实际上，笔者在高新区法院调研了解到，2019 年一年、2020 年 1 月，整个高新区法院只有 1 件一方到庭、另一方在监狱视频开庭的离婚案件。整个成都市的情况也差不多。笔者还了解到，疫情期间，一些法官开庭只是宣判，且认为涉及证据调查、案情复杂的案件不适宜线上开庭。更重要的是，随着国内疫情形势向好，未来法官还会普遍视频开庭吗？调研中也有一些法官表示：未来除案件简单、易于调解的，还是以线下诉讼为主。也就是说，或有线上开庭的情形，也不完全依赖，而要将线下诉讼和线上诉讼相结合。相关统计数据似乎也暗合这种主张。成都市法院系统2020年2月份，两级法院共开庭5403件，其中线上开庭1889件（占比34.96%），而到了2020年4月12日，两级法院共开庭17,239件，其中在线开庭3313件（占比19.22%），在线诉讼比例明显下降。另据相关法官介绍，2020年4月，随着疫情形势好转，本地案件大部分线下开庭，外地案件以线上诉讼为主的情况基本维持不变，而建筑工程类等案情复杂的案件则主要采取线下方式开庭。上海法院的数据也显示，随着2020年3月24日上海市调整重大突发公共卫生事件应急响应级别，该市采用在线庭审与线下庭审的比例已由之前的1∶2.8下降到1∶5.3。[①] 上述情况似乎表明，即使在民事诉讼程序繁简分流试点改革的背景下，大面积的线上诉讼仍可能难以如疫情形势严峻时期那样普遍。或许疫情期间才是线上诉讼的黄金时间，线上诉讼的前途还在未定之天。

前瞻线上诉讼的未来，我们应该何去何从？

首先，我们可以更积极地推行线上诉讼审判方式。生活、商业等的线上化意味着人类已经开始接受线上方式作为普遍的社会、经济、政治、法律的时代载体。因应线上社会已经全面降临的时代背景，线上诉讼几乎必然会成为与这个时代相匹配的新司法方式。换言之，尽管纠纷可能是线上的，也可能是线下的，但其解决方式均可以是线上的。新冠肺炎疫情以来的在线诉讼实践已经表明，将在线诉讼与纠纷种类（线上纠纷或线下纠纷）、案件类型（民事、行政、刑事等）、诉讼程序类型等因素僵化绑定的做法并不合理。而在线上诉讼的适用问题上，应当尊重当事人的程序选择权，[②]经当事人协商同意即可采用在线诉讼方式，不受纠纷种类、案件类型和程序的限制。线上时代是全方位的，线上诉讼也可以是全方位的。所谓线上

---

① 参见上海高院：《上海法院在线庭审逾“万”场　逐步成为新常态》，载微信公众号“上海高院”2020年4月28日，https://mp.weixin.qq.com/s/xJG7YkKTgLOxFPbOPypyfQ。

② 参见张兴美：《电子诉讼制度建设的观念基础与适用路径》，载《政法论坛》2019年第5期。

的归线上，线下的归线下的观念可以抛弃了。[①] 不过，也有研究指出，受司法文化、制度惯性、程序保障、平台建设、法官和当事人运用条件等因素影响，各国法院目前还是以"现场开庭为原则，在线审理为例外"，只有中国等国家实现了"弯道超车"，在互联网司法探索方面走在前列。[②] 即便如此，笔者仍大胆预测：线上诉讼的兴起可能不仅是中国现象，而且是世界性现象。[③] 与笔者所见略同，《在线法院与司法的未来》（*Online Courts and the Future of Justice*）一书的作者牛津大学教授理查德·萨斯坎德也对线上诉讼的发展持乐观态度，他认为"在线法院的历史变革已经启动，不会因疫情结束再开倒车"，"也许到2025年或者2030年，全球法院都将以'在线审理为原则，现场开庭为例外'"。[④] 因此，更为主动推进线上诉讼应该成为法律界致力的方向。

其次，确立和阐释与线上诉讼相适应的审判机理。不可否认，当前线上诉讼的实践与传统线下诉讼伴生的现场性、公开性、直接言词原则等诉讼机理之间存在一定的张力。不过，这种张力并非绝对的对立与否定。"世异则事异，事异则备变。"[⑤]每一种诉讼方式均有其时代背景和相应的理论依据，在时代背景变化的情况下，需要探索与之相适应的审判机理与审判方式。实际上，如果结合当前

---

① 段厚省认为，"远程审判大体上符合纯粹正当性的要求"，"远程审判的可接受性将会持续增加，其在诉讼程序的纯粹正当性上也会持续增加"。参见段厚省：《远程审判的程序正当性考察——以交往行为理论为视角》，载《政法论丛》2020年第2期。

② 参见斑斓君：《美最高院首试"电话"庭审，全球互联网司法下步走势如何》，载微信公众号"法影斑斓"2020年5月7日，https://mp.weixin.qq.com/s/IHrzsJKy5ZyhKcUqnayjjg。

③ 一些学者持类似观点。如刘敏论证指出"电子诉讼已经成为势不可挡的世界潮流"。参见刘敏：《电子诉讼潮流与我国民事诉讼法的应对》，载《当代法学》2016年第5期。英国上诉法院布里格斯大法官甚至豪言，"在线法院将是这个时代里最具革命性、最具颠覆性的新型法院；在线法院将改变法院生产正义的方式以及当事人实现正义的途径"。参见[英]布里格斯勋爵：《生产正义方式以及实现正义途径之变革——英国在线法院的设计理念、受理范围以及基本程序》，赵娜译，载《中国应用法学》2017年第2期。

④ 参见斑斓君：《美最高院首试"电话"庭审，全球互联网司法下步走势如何》，载微信公众号"法影斑斓"2020年5月7日，https://mp.weixin.qq.com/s/IHrzsJKy5ZyhKcUqnayjjg。

⑤ 语出自韩非《五蠹》。

在线诉讼的实践对传统线下诉讼的基本审判机理进行再认识和合理“突破”，不仅不会出现在线诉讼法理与传统诉讼法理的割裂，还可以为在线诉讼的“法理合理性”[①]提供理论支撑，进而实现二者的互融互通。其一，有必要重新理解审判的“现场性”与“公开性”。现场性并不等同于接触式，可以通过高品质的即时视频庭审等手段消解诉讼过程物理性在场的僵化限定；公开性并不否定可以通过电子化、可视化的方式如庭审视频来满足公众监督司法的需求。在线庭审的场景可以比较宽松，在行为规则方面则依然要控制各方的诉讼举止，以有利于庭审展开。其二，有必要重新解读在线诉讼中的“直接言词原则”。直接言词原则包含直接原则和言词原则两个方面。直接原则的基本内容包括直接审理与直接采证两方面，是指法官审理案件应当在双方当事人、辩护人在场的情况下进行，法官、陪审员应当以亲自在法庭上直接获取的证据资料作为裁判的基础；言词原则是指法庭对案件的审理，对证据的调查采取言词陈述的方式进行。[②] 实际上，如果仅从语义学上进行考察，在线诉讼并不违背“直接言词原则”。在线庭审采取的诉讼各方参与人通过现代即时通信技术进行视频面对面的审理方式，未尝不是一种直接的审理方式；诉讼各方参与人通过视频通话开展诉讼活动，亦不能否认其系言词审理方式。实际上，在线诉讼对直接言词原则可能的“悖离”或“弱化”是法官难以当面获取和审查部分证据如书证的真实性，难以通过现场的察言观色对案件情况形成内心确信。但在笔者看来，前述“悖离”或“弱化”时常可能是不必要的“担忧”。一方面，在案件适用范围方面，并非所有案件均必须采取在线诉讼方式，如果双方当事人对书证、物证等高度依赖现场辨识的证据存在较大争议，则此类案件依然可以采取传统线下诉讼方式进行审理。另一方面，即便是对书证、物证等高度依赖现场辨识的证据，随着技术的进步，借助科技手段完全有可能对其进行全方位的高清展示，甚至还可以通过技术手段发现肉眼难以识别的书证、物证经过伪造、篡改、

① 参见左卫民：《如何打造具有法理合理性的刑事诉讼法——审思 2018 年刑事诉讼法修正案》，载《比较法研究》2019 年第 3 期。

② 参见卞建林：《直接言词原则与庭审方式改革》，载《中国法学》1995 年第 6 期。

修补等情况。此外,对于当前在线庭审中法官难以"察言观色"的问题,随着5G通信技术的发展,技术上完全可以实现法官远在千里之外对双方当事人行为举止、言词的高清观察。并且,对于重点内容,法官与当事人等还可以采取慢动作回放方式以进行重点审查。可见,在线诉讼未必会"弱化"法官、当事人等的"察言观色"能力,反而会在某些方面提升该能力。

再次,有必要从中央层面构建在线诉讼的规范体系。当前全国各地的在线诉讼实践仍处于摸索阶段,在线诉讼缺乏统一的制度性规范和系统、精准的实践指引,相关在线诉讼规则主要由各地探索建构。较有影响力的既包括一些由互联网法院发布的规则如《杭州互联网法院诉讼平台审理规程》[①]、《北京互联网法院电子诉讼庭审规范(试行)》[②]等,也包含一些非互联网法院构建的规则如《浙江法院网上诉讼指南(试行)》[③]、《宁波移动微法院诉讼规则(试行)》[④]等,还有专门规范在线庭审的规范如《北京互联网法院电子诉讼庭审规范(试行)》。[⑤] 但这些规则规范总体上呈现分散化、地方化的面貌,影响线上诉讼的全面推行与实际效果。实践和试点改革中存在一些线上诉讼可能遇到的独特问题,例如在线上审判时当事人的失范行为。正因如此,有论者认为"电子诉讼规则缺失是电子诉讼热背后的隐忧",[⑥]电子诉讼合法性建设的滞后性是"制约民事电子诉讼有效运用的瓶颈"。[⑦] 英国力主推进在线法院建设的上诉法院

---

① 参见《杭州互联网法院诉讼平台审理规程》,载浙江法院网,http://www.zjcourt.cn/art/2017/8/18/art_109_2453.html。

② 参见《北京互联网法院电子诉讼庭审规范(试行)》,载北京互联网法院官网2020年2月21日,http://www.bjinternetcourt.gov.cn/cac/zw/1582274924940.html。

③ 参见《浙江法院网上诉讼指南(试行)》,载浙江法院网,http://www.zjcourt.cn/art/2020/10/22/art_474_22278.html。

④ 参见《宁波移动微法院诉讼规程(试行)》,载浙江法院网,http://www.zjcourt.cn/art/2020/10/22/art_474_22275.html。

⑤ 对在线庭审实践中存在的当事人庭审行为随意、审判缺乏仪式感的问题,《北京互联网法院电子诉讼庭审规范》进行了回应。参见《北京互联网法院电子诉讼庭审规范》第8条至第13条之规定。

⑥ 高翔:《民事电子诉讼规则构建论》,载《比较法研究》2020年第3期。

⑦ 张兴美:《中国民事电子诉讼年度观察报告(2017)》,载《当代法学》2018年第6期。

大法官布里格斯也提出，“在线法院应当秉承全新独立的法院建制，单独制定在线法院诉讼规则”。[①] 为了克服当前线上诉讼基本规则和实施细则相对缺失以及地方化、分散化的问题，有必要从中央层面建构体系化、精细化、可操作的线上诉讼规则规范。[②] 例如，如何在线上审判时对当事人的失范行为予以适当规制，前述北京互联网法院出台电子诉讼庭审规范对严重情形如擅自退庭作了制裁性规定，但对于违反法庭礼仪等情形未作明确规定。[③] 目前已有地方法院如上海法院开始规制，从中央层面也需要对之加以必要的规范。

复次，积极解决线上诉讼面临的技术问题。针对线上诉讼实践中的技术痛点、难点特别是软硬件设备等支撑条件存在的问题，我们亟须对之进行改造升级，以有效推行线上诉讼的审判方式。其一，针对老年人等部分实践主体存在“技术障碍”的问题，在线庭审前需要法官助理或书记员对双方当事人、辩护人进行一定的培训，这种培训（以下简称“审前培训”）对司法资源的耗费是在线诉讼的可接受的较低必要成本，似乎并未明显加剧法院案多人少之矛盾。并且，鉴于在线诉讼在安全性方面的独特优势（例如在疫情期间，此种安全优势能够减省线下诉讼附带的疫情防控成本）以及在节约诉讼参与人在途时间等方面带来的诉讼资源减省，在线诉讼往往会有助于减轻案多人少的负担。随着未来在线诉讼软件更加智能、便捷，在线诉讼的便民程度会不断提升，相信审前培训时间亦会不断缩减。其二，网速已经成为在线诉讼通信稳定性的掣肘因素，这就需要国家通过加大 5G 网络建设等措施在通信领域提质增速。同时，各级法院也要投入充分的人、财、物资源，配备与线上诉讼要求相适应的软件和硬件设备。建议最高人民法院统筹线上诉讼的技术标准，设置略超前于当前实际需求的最低标准，否则，可能出现线

---

① ［英］布里格斯勋爵：《生产正义方式以及实现正义途径之变革——英国在线法院的设计理念、受理范围以及基本程序》，赵娜译，载《中国应用法学》2017 年第 2 期。

② 张兴美认为，电子诉讼机制需要以系统化的视角从送达制度、证据制度、管辖制度、立案制度、庭审制度等方面作出回应和调整。参见张兴美：《中国民事电子诉讼年度观察报告（2017）》，载《当代法学》2018 年第 6 期。

③ 参见孙满桃：《北京互联网法院出台电子诉讼庭审规范　首次提出“虚拟法庭”》，载光明网，https://legal.gmw.cn/2020-02/21/content_33579123.htm。

上法庭刚建设好就面临升级换代的问题。其三,鉴于当事人使用软件和硬件设备情况具有极大的不确定性,对于当事人自身难以满足在线诉讼需要的情形,还要考虑必要的替代方案,例如以乡镇为基本单元设立集中的能够满足在线诉讼需求的新型法庭。该类法庭可以重新建设,也可以在派出法庭的基础上改建。

最后,要看到线上诉讼的使用限制,不能过度使用线上诉讼。我们既要看到线上诉讼在司法便宜、诉讼效益等方面的优势,也要看到其在隐私保护、诉讼仪式感、证据审查等方面的不足。线上诉讼在诉讼事项/程序和案件类型方面均应有所限制。在诉讼事项/程序方面,可以在案件的某些事项/程序上使用在线方式,也可以全程使用在线诉讼。那些程序保障要求高、纠错程序启动难度大的诉讼事项,不宜适用在线诉讼;而相对简单或者可以通过后续正式程序纠正的事项如起诉、送达与庭前会议等,则有适用空间。[①] 在案件类型方面,简单案件如督促程序案件、简易程序案件以及对诉讼经济性要求较高的小额诉讼,可以全程在线诉讼;而争议大、证据多的疑难复杂案件,以及存在证人、较多当事人的案件则不宜较多适用在线庭审。此外,要循序渐进有方略地推进在线诉讼。例如布里格斯大法官认为,“在线法院应当按照分阶段、分步骤的操作理念以及先行先试、逐步推行的试点方案进行”。[②] 另一位支持在线法院采取渐进式改革模式的研究者则提出,“初始改革试点宜先面向简单、低成本程序,只有当初始改革全面推开、问题充分暴露并解决后,才宜对复杂、高成本程序开展试点”。[③] 还有研究者认为,“公众对在线法院缺乏认知和理解,可以通过在线小额诉讼法院逐步提升公众理解和信心”。[④]

线上时代正在来临,线上诉讼有机会大行其道。然而,相关的技术条件包括5G的普及能否快速到来?线上诉讼的软硬件可否适

---

① 参见王福华:《电子诉讼制度构建的法律基础》,载《法学研究》2016年第6期。

② [英]布里格斯勋爵:《生产正义方式以及实现正义途径之变革——英国在线法院的设计理念、受理范围以及基本程序》,赵娜译,载《中国应用法学》2017年第2期。

③ See Doron Menashe, *A Critical Analysis of the Online Court*, 39 U. Pa. J. Int'l L. 921 (2018).

④ See Brian A. Pappas, *Online Court: Online Dispute Resolution & the Future of Small Claims*, 12 UCLA J. L. Tech. (Fall 2008).

配？诉讼各方的业务痛点、难点能否得到有效解决？诉讼机理上的挑战如何应对？诸如此类问题，无疑将会影响甚至决定线上诉讼的普及性、有效性和生命力，就让我们为之努力并拭目以待吧。

第二节　后疫情时代的在线诉讼

毋庸讳言，2020年年初暴发的新冠肺炎疫情明显改变了人类社会的发展进程，不论是生产还是生活都卷入了疫情的“旋涡”，司法活动也难以置身事外。但与其他行业相比，司法所具有的特殊性在于其对“亲历性”的要求，这种亲历性要求当事人应在特定的时间与场合，由法院就特定的纠纷居中裁判。显然，司法活动对亲历性的强调一定程度上有悖疫情防控的相关要求。然而，司法活动作为国家公权力行使的一部分，无法因为疫情的暴发草率中断，故探求既能够满足司法活动亲历性的要求，又能在较大程度上降低疫情扩散可能性的诉讼方式，成为疫情防控期间全国法院的急迫任务。“不碰头”的在线诉讼因能兼顾疫情防控与审判工作，在疫情期间成为传统诉讼方式的替代方案。①

如果说疫情的暴发促进了在线诉讼在实践中的普遍适用，那么，疫情形势的变化是否也在相当程度上影响在线诉讼适用率的高低呢？换言之，在疫情暴发之初，在线诉讼几乎一夜之间实现了从“零”到“有”再到“多”的突破，那么，在疫情形势逐渐趋于缓和的当下，在线诉讼是否会销声匿迹？如果在线诉讼依然在实践中较为普遍地适用，又与疫情集中暴发期存在什么区别？上述系列问题值得研究。需要注意的是，最高人民法院于2021年6月颁布的《人民法院在线诉讼规则》，已于2021年8月正式生效执行。这一文件的出

---

①　根据笔者此前的研究，在2020年春节前后疫情集中暴发的一段时间内，在线诉讼开始被广泛地适用于不同种类案件，而其中绝大部分法院在疫情暴发之前的在线诉讼适用率几乎为零；不仅如此，就在线诉讼所适用的程序而言，普通程序、简易程序均在不同程度上采用了这一全新的诉讼模式。参见左卫民：《中国在线诉讼：实证研究与发展展望》，载《比较法研究》2020年第4期。

台意味着决策层将在线诉讼作为一项常规化的诉讼模式予以对待,并致力于将其作为一种新型诉讼形式进行打造。2021 年修正的《民事诉讼法》第 16 条第 2 款亦明确规定“民事诉讼活动通过信息网络平台在线进行的,与线下诉讼活动具有同等法律效力”。就此而言,《人民法院在线诉讼规则》的出台以及《民事诉讼法》的修正为上述问题的解读增添了一定的方向性。因此,本书旨在对疫情影响减小、生活逐渐回归常态的背景下,在线诉讼的运行情况进行考察,以期把握后疫情时代在线诉讼的整体面貌,并探析未来的在线诉讼。

一、后疫情时代的在线诉讼:如何展开

此前研究发现,新冠肺炎疫情暴发初期,在线诉讼广泛适用于不同种类的案件,且普通程序与简易程序的案件均有之,但从运行效果来看,其庭审效果往往不及线下诉讼。[①] 那么,在后疫情时代,在线诉讼在上述方面又如何呢? 对此,笔者针对作为民事诉讼程序改革试点地区的 C 市两级法院在线诉讼情况展开了实证研究。

(一)适用率降低但趋于稳定

从历史的角度看,在疫情防控常态化的背景下,在线诉讼尤其是在线庭审在我国持续展开,并随着疫情的起伏而变化。以 C 市为例,据统计,2020 年前,C 市两级法院在线庭审数量极少,除 P 区法院因设立互联网法庭在 2019 年有 30 余件涉互联网案件在线开庭外,其余法院在线开庭几乎为 0。但在新冠肺炎疫情暴发的特殊背景下,在线庭审的适用数量呈现出爆发式增长的态势。如图 2-1 所示,2020 年 3 月,C 市基层法院在线庭审适用率达到峰值 37.21%。这种前所未有的审判形态变化凸显了中国司法是如何因应外界因素的显著变化而做出大幅度调整的。随着 4 月份疫情相对缓和,在线庭审的案件数量出现了断崖式下降,在线庭审的适用率也从占开庭总量的近四成下降至 15.01%。在随后的 5 月,在线庭审的适用率更是回落至 9.87%。整体来看,2020 年 1 月至 5 月,C 市基层法

① 参见左卫民:《中国在线诉讼:实证研究与发展展望》,载《比较法研究》2020 年第 4 期。

院在线庭审适用率呈现出倒“V”形的状态。进入 2020 年 6 月,全国疫情基本得到有效控制,C 市基层法院在线庭审适用率继续走低,下降至 9 月的最低点 3.61%。在此后的半年多时间里,由于部分地区疫情的反扑,C 市基层法院在线庭审适用率相较于 9 月有所回升,基本稳定在 7%左右低位运行。(见图 2-1)

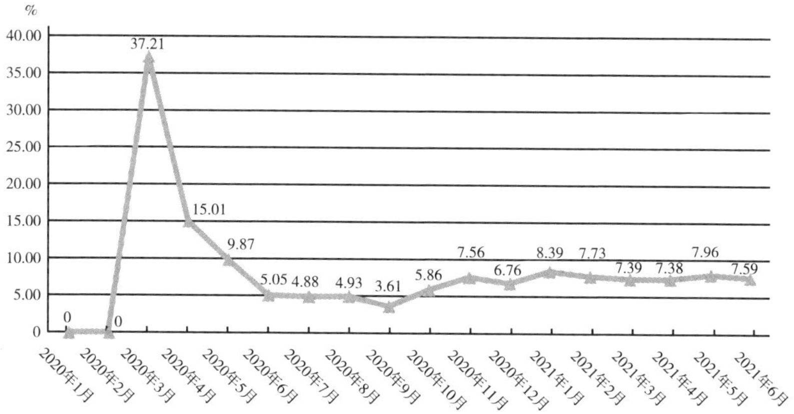

图 2-1　C 市基层法院 2020 年 1 月—2021 年 6 月在线庭审适用率

与之相似,全国其他地区在线诉讼的适用情况也大致经历了这一起伏的过程。以上海为例,2020 年 2 月 3 日至 4 月 28 日,上海两级法院在线庭审(含调解、听证、谈话,下同)达 13,173 场,较 2019 年的 48 场增长了 270 多倍,月平均在线庭审达 4391 场。但在 5 月至 9 月,平均每月在线庭审 3033 场,仅约占疫情初期在线庭审月平均场次的 69%。[①] 整体而言,在线诉讼尤其是在线庭审的适用与疫情的防控形势存在较为紧密的关联,表现为随着疫情的暴发而激增,又随着疫情的逐渐消退而在实践中“遇冷”。

(二)适用范围以“适宜”为原则

2019 年 12 月 28 日,第十三届全国人民代表大会常务委员会第十五次会议通过的《繁简分流改革试点决定》,标志着在线诉讼开始从各地法院的零星探索转变为国家层面的战略推进。为推动试点改革的顺利进行,最高人民法院随后印发了《繁简分流改革实施

① 参见《上海市高级人民法院工作报告(2021 年)》。

办法》,根据《繁简分流改革实施办法》的规定,“经当事人同意,适用简易程序或者普通程序审理的案件,均可以采取在线视频方式开庭”,即试点改革期间在线诉讼的适用条件主要考量当事人的意愿。随着新冠肺炎疫情的暴发,为兼顾疫情防控与审判工作的进行,2020 年 2 月,最高人民法院印发《关于新冠肺炎疫情防控期间加强和规范在线诉讼工作的通知》,扩大了在线庭审的适用范围,明确疫情防控期间民商事、行政案件一般均可以采取在线方式开庭。此后,随着改革试点的深入以及实践经验的积累,最高人民法院在此基础上颁布《人民法院在线诉讼规则》,以司法解释的形式进一步明确了在线诉讼适用案件的范围及其需考量的因素,详言之,人民法院进行在线诉讼时不仅有案件范围的限制,还应综合考虑案件情况、当事人意愿和技术条件等因素,这无疑为在线诉讼的适用划定了更为具体明确的范围。

实证考察的结果也在一定程度上反映出相关变化。与疫情期间在线诉讼的广泛适用不同,后疫情时代在线诉讼的适用范围有所缩减,通常在有适宜的案件且当事人同意的情况下才会适用在线诉讼。具体而言,实践中在线诉讼的启动通常需经历两个步骤:其一,在线庭审的启动以获得当事人的同意为前提,即在线庭审的启动应尊重当事人的程序选择权。其二,对于当事人的同意与选择,人民法院仍具有最后的审查判断权,只有适宜在线进行审理的案件才能正式开启在线诉讼程序。通常具备以下特征的案件被视为适合进行在线庭审的案件:一是当事人应对案件的事实争议不大或仅存在法律争议;二是案件涉及的证据数量较少,且不存在需要证人出庭的情况。

(三)适用模式以阶段型在线为主

以在线诉讼的适用环节数量为标准,在线诉讼主要可分为全流程型与阶段型两种适用类型。[①] 全流程在线是指诉讼活动实现了案件从起诉、立案到庭审、宣判、执行等诉讼环节全部在线完成。实践中,这种全流程的在线审理机制最早依托于互联网法院的改革试

---

① 亦有学者将此称为全程性模式与阶段性模式,参见侯学宾:《我国电子诉讼的实践发展与立法应对》,载《当代法学》2016 年第 5 期。

点,并形成了“网上纠纷网上审理”的司法新模式。就其功能实现而言,互联网法院通过打造一个集成化、开放化的内外互通的平台,将当事人在线起诉、应诉、举证、质证、参加庭审以及法官立案、分案、审理、评议、判决、执行等需求集于一体,从而使得诉讼的全部流程均可通过特定的线上平台进行。而阶段型是指在民事诉讼过程中,部分诉讼环节通过在线化的方式进行,但也有部分环节依然通过传统的诉讼方式进行,其关注的重点是对单一诉讼环节的在线化构建,具有分段式、板块化的特征。

相较于全流程在线审理机制在互联网法院的普遍适用,①普通法院对此机制的适用较为少见,通常仅对适宜在线审理的环节在线进行。如图 2-2 所示,疫情期间 C 市基层法院在线诉讼的各个环节的适用情况都存在较大差异,且在后疫情时代,上述差异更是呈现出扩大的趋势。具体而言,在在线诉讼的三个核心环节中,电子送达的适用率始终居于首位,位列第二的则是在线立案的适用率。相比之下,在线庭审的适用就显得十分有限,其适用率与另外两个环节均存在巨大的差距。

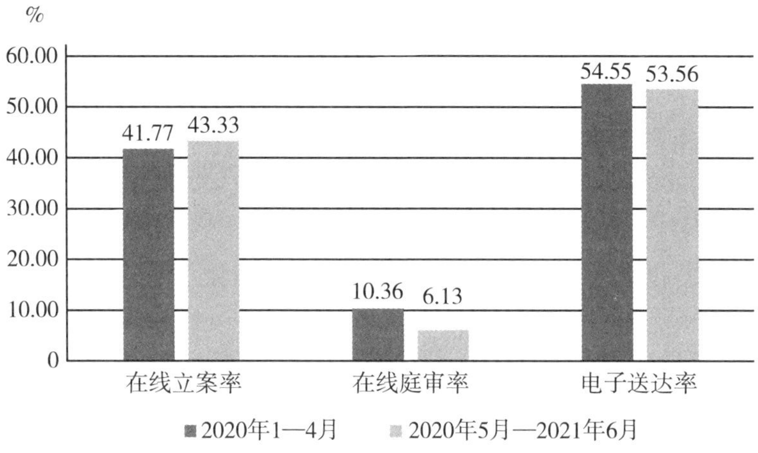

图 2-2　C 市基层法院疫情前后在线诉讼核心环节适用率

① 据统计,三大互联网法院已有近九成的案件实现了全流程在线审理。参见中华人民共和国最高人民法院编:《中国法院的互联网司法》,人民法院出版社 2019 年版,第 16 页。

整体而言，实践中普通法院绝大部分案件均采用了阶段型的在线诉讼模式，且以非庭审环节的适用为主。上述数据意味着，普通法院的在线诉讼并非以全流程在线审理为至上目标，而是根据案件及当事人的具体情况，有选择性地将某些诉讼环节在线进行。

（四）整体上以混合适用为主

一方面，这种混合适用体现为过程的环节性与贯通性相结合，即案件既可以全流程在线审理，也可以部分环节在线进行；既可以庭审环节在线化，也可以其他诉讼环节在线化。另一方面，混合适用还体现为庭审当事人在线化的差异性，即对于适用在线庭审的案件，既可以各方当事人都在线参与庭审，也可以部分当事人在线参与庭审，部分当事人线下参与庭审。换言之，在线庭审充分考虑了当事人的意愿及其自身的技术条件：当事人同意在线庭审且具备相应技术条件的便可以在线参与庭审，相反，如果一方当事人不具备在线参与庭审的条件或不同意在线庭审且具备正当理由的，便可以采用线下的方式参与庭审。

与上述特征密切相关，不同诉讼环节以及诉讼当事人可以灵活地进行线上线下的转换。这便要求法院既保障线上线下材料流转的统一性与便捷性，还要确保已完成诉讼环节的效力。同时，根据案件的具体情况，及时调整当事人参与诉讼的方式，保证能在线的尽量在线，不适宜在线的也能灵活退出及时通过线下方式参与诉讼，确保案件审理的顺利进行。

二、权宜之计抑或未来主流：在线诉讼的独立性论证

毋庸置疑，相较于疫情暴发初期，后疫情时代的在线诉讼于实践运行中出现了明显"降温"，整体适用率降低且以阶段型适用模式为主。那么，这是否意味着在线诉讼仅是一种应对新冠肺炎疫情的权宜之计？笔者认为，一方面，新冠肺炎疫情的形势的确在一定程度上决定了在线诉讼适用率的高低。为防控疫情，减少传染，疫情期间我国与其他一些国家的法院都尽可能推迟了开庭排期，基本采取了待疫情缓解后再开庭的应对策略。但这并不意味着纠纷停止产生，相反，疫情期间，有关纠纷或社会矛盾依然存在。因此，司

法更需要对其回应与疏导，确保整个社会的有序运转。此外，一味等待不仅是对当事人权利的克减，也无助于司法公信力的维护与构建。在此背景下，在线诉讼这种“不到院”的诉讼方式便成为兼顾疫情防控与审判工作的最有效途径，我国与多国法院也因此加大了在线诉讼的探索与适用力度。可以说，疫情加速了在线诉讼的探索与展开，其在很大程度上是一种为应对疫情而不得已采取的权宜之计。

另一方面，基于以下理由，在线诉讼不应仅被视为一种权宜之计，其在后疫情时期具有继续使用的独特价值与意义。其一，从客观层面上来说，疫情很难在中短期内完全消失，这也一定程度上决定了在线诉讼将继续成为法院应对疫情的重要方式。

其二，更重要的是，在线诉讼同时也是法院应对案多人少矛盾的重要解决机制。近年来，为了应对中国民事司法的“诉讼爆炸”，“法院除了采用增人、加班等传统方式外，亦采取了诸如强化审判管理、简化程序、转移非审判事务等措施”，[①]特别是开展民事诉讼程序繁简分流改革并基于此修改《民事诉讼法》以应对“诉讼爆炸”问题，甚至还引发了理论界的诸多争议。[②] 然而，案多人少的矛盾依然十分严峻。在此背景下，在线诉讼实际上在疫情前作为一种有助于提升司法效率的技术方案已出现在中国的司法实践中。

上述两方面理由仅说明了在线诉讼有可能于未来的司法实践中得以保留，但在笔者看来，在线诉讼的未来绝不仅是“继续使用”，相反，这一诉讼方式很可能成为未来司法活动的主流。重要原因就在于，在线诉讼从本质上来说是一种独立、有效诉讼方式。从既有研究来看，对于如何看待在线诉讼与传统诉讼之间的关系，学术界并未直接作出回答，而是透过在线诉讼的实践，提炼出了其与

---

① 参见左卫民：《“诉讼爆炸”的中国应对：基于 W 区法院近三十年审判实践的实证分析》，载《中国法学》2018 年第 4 期。

② 参见任重：《“案多人少”的成因与出路——对本轮民事诉讼法修正之省思》，载《法学评论》2022 年第 2 期；参见左卫民：《效率 VS 权利？民事程序繁简分流改革争论的实证审视》，载《现代法学》2022 年第 5 期。

传统诉讼方式之间存在的两种适用模式——辅助模式与并列模式。[①] 毫无疑问,学术界根据在线诉讼的实践所提炼出的两种适用模式存在一定程度的合理性,也一定程度上反映出在线诉讼与传统诉讼之间的相互关系。但这样的判断却难免过于粗略,也存在相当程度的局限,既未能从诉讼法的角度对在线诉讼进行明确的定位,也未能从我国信息化建设的大背景出发探究在线诉讼可能具有的独特地位。对此,笔者认为,就在线诉讼的地位及其与传统诉讼的关系而言,在线诉讼是一种能够与传统诉讼方式并驾齐驱的独立的诉讼方式。

(一)制度实践的效果性与独特性决定了在线诉讼的独立性

首先,我国互联网法院的建设为在线诉讼的独立性提供了实践基础。我国互联网法院是在中央的统一部署下先后设立的,是旨在集中探索在线诉讼新机制,确立网络空间治理新规则的专门法院。[②] 实践中,互联网法院不仅是国家将互联网技术运用于审判领域最系统、最典型的展现,更是目前在线诉讼运用最集中的场域。[③] 对于互联网法院的建设,最高人民法院在出台《关于互联网法院审理案件若干问题的规定》之际便指出,“互联网法院并非简单的‘互联网+审判’,而是综合运用互联网新兴技术,推动审判流程再造和诉讼规则重塑,是对传统审判方式的一次革命性重构”。[④] 由此我们不难

---

① 具体而言,辅助模式主要强调在线诉讼仅是传统诉讼方式的辅助手段,无论是在单一阶段适用还是全流程适用,在线诉讼都仅是传统诉讼方式的一种补充,其核心目的是填补传统诉讼方式在特定情况下的缺陷或提高审判活动的效率以及便利性。并列模式则通常意味着案件当事人对不同诉讼方式的排他性选择,即在程序上确保诉讼方式的全面性与体系性,体现的是特定诉讼方式的独立性。参见侯学宾:《我国电子诉讼的实践发展与立法应对》,载《当代法学》2016 年第 5 期。

② 参见段厚省:《论互联网法院的功能定位与程序创新》,载《上海师范大学学报(哲学社会科学版)》2020 年第 6 期。

③ 据统计,三大互联网法院已有近九成的案件实现了全流程在线审理。参见中华人民共和国最高人民法院编:《中国法院的互联网司法》,人民法院出版社 2019 年版,第 16 页。

④ 参见《最高人民法院司改办负责人就互联网法院审理案件司法解释答记者问》,载最高人民法院网,http://www. court. gov. cn/zixun-xiangqing-116971. html,最后访问日期:2021 年 7 月 8 日。

看出，就互联网法院的设立初衷来看，诉讼活动的在线进行并非简单地将线下诉讼转移至互联网，而是对传统诉讼方式进行的重塑，是为适应互联网纠纷特征而构建的一种独立于传统诉讼的新型方式。

其次，民事诉讼程序繁简分流改革为在线诉讼的独立性提供了合法性保障。《繁简分流改革试点决定》的出台，标志着在线诉讼的探索开始上升到国家层面，成为民事诉讼程序繁简分流改革的重要组成部分。此后，在试点改革的基础上，最高人民法院发布《人民法院在线诉讼规则》，以司法解释的形式首次构建了较为系统的在线诉讼规则体系，体现出我国法院推动互联网司法在技术应用、程序规则等领域所进行的全方位转型升级，[①]也标志着全流程在线诉讼的应用从互联网法院全面扩展至全国各级法院，成为应对我国日益显著的“诉讼爆炸”问题的一大重要载体与形式。

最后，我国法院实施的互联网司法战略为在线诉讼的独立性指明了方向。原最高人民法院副院长李少平指出：“‘互联网司法’是经过大量司法实践总结出的一个全新概念，从早期的在线缴费、视频听证、庭审网络公开，到现在的全流程在线诉讼、智能化应用、协同化办案，近年来，中国大力推进互联网司法、智慧法院建设，逐步构建起‘中国特色、世界领先’的互联网司法新模式。”[②]从这个角度来看，在线诉讼属于我国互联网司法领域的一大建设成就，从定位上来看应属于我国互联网司法新模式的具体体现之一，因而系一种不同于传统诉讼的独立诉讼方式。

（二）运行机制的完整性决定了在线诉讼的独立性

首先，从在线诉讼的启动来看，在线诉讼与传统线下方式一样系当事人可供选择的诉讼方式。例如，《人民法院在线诉讼规则》第 2 条之（二）便确定了“合法自愿”为在线诉讼活动开展所必须遵

---

① 参见王丽丽：《全面规范在线诉讼活动　健全完善互联网司法新模式——相关负责人就〈人民法院在线诉讼规则〉答记者问》，载中国法院网 2021 年 6 月 17 日，https://www.chinacourt.org/article/detail/2021/06/id/6099313.shtml。

② 参见代小佩：《最高法：中国互联网司法发展已从“跟跑”走向“领跑”》，载《科技日报》2021 年 6 月 18 日，第 3 版。

守的原则之一，与此同时，后续第3条、第4条又对“合法自愿”的具体运用进行了较为详细的解释，强调了当事人意志之于在线诉讼活动开展的决定意义。也就是说，当事人拥有对案件审理方式的选择权，且能在不同的诉讼环节根据其需求选择在线诉讼或传统线下诉讼的方式。

其次，从在线诉讼适用的案件范围来看，当前在线诉讼可适用于绝大多数类型的案件。实践中，在线诉讼的案件适用范围经历了一个从十分有限到不断扩展的过程：从最初在线诉讼仅适用于争议不大的简单民事案件，逐渐扩展至民事诉讼程序繁简分流改革试点中几乎所有类型的民事案件，再到疫情期间各地法院对针对多类型的案件均进行了在线诉讼的探索，[①]《人民法院在线诉讼规则》也对在线诉讼规定了较为广泛的适用范围，既包括民事、行政案件，也包括刑事速裁程序、减刑假释等刑事案件，此外该司法解释还对在线诉讼适用的案件范围设置了兜底条款，将“其他适宜在线审理的案件”亦包含在内，为未来拓展在线诉讼的适用范围提供了弹性制度空间。可以说，从适用的案件范围来看，在线诉讼能够同传统诉讼方式一道作为可普遍适用于不同案件类型的诉讼方式。

最后，从适用环节来看，在线诉讼已成功覆盖了诉讼活动的全流程。一方面，在互联网法院，已有近九成的案件实现了全流程在线审理；[②]另一方面，在全国各级法院中，在线诉讼全流程覆盖也已成为新的趋势。[③] 相关实证研究亦发现，尽管对于不同诉讼环节，在线诉讼的适用率存在较大差异，但总体而言，实践中在线庭审已实

---

① 参见左卫民：《中国在线诉讼：实证研究与发展展望》，载《比较法研究》2020年第4期。

② 参见中华人民共和国最高人民法院编：《中国法院的互联网司法》，人民法院出版社2019年版，第16页。

③ 参见原丹丹：《房山法院“六个不接触”打造全流程在线诉讼体系》，载中国法院网，https://www.chinacourt.org/index.php/article/detail/2020/04/08/4906314.shtml；参见牟亮：《打官司全流程可网上进行 重庆法院“易诉”平台在南岸试点》，载央视网，http://www.cqna.com.cn/na_content/2018-02/05/content_4441471.htm；参见章宁旦、林晔晗、曾洁赟：《广东法院网上立案超过20万，全流程在线诉讼服务“花开南粤”》，载法制网2020年3月24日，https://www.163.com/dy/article/F7KGANNQ051200BB.html。

现了对诉讼活动的全流程覆盖。[①] 值得注意的是，《人民法院在线诉讼规则》明确了在线诉讼从起诉立案到庭审、执行等主要诉讼环节的程序规范，对于在线诉讼活动来说，主要环节操作规范得到明确规定的意义不仅在于程序上的进一步规范化与制度化，更体现在立法者并非将在线诉讼作为特殊社会情势下的一种应急方案予以对待，而是将其视为了某种完整且独立的诉讼模式。

综上，无论是从在线诉讼的启动方式还是其所适用的案件范围、诉讼环节来看，在线诉讼均是一种能够与传统诉讼并驾齐驱的诉讼方式。不过仍需要指出的是，在线诉讼不应当被视为对传统诉讼方式的替代。实践中，案件的审理模式并非一成不变的，而是根据当事人请求或案件审理需要，随时可进行线上线下合理有序的转换。因此，在线诉讼与传统诉讼之间是两套并行不悖的诉讼方式，亦是相互补充、相辅相成的关系。

三、我国需要怎样的在线法院

如果在线诉讼成为未来诉讼活动的主流方式，那么其应当具备何种特点方能契合中国司法实践的实际需求？进入互联网时代后，世界各国都意识到信息技术在司法领域应用的巨大潜能和价值，纷纷加入探索与发展互联网司法的队伍中。例如，从 21 世纪初开始，英国、韩国、新加坡、奥地利等国就将互联网作为公众“触达司法”的重要手段，探索引入在线立案、电子卷宗技术，“在线法院”也出现在一些国家的法院改革规划中。[②] 对此，理查德·萨斯坎德进行了较为系统的研究，在他的研究中，在线法院有着不同层次的内涵：其一，在线法院是线上进行裁判的法院，但这种裁判是没有开庭环节的裁判，相反法官和当事人通过发送和接收邮件等异步的方式来推进案件流程；其二，在线法院还是一种“扩展法院”，即利用大数

① 参见高翔：《民事电子诉讼规则构建论》，载《比较法研究》2020 年第 3 期。

② 参见王丽丽：《全面规范在线诉讼活动　健全完善互联网司法新模式——相关负责人就〈人民法院在线诉讼规则〉答记者问》，载中国法院网，https://www.chinacourt.org/article/detail/2021/06/17/6099313.shtml。

据、人工智能等前沿技术扩展了法院能力，未来可能出现AI法官。[①]毫无疑问，上述有关在线法院的论述与我国在线诉讼的现实样态存在显著的区别。那么，面对域外学者笔下内涵多样且目标丰富的在线法院，我们亟须回答的问题是：互联网时代我国需要怎样的在线法院？

（一）谁来决定我国需要怎样的在线法院

面对我国需要怎样的在线法院这个问题，首先要解答的，是由谁来决定这样一个攸关我国在线法院未来发展方向的重大理论问题。在笔者看来，司法实践者是当之无愧的主导者，原因如下。

从某种程度上看，诉讼方式实际上是在司法实践中经年累月反复操作而形成的一套习惯性做法，[②]具体实施诉讼行为的人共同塑造了诉讼方式在实践中的样态。因此可以认为，诉讼参与人的诉讼需求和体验很大程度上决定了诉讼的现实样态与未来的发展方向。诚如有学者指出，司法是一种制度构建的产物与公共产品，且任何司法产品都不只是司法机关单方面行为的产物，而是各诉讼主体共同作为、合力形成的结果，因此对司法制度的建构应尊重“消费者体验”。[③] 就在线法院而言，其“消费者”主要是指参与在线诉讼中的各方主体，具体包括承办案件的法官、参与案件办理的审判辅助人员以及案件的当事人等，他们不仅是让在线法院得以顺利运转的主体，其诉讼体验也直接影响在线法院的功能实现。

进而言之，一套合理的诉讼方式应当是可持续且可规模化的，而要实现这一目标，同样也离不开司法实践者的认同与支持。值得深思的是，许多发达国家有关在线诉讼的技术条件已经具备，但受制于司法理念、制度环境和法官习惯等原因，在线诉讼真正在实践中进行推广时困难重重，甚至因各方面的原因而搁浅。例如，尽管美国的不少州法院早已对“在线纠纷解决平台”以及在线法庭进行

---

① 参见[英]理查德·萨斯坎德：《线上法院与未来司法》，何广越译，北京大学出版社2021年版，第59~63页。

② 参见王亚新：《对抗与判定——日本民事诉讼的基本结构》，清华大学出版社2002年版，第157页。

③ 参见顾培东：《人民法院改革取向的审视与思考》，载《法学研究》2020年第1期。

了试点运营，[①]但由于各式各样的反对意见，即使是疫情期间，美国联邦最高法院也仅尝试以音频方式开展“电话庭审”；此外，有的国家则因司法理念等原因将在线诉讼的范围严格局限于起诉立案、卷宗传递、文书送达领域，或仅对部分简单案件适用在线庭审。[②] 总体而言，尽管部分域外国家对互联网司法的探索早于我国，且有关在线法院的构想极具革命性，但反观实践，其在线诉讼的推进程度以及覆盖范围却远远落后于相关改革研究。这一现象无疑进一步强化了上文的判断，即任何诉讼方式的形塑均有赖于诉讼参与人的认可与实践，如果诉讼方式不能满足诉讼参与人的现实需求且得到其认可，那么相应的该诉讼方式将无法可持续与可规模化，因而其生命力也将是脆弱且短暂的。

（二）我国在线诉讼如何契合司法实践的需求

既然司法实践者才是决定中国在线法院形态的决定性因素，那么，司法实践者到底需要怎样的在线法院，换言之，符合司法实践者需要的法院应具备怎样的基本特征呢？对此，笔者认为，中国需要的是线下诉讼“在线化”的在线法院，而非理查德·萨斯坎德笔下那种省略庭审的、简单化的线上法院。具体而言，从当前在线诉讼的实践及其发展趋势来看，中国的在线法院应当具备如下特征。

其一，我国的在线法院应具有可操作性与有效性。从诉讼方式创新的出发点来看，我国在线法院及在线诉讼的探索是以满足人民群众的司法需求、增强诉讼便利、降低纠纷解决成本、保障司法公正为基本导向的。[③] 有关在线诉讼的探索也经历了一个“由点到面”试点先行的试验模式，在这种探索模式中，司法机关无论是对诉讼方式的创新还是对相关规则的探索均以司法实践的需求为标准，将

---

① 参见[英]理查德·萨斯坎德：《线上法院与未来司法》，何广越译，北京大学出版社2021年版，第174~176页。

② 例如英国、爱尔兰等国仅规定小额诉讼案件可以在线审理。参见[英]布里格斯勋爵，赵蕾：《生产正义方式以及实现正义途径之变革——英国在线法院的设计理念、受理范围以及基本程序》，载《中国应用法学》2017年第2期。

③ 参见王丽丽：《全面规范在线诉讼活动　健全完善互联网司法新模式——相关负责人就〈人民法院在线诉讼规则〉答记者问》，载中国法院网，https://www.chinacourt.org/article/detail/2021/06/11/6099313.shtml。

审判工作以及群众的需求与互联网技术的最新发展相结合,把握并找准了信息技术在司法之中的融合点,因而在实践中具有充分的可操作性与有效性。

一方面,在线诉讼平台的打造为各方诉讼参与人提供了一个便捷且简单易行的在线诉讼入口。据考察,当前我国法院多自主开发了一些在线诉讼平台,随着技术水平的不断完善和在线诉讼的深入推进,相关平台的功能设置基本能满足在线诉讼各环节的实践需要,且平台内部普遍设置了相应的操作指南,当事人根据平台内置的相关提示或在审判辅助人员的协助下,基本能较为流畅地进行在线诉讼。例如,全国统一的中国移动微法院标准版正式投入运行,不仅实现了电脑端与手机端同步运行,在操作上也更为便捷与智能。[①]

另一方面,在线诉讼能有效实现线下诉讼的相应功能。随着我国在线诉讼经历了先期试点、逐步推广、不断总结经验、完善相关运行机制等过程,其已能顺利实现传统线下诉讼所具备的诉讼功能,且相关司法解释也明确了在线诉讼与线下诉讼具有同等的法律效力。[②] 值得关注的是,随着中国移动微法院标准版正式投入运行,有关在线诉讼的核心功能也进行了全国统一的全面迭代升级,[③]这也进一步为当事人提供无差别且切实有效的诉讼服务奠定了技术性基础。

其二,我国的在线法院具有全流程性与普遍性。全流程性是指,诉讼活动的在线化已经全方位覆盖了诉讼活动的各个阶段,既有庭审环节也囊括了非庭审环节。例如实证研究发现,成都市两级法院 2020 年全年共在线立案 146, 196 件,在线立案率达 41. 25%;全市法院在线庭审案件 8203 件,在线庭审总次数达 7960 次,在线庭审适用率为 6. 13%;电子送达适用案件共 256, 528 件,电子送达

---

① 参见《重磅！ 全国统一的中国移动微法院标准版来了!》,载微信公众号“宁波市中级人民法院”2021 年 6 月 1 日,https://mp. weixin. qq. com/s/KR9bZRnRUJLlIORKqXcuZQ。

② 参见《人民法院在线诉讼规则》第 1 条。

③ 参见《重磅！ 全国统一的中国移动微法院标准版来了!》,载微信公众号“宁波市中级人民法院”2021 年 6 月 1 日,https://mp. weixin. qq. com/s/KR9bZRnRUJLlIORKqXcuZQ。

879,935 次，电子送达适用率达 51.21%。此外，2020 年最高人民法院工作报告显示，疫情期间全国法院网上立案 136 万件、开庭 25 万次、调解 59 万次，电子送达 446 万次。[①] 通过上述数据我们不难发现，我国基本建立起较为系统完整的在线诉讼体系，在线诉讼已覆盖诉讼活动的全流程和各方面。

普遍性是指，在线诉讼已在各个审判领域以及除互联网法院之外的全国各地法院较为广泛地适用。上文的分析指出，在线诉讼的案件适用范围已经覆盖到民事、行政案件以及刑事速裁程序、减刑假释等刑事案件。此外，数据显示，截至 2021 年 3 月底，全国法院已运用移动微法院办案 324.03 万件，其中立案成功 496.88 万件，送达文书 1439.06 万份，远程庭审 6.43 万次，多方视频 3.29 万次，达成调解协议 28.38 万份，终本约谈 17.21 万件，执行节点推送 2.47 亿条。[②] 可以说，当前我国在线诉讼基本实现了案件类型、适用程序的全覆盖以及各级各地法院的全覆盖，一些法院还逐步实现了执法办案线上线下两个常态化。[③]

其三，我国的在线法院具有温和性与妥协性。相较于理查德·萨斯坎德笔下那种省略庭审的颇具革命性变革的在线法院，我国有关在线诉讼的探索则显得较为温和，甚至还兼具一定的妥协性。综合上文的分析不难发现，我国诉讼当事人对线下诉讼尤其是传统庭审方式仍有较强的依赖性和认同度，因而诉讼方式的惯性在短时期内不会发生根本改变，传统庭审方式的“传统”地位也不会被动摇，从这个角度来看，我国的在线诉讼基本可被视为一种可供当事人选择的新型诉讼方式。但不能忽视的是，或许也正是因为我国在线诉讼在推进方式以及适用模式上选择了一条较为温和、渐进的路径，才在一定程度上确保了我国在线诉讼在适用广度、落地深度以及适

---

① 参见《最高人民法院工作报告 2021》。

② 参见《中国移动微法院上线两周年！累计访问超 10 亿次，数字赋能让公平正义更触手可及！》，载微信公众号“宁波市中级人民法院”2021 年 4 月 7 日，https://mp.weixin.qq.com/s/2Bxg_3m58-TRzC3k6cTIhA。

③ 参见《从 48 到 4 万　上海法院在线庭审这样“逆袭”》，载微信公众号“上海高院”2021 年 2 月 28 日，https://mp.weixin.qq.com/s/bz3eu_MTevVtEgxFDGyUGg。

用效果方面都居于世界领先水平。①

四、中国在线诉讼的前景

晚近十年,在线社会的到来已极大改变了人类的生活方式,从世界范围内来看,在线法院的建设以及在线诉讼的推行已成为不可阻挡的发展趋势。在此背景下,中国法院的信息化建设也极大改变了中国的诉讼场景与技术条件,使得进行在线诉讼已基本不存在技术难题。《人民法院在线诉讼规则》的出台,也标志着我国在线法院的发展已进入规范化探索的新阶段。但必须承认,受客观因素影响,我国在线法院的发展还存在不均衡、不统一的情形,且在线诉讼的推动力尚不充分,在线诉讼各环节的诉讼效果仍存在提升空间。本书的分析表明,技术水平、适用效果以及司法实践者的需求是影响在线诉讼形态的关键因素。因此,在未来,我们需进一步在技术条件与社会条件上加以努力,在拓展前沿科技司法应用场景的同时,提升诉讼主体的参与意愿与参与体验,为在线诉讼的长远发展奠定相应基础。

那么,在线诉讼的远景会怎样?对此,英国学者理查德·萨斯坎德认为,未来在线法院仍将具有长足的发展,尤其是大数据、人工智能等前沿技术的植入,将对在线诉讼产生更加深远的影响,未来的在线诉讼不仅可能省略庭审,且人工智能将扮演更为重要的角色,如判决甚至有可能由 AI 法官来做出。② 那么对于我国而言,未来我们是否需要借鉴西方国家的设计,创造出一种省略庭审甚至使用 AI 法官进行裁判的在线诉讼模式呢?

笔者认为,一方面,我国存在适用省略庭审的在线诉讼模式的可能性,但也存在一定的制约条件。从既有制度及规定来看,我国现行诉讼制度允许在二审程序中对满足条件的案件以不开庭的方式进行审理,对于这部分案件,已经在适宜的条件下进行没有庭审

---

① 参见何帆:《中国互联网司法是否世界领先,又有哪些中国特色?》,载微信公众号"法影斑斓"2021 年 3 月 10 日,https://mp.weixin.qq.com/s/k9jYwtLpujsg6M_0rCCH3Q。

② 参见[英]理查德·萨斯坎德:《线上法院与未来司法》,何广越译,北京大学出版社 2021 年版,第 255~298 页。

的在线诉讼。但能否将这种省略庭审的在线诉讼方式推广到一审程序，目前尚无法断言。因为一审案件涉及证据的审查判断以及案件事实的查明，如果直接采取省略庭审的激进审理方式，不仅涉及对传统诉讼原则的颠覆，甚至无法确保能够真正查明案件事实。因此，未来即便在一审程序中对省略庭审的在线诉讼进行试点，也应当严格限制其适用的案件范围与条件。

值得关注的是，《人民法院在线诉讼规则》中提出的非同步审理机制便是一种新型的在线诉讼尝试。对此，成都、苏州等法院纷纷围绕在线异步质证展开了相应的探索，详言之，当事人可以自由选择时间和地点登录电子诉讼平台，以非同步的方式进行举证质证，这在一定程度上可被视为对省略庭审的在线诉讼模式的一种有限探索。之所以是有限探索，在于非同步审理机制并不完全等同于不开庭审理，只是将传统庭审中当事人的同步交互转变为非同步交互。还需要指出的是，"非同步庭审"是一种在特定情形下进行的特殊庭审形式，有严格的适用条件和范围。在适用条件上，需以同步庭审确有困难、当事人主动申请且各方当事人均同意、案件的主要事实和证据不存在争议为前提条件。在适用范围上，限于小额诉讼程序或者民事、行政简易程序案件。①

另一方面，尽管人工智能在司法实践中的运用正逐步从程序性辅助事务向审判决策环节延伸，但无论是国外还是国内，AI 法官的运用都囿于技术的发展程度、社会的接受程度以及司法伦理等多重障碍，在实践中较难全面、深入推行。因此，从长远来看，AI 法官的运用前景仍然具有相当的不确定性。② 这也一定程度上印证了上文的判断，即对于在线诉讼这一新型诉讼模式，应秉持客观审慎的态度，在试错的基础上渐次推行。

在线诉讼的未来为何？就让未来告诉我们答案吧！

---

① 参见《〈人民法院在线诉讼规则〉的理解与适用》，载最高人民法院官网 2021 年 6 月 17 日，https://www.court.gov.cn/zixun-xiangqing-309561.html。

② 参见左卫民：《AI 法官的时代会到来吗——基于中外司法人工智能的对比与展望》，载《政法论坛》2021 年第 5 期。

第三章　迈向“数字诉讼法”：一种新趋势？

第一节　正在到来的数字社会

近几年，“数字社会”一词频频出现在公众视野，有关数字社会的报道层出不穷，[①]2021年3月发布的《国民经济和社会发展第十四个五年规划和2035年远景目标纲要》（以下简称“十四五”规划）更是将“加快数字社会建设步伐”作为国家发展的重要内容，党的二十大亦高度重视相关发展。毋庸置疑，数字技术是推动数字社会前进的关键动力，其表现形式多样，是硬件、软件、传输网络、协议、语言、超大规模集成电路、算法，以及与这些要素相关的组件与实践的集合。[②] 从法律层面来看，以数字

① 参见傅鹏、余嘉敏：《广州市人大代表涂子沛：进入数字社会是个不断学习的过程》，载《南方日报》2020年6月7日，第A02版；包蕾萍：《数字社会建设：挑战、机遇与理论创新》，载光明网，https://theory.gmw.cn/2021-12/27/content_35408976.htm；龚维斌：《加快数字社会建设步伐》，载《人民日报》2021年10月22日，第9版。与此同时，国家信息中心网站设置了“数字社会应用”专栏来展示数字技术的社会化应用。

② 参见[美]布莱恩·阿瑟：《技术的本质：技术是什么，它是如何进化的》，曹东溟、王健译，浙江人民出版社2014年版，第86页。具体到本书，笔者认为数字技术是以互联网、大数据、人工智能等为突出标志的技术。

技术为核心的数字社会正在为法律发展与改革注入新鲜活力。我国在智慧法院、智慧检务、智慧警务与智慧司法行政等方面正在取得显著进步，这些运用数字技术的举措促成了所谓的智慧法治样态。[①] 然而，关于数字技术对诉讼法的整体影响尚未得到充分研究，数字社会中的诉讼法会否发生结构性的变化、已经发生了何种变化、面临何种挑战以及未来如何应对相关挑战等问题，均未得到充分回应。有鉴于此，笔者拟阐析上述问题，以助益相关研究。

何为数字社会？理论界与实务界并未形成完全一致的看法。观察“十四五”规划等表述，数字社会指的是数字技术全面融入社会交往与日常生活的社会。而从社会学理论来看，有学者认为数字社会是一种总体性的社会走向，强调数字技术在社会中广为普及、渗透，具有在场空间脱域化、关系形态散众化、规则技术异步化等特征。[②] 有学者认为，数字社会是在数字技术的社会化应用下形成的与工业社会具有实质区别的社会。[③] 另有学者指出，数字技术与数据是社会文化之产物，其在与人类互动过程中表现出独特的社会生命与价值。数字社会则是数字时代的社会样态，呈现了人、技术与数据间的相互作用。[④] 整体而言，上述观点在话语表达与具体关注点上均存在一定差异，但对数字社会基本样态与趋势的把握大体一致。在笔者看来，从信息化的角度加以理解，数字社会是用数字技术（包括传感器、互联网等电子设备）来表达、交流、储存、分析使用信息，进而展开一系列活动的社会。2021 年，我国数字经济规模高达 45.5 万亿元，占 GDP 比重为 39.8%，总量稳居世界第二。[⑤] 可以说，我国是当今世界上最大规模的数字社会之一，且笔者认为我国

---

① 通俗意义上来讲，智慧法治意即通过大数据、云计算、人工智能等现代科技手段助力形成的法治样态。

② 参见魏钦恭：《数字时代的社会治理：从多元异质到协同共生》，载《中央民族大学学报（哲学社会科学版）》2022 年第 2 期。

③ 参见邱泽奇：《数字社会与计算社会学的演进》，载《江苏社会科学》2022 年第 1 期。

④ 参见王天夫：《数字时代的社会变迁与社会研究》，载《中国社会科学》2021 年第 12 期。

⑤ 参见国家互联网信息办公室：《数字中国发展报告（2021 年）》，载中国网信网，http://www.cac.gov.cn/2022-08/02/c_1661066515613920.htm。

社会是"应用型+创新型"的数字社会。

毫无疑问,法律需要顺应社会的发展做出适当调整。数字社会中的法律,包括诉讼制度会否发生根本性的变化以及如何变化,目前并未形成一致看法。总体而言,理论界大致形成了两类看法。一类看法认为,包括诉讼法在内的法律具有一定的稳定性和适应性,并未受到数字社会带来的根本性与结构性的挑战。真正受到挑战的是如何将传统内容应用于新场景。① 例如,有学者就明确认为"数字人权"、第四代人权的概念与体系并不成立,数字社会的人权法律保障体系问题可以用"人权的数字化"也即传统的人权理论与法律制度在数字社会这一新场景中的应用来解决。② 另一类看法认为,法律必然遭受根本性与结构性的挑战,有必要因应数字社会作出改变。③ 个人相对赞同前一类观点,但也认为后一类观点有可取之处。在数字社会中,诉讼法正面临巨大挑战,这种挑战远非传统挑战所能比拟,但也并非注定是颠覆性、根本性的挑战。正因如此,诉讼法必然发生重要变革,其部分内容、理念、原则与技术会不同于甚至超越传统诉讼法。我们可以认为,数字社会正在促使诉讼制度发生改变,"数字诉讼法"的诞生成为可能。

第二节　正在形塑中的"数字诉讼法"

尽管理论界在数字社会是否给诉讼法带来根本性与结构性的挑战方面并未达成完全一致的认识,但诸多不同于传统诉讼法的现象已然产生,典型表现为在线庭审"1.0 版本"的相关制度举措已初步成熟,这意味着"数字诉讼法"正在形塑过程中。需要说明的是,

---

① 参见刘艳红:《人工智能法学研究的反智化批判》,载《东方法学》2019 年第 5 期。

② 参见刘志强:《论"数字人权"不构成第四代人权》,《法学研究》2021 年第 1 期;刘志强:《"数字人权"再反思——与马长山教授等商榷》,《政法论坛》2022 年第 6 期。

③ 参见马长山:《智能互联网时代的法律变革》,载《法学研究》2018 年第 4 期;参见[英]理查德·萨斯坎德:《线上法院与未来司法》,何广越译,北京大学出版社 2021 年版,第 25、241 页。

本书提及的诉讼法既指立法文本意义上的诉讼法，也指实践操作层面的诉讼机制。有鉴于此，“数字诉讼法”意指在数字技术滋养下形成的不同于传统诉讼法的诉讼规则与机制。因数字技术几乎渗透到了诉讼法的方方面面，“数字诉讼法”的表象不一而足。囿于篇幅，笔者拟从受数字技术影响较大的审判组织、数字诉讼的程序、证据、司法能力四个方面来论析形塑过程中的“数字诉讼法”。

一、互联网法院（法庭）诞生

专门审判互联网案件的法院（法庭）在中国最早出现。2017 年 8 月 18 日，世界首家互联网法院——杭州互联网法院正式成立。其在推进网络空间治理法治化的同时，率先打破了传统诉讼理念与原则的桎梏，不仅借由互联网诉讼平台实现了诉讼流程的数字化，也通过创新探索异步审理模式与司法区块链平台等打开了开展数字诉讼的新思路。毫无疑问，杭州互联网法院以数字技术为牵引的“数治化”审判转型为“数字诉讼法”的诞生提供了丰富的实践样本。在其典型示范下，北京互联网法院与广州互联网法院相继诞生。随后，具有跨行政区属性的互联网法庭也陆续设立。例如，2021 年 4 月 9 日，成都互联网法庭正式挂牌运行，集中管辖成都、德阳、眉山等地原本应由基层法院审理的一审互联网案件。[①] 司法实践中，互联网法院（法庭）的运行取得了明显成效，为“数字诉讼法”的发展积蓄了充足动力，既体现在数字技术赋能的司法审判质量提升明显，也体现在智慧司法加持下的审判效率大为提高。以杭州互联网法院为例，截至 2022 年 8 月 18 日，该院共审结案件 6.7 万余件，执结案件 1.4 万余件，其中，1 案入选最高人民法院指导性案例，70 余案入选全国典型案例。[②] 在广州互联网法院，截至 2022 年 11 月 6 日，其智慧审理平台共立案 155,493 件，审结案件 141,418 件，在线立案率达 99.93%，庭审平均时长为 23 分钟，案件平均审理周

---

① 参见夏菲妮：《成都互联网法庭交出一周年成绩单，这项工作全省第一！》，载微信公众号“四川法治报”2022 年 4 月 10 日，https://mp.weixin.qq.com/s/9Vtm9fUfi708rnVGqrj_Mg。

② 参见《盈车嘉穗，五周年！杭州互联网法院改革创新成果一览》，载微信公众号“杭州中院”2022 年 8 月 17 日，https://mp.weixin.qq.com/s/3n2goLPZuJZjE0drdFn0dw。

期为63天，电子送达1,070,997次，电子送达覆盖率为99.97%，一审服判息诉率达98.49%。[①] 在成都互联网法庭，2021年该庭新收案件6632件，结案率达99.99%，一审服判息诉率为97.39%。在全流程在线审理的创新模式下，案件平均审理周期28天左右。[②]

二、诉讼程序在线运行

在中国，除上述互联网纠纷的互联网审判外，线下纠纷的大规模在线审判是近3年的重要法律现象。近3年来，受新冠肺炎疫情影响，线下纠纷在线化解已较为常见。在线诉讼已然成为一种重要的诉讼方式，其本质是以在线方式处理线上、线下纠纷，颠覆了实体在场、时空同一的传统诉讼模式，取得了一定的实践效果，成为数字诉讼法的典型标识，其在实践中呈现出如下特征：

其一，诉讼程序在线运行逐步实现"全流程"化。"全流程"意指立案、庭审、送达、执行等诉讼环节均可在线完成。[③] 此前，在线诉讼多表现为数字技术在某一诉讼环节尤其是辅助环节的具体应用。[④] 随着数字技术水平的不断提高、司法实践的不断尝试，当下数字技术可实现包括庭审环节在内的诉讼全流程在线运行。不仅3家互联网法院全流程在线审结的案件数量不少，其他非互联网法院（法庭）大多具备全流程在线诉讼功能。例如在成都法院，当事人与律师可借助"蓉易诉"平台开展一站式智能化诉讼活动。

其二，全部或部分诉讼环节在线运行的案件不断增加。例如，2021年全国法院在线立案数高达1143.9万件。截至2021年年底，69.91万件案件通过人民法院网上委托鉴定平台发起鉴定委托，

---

① 相关数据详见广州互联网法院网站"数据公开"专栏，载广州互联网法院网，https://www.gzinternetcourt.gov.cn/#/judicialBigData? apiType=sfBigDataAnalysis&titleType=judicialBigData，最后访问日期：2022年11月6日。

② 参见《成都互联网法庭召开挂牌成立一周年"云端"新闻发布会》，载微信公众号"四川高院"2022年4月9日，https://mp.weixin.qq.com/s/rVS0rVKeDY2WckwcpCav8w。

③ 参见《人民法院智慧法院建设工作成效新闻发布会》，载最高人民法院网2022年10月13日，https://www.court.gov.cn/zixun-xiangqing-375071.html。

④ 参见侯学宾：《我国电子诉讼的实践发展与立法应对》，载《当代法学》2016年第5期。

49.01万件案件通过人民法院保全系统发起保全申请,1754万件案件通过全国法院统一电子送达平台实现4147万次电子送达。全国法院借助执行查控系统查控案件10971.8万件,冻结资金共计18941.46亿元。① 特别是,随着民事诉讼程序繁简分流改革的落幕,在线诉讼规则日趋健全,在线诉讼实践更为普遍。例如,2022年1—8月,广州法院在线立案43.1万件,在线庭审4.7万次,在线成功送达文书607.1万份。②

其三,在线诉讼广泛适用于不同的案件类型与审级。一方面,民事、刑事、行政案件均有适用在线诉讼。相关数据表明,民事诉讼程序繁简分流改革推进了在线诉讼在民事案件领域的广泛应用。以成都市两级法院2020—2021年审结的民事案件为例,其在线立案率、在线庭审适用率以及电子送达适用率分别达到了52.86%、7.03%与49.90%。③ 同时,民事在线诉讼涉及的案件类型较为丰富。笔者调研发现,单是成都市14个基层法院2020年在线庭审的案件便涵盖了合同纠纷、准合同纠纷、劳动争议、人事争议纠纷、婚姻家庭纠纷、继承纠纷六大类型。就刑事案件而言,在线诉讼同样得到普遍应用。例如在上海法院,常涉罪名刑事案件的立案、报捕、审判等环节均可在“206”系统中在线完成。④ 截至2020年年底,公安机关在这一系统录入的案件数量多达11万余件,检察机关批准逮捕5.19万余件,法院审结4.69万余件。⑤ 此外,各地法院针对不同类型的行政案件亦采取了在线诉讼方式。例如,北京知识产权法院2020年2—10月共在线开庭审理1643件专利行政案件;⑥唐山

① 参见陈国平、田禾主编:《中国法院信息化发展报告. No. 6(2022)》,社会科学文献出版社2022年版,第5~7页、第63页。

② 参见《这十年,平安广州法治广州建设的“法院足迹”》,载微信公众号“广州市中级人民法院”2022年9月26日,https://mp.weixin.qq.com/s/SJCQD3PfkaUZURRZaVltpg。

③ 参见《成都法院改革这些年丨④民事诉讼程序繁简分流改革》,载微信公众号“成都市中级人民法院”2022年3月24日,https://mp.weixin.qq.com/s/-GfCM4Bcc9dBT-65x1zYEg。

④ 参见陈国平、田禾主编:《中国法院信息化发展报告. No. 6(2022)》,社会科学文献出版社2022年版,第33页。

⑤ 参见《人工智能辅助办案有效防范冤假错案》,载《法治日报》2021年2月5日,第1版。

⑥ 参见《北京高院发布第二届司法改革“微创新”案例》,载北京政法网2021年1月19日,https://www.bj148.org/jdt/202101/t20210119_1595697.html。

市中级人民法院在线审理了73起牵涉征地补偿的行政案件。[①] 另一方面,在线诉讼不仅适用于一审案件,也扩展到二审案件甚至再审案件。上海市第二中级人民法院、洛阳市中级人民法院早已在二审案件中尝试在线诉讼方式,[②]再审案件在线审理也渐入公众视野。[③]

那么,在线诉讼的效果如何呢?一方面,诉讼效率得以明显提高。时间成本是诉讼效率的主要考量指标,主流观点认为,在线诉讼能够有效提升诉讼效率,[④]近年来的司法实践恰好能够印证这一观点。据悉,在线诉讼将当事人平均往返法院约6次的频率降至1—2次,甚至0次。[⑤] 在广州互联网法院,案件在线庭审平均时长与平均审理周期分别较传统线下模式节约了3/5和2/3。[⑥] 又如,山东法院通过全流程在线办案节约了1.4亿余元出行成本,文书制作时长从原先12天的平均值压缩至3天,部分案件仅需十余分钟。[⑦] 另一方面,在线诉讼体验逐渐得到升级优化。在线诉讼兴起之初,技术上的不成熟以及了解上的不充分直接影响了在线诉讼的"用户"体验,导致在线方式的诉讼效果难称理想。[⑧] 目前,民事在

---

① 参见《线上审理行政系列案》,载《人民法院报》2022年5月24日,第1版。

② 参见《上海二中院首次在线审理商事二审案》,载《上海法治报》2020年2月7日,第A02版;参见《首次!洛阳中院采用独任制在线审理一起劳动争议纠纷二审案件!》,载洛阳市中级人民法院网2020年2月29日,http://hnlyzy. hncourt. gov. cn/public/detail. php? id=9911。

③ 参见《在线诉讼"不打烊" 安阳法院再审案件网上第一案开审》,载安阳市中级人民法院网2020年3月10日,http://ayzy. hncourt. gov. cn/public/detail. php? id=14449;参见《省高院线上听证一起再审审查案》,载《甘肃法制报》2022年7月25日,第1版。

④ 参见左卫民:《效率VS权利?民事程序繁简分流改革争论的实证审视》,载《现代法学》2022年第5期;参见杨凯:《在线诉讼入法正当性的公共法律服务理论支撑》,载《华东政法大学学报》2022年第5期;参见段厚省:《远程审判的双重张力》,载《东方法学》2019年第4期。

⑤ 参见《人民法院智慧法院建设工作成效新闻发布会》,载最高人民法院网2022年10月13日,https://www. court. gov. cn/zixun/xiangqing/375071. html。

⑥ 参见《广州"24小时不打烊"法院,4年结案184000多宗》,载微信公众号"广州政法"2022年9月30日。

⑦ 参见栗建昌、闫祥岭:《什么是全流程网上办案?来看看山东的做法》,载瞭望周刊社网2022年4月6日,http://lw. news. cn/2022-04/06/c_1310544126. htm。

⑧ 参见左卫民:《中国在线诉讼:实证研究与发展展望》,载《比较法研究》2020年第4期。

线诉讼经过试点改革已取得明显进步，刑事、行政诉讼亦然。在线立案、在线庭审、电子送达适用率的逐年增加基本能够反映在线诉讼参与者对在线方式的认可。结合访谈情况来看，绝大多数法官、审判辅助人员、当事人以及律师对在线诉讼较为满意，认为其具有便捷、高效的独特优势。整体而言，在线诉讼有望成为未来主流的程序展开范式。①

三、带有数字因素的证据成为诉讼法的重要内容

证据作为诉讼的实质性内容，其表现形式已随着数字技术在社会活动、商业活动、法律活动中的渗透发生重要变化。包括大数据证据、区块链证据在内的带有数字因素的证据日渐增多，成为我国诉讼法的重要内容。一方面，三大诉讼法已将电子数据纳入法定证据范畴，随着时间的推移，电子数据的内涵越来越丰富。以民事诉讼为例，2015 年，最高人民法院发布的《关于适用〈中华人民共和国民事诉讼法〉的解释》第 116 条将电子数据定义为通过电子邮件、电子数据交换、网上聊天记录、博客、微博客、手机短信、电子签名、域名等形成或存储于电子介质中的信息，并列举了八种电子数据类型。随后，2019 年发布的《关于民事诉讼证据的若干规定》第 14 条进一步扩大了电子数据的范畴，将网页、通讯群组、电子交易记录等增设为电子数据的表现形式。同时，兜底条款还明确了“其他以数字化形式存储、处理、传输的能够证明案件事实的信息”都属于电子数据。刑事诉讼领域也有类似规定。② 显而易见，上述规定促成了

① 参见左卫民：《后疫情时代的在线诉讼：路向何方》，载《现代法学》2021 年第 6 期。

② 参见 2016 年最高人民法院、最高人民检察院、公安部印发的《关于办理刑事案件收集提取和审查判断电子数据若干问题的规定》第 1 条：“电子数据是案件发生过程中形成的，以数字化形式存储、处理、传输的，能够证明案件事实的数据。电子数据包括但不限于下列信息、电子文件：（一）网页、博客、微博客、朋友圈、贴吧、网盘等网络平台发布的信息；（二）手机短信、电子邮件、即时通信、通讯群组等网络应用服务的通信信息；（三）用户注册信息、身份认证信息、电子交易记录、通信记录、登录日志等信息；（四）文档、图片、音视频、数字证书、计算机程序等电子文件。以数字化形式记载的证人证言、被害人陈述以及犯罪嫌疑人、被告人供述和辩解等证据，不属于电子数据。确有必要的，对相关证据的收集、提取、移送、审查，可以参照适用本规定。”

电子数据类证据在司法实践中的使用,也为大数据证据、区块链证据等新型证据的司法应用提供了法律依据。另一方面,在数字社会的司法实践中,带有数字因素的证据渐渐发挥重要作用,尤其是在网络犯罪侦查与信息技术纠纷的审判过程中,此类证据更是扮演了关键角色。尽管与此类证据相关的实践问题依然存在,如取证行为失范、证据证明作用发挥困难或者被神化等,[①]但不能据此否定带有数字因素的证据的积极作用。为规范此类证据的收集、提取、审查、认定等诉讼行为,相关规则正在不断发展、完善,[②]配套保障机制也在进一步优化。譬如,2022 年 5 月,最高人民法院《关于加强区块链司法应用的意见》即指出,要建设互联网司法区块链验证平台,支持相关主体核验司法数据的真伪等。可以看出,顶层设计者在竭力推进区块链等数字技术融入诉讼活动。总而言之,对于带数字因素的证据的收集、提取、审查与认定,理应立足于技术,将实践经验转化为操作规范,最后再上升为法律。实际上,一些司法解释正是依此路径诞生,我们有理由期待数字化证据为“数字诉讼法”的发展注入鲜活动力。

四、数字化的司法能力发挥明显

数字技术的助力使得司法机关的司法能力显著提高,具体表现为数字化的侦查能力、审判能力、公开能力、执行能力等发挥不断增强,包括但不限于以下三类例证:

其一,侦查开始朝向数字化转型。一方面,在信息技术的介入下,侦查机关的侦查能力与破案率得到明显提高。例如,浙江公安通过人像、车辆智能对比,认定、抓获数千名犯罪嫌疑人与数百名已

① 参见裴炜:《论个人信息的刑事调取——以网络信息业者协助刑事侦查为视角》,载《法律科学(西北政法大学学报)》2021 年第 3 期;参见程雷:《大数据侦查的法律控制》,载《中国社会科学》2018 年第 11 期;参见刘品新:《论区块链证据》,载《法学研究》2021 年第 6 期。

② 参见《关于办理刑事案件收集提取和审查判断电子数据若干问题的规定》《关于互联网法院审理案件若干问题的规定》《关于民事诉讼证据的若干规定》《人民法院在线诉讼规则》等。

“漂白”身份的在逃人员；[①]福州长乐公安借助“e 体+”智能系统使部分案件的破案率同比提升 46.8%。[②] 另一方面，数字技术助力于构建预测性警务。例如公安部将大数据、人工智能、云计算等数字技术织成严密反诈防护网，有效避免了数千万群众受骗，挽回财产损失近万亿元；[③]通过智慧警务建设，广东省 2019 年的刑事立案数较 2015 年下降约 36%，严重暴力犯罪案件数下降约 56%；上海市 2000 多个智慧安防小区做到了“可防案件零发案”。[④]

其二，部分审判事务交由数字技术处理，审判能力有所增强。智能审判辅助系统、类案检索平台等应用即典型例证。在美国，超过 50%的州法院使用 COMPAS 等风险评估软件辅助量刑，部分法院凭借这些软件作出保释、假释决定。[⑤] 在我国，广州互联网法院部署的“数字法官助理”能够一键完成跨系统数据自动识别等重复性工作，实现证据自动核验与智能对比，可较人工模式节约 15%的审判时间。四川法院大数据智能辅助办案平台有效推进了本省刑事司法机关之间的沟通互联，能够实现刑事案件线上一体化办理，做到数据共享融合、证据在线校验以及卷宗实时流转。[⑥]

其三，司法公开获得数字技术支撑，成效明显。当下，全流程公开成为司法公开的最新形式与重要标签，主要表现为中国裁判文书网、庭审公开网、审判流程信息公开网等线上公开平台的应用。其中，中国裁判文书网已公布超过 1.3 亿份裁判文书，庭审公开网已累计直播案件 2000 余万件。这些司法公开平台打破了传统司法公

---

① 参见谢佳：《浙江用大数据人工智能助推公安改革》，载《人民公安报》2018 年 3 月 27 日，第 3 版。

② 参见《智慧赋能　打防有力度》，载《人民公安报》2022 年 7 月 7 日，第 7 版。

③ 参见《坚持“四专两合力”，守好群众“钱袋子”》，载《人民公安报》2022 年 8 月 31 日，第 8 版。

④ 参见浙江警察学院课题组、黄兴瑞：《构建现代警务模式推进省域治理现代化——基于中外比较的浙江警务改革发展战略研究》，载《公安学刊（浙江警察学院学报）》2020 年第 6 期。

⑤ 参见李本：《美国司法实践中的人工智能：问题与挑战》，载《中国法律评论》2018 年第 2 期。

⑥ 参见陈甦、田禾主编：《中国法院信息化发展报告. No. 5（2021）》，社会科学文献出版社 2021 年版，第 14 页。

开受到的时间、空间等因素的限制，使得司法公开能力得到显著提升。

第三节　道阻且长：“数字诉讼法”面临诸多挑战

整体而言，一种全方位且在重要方面不同于传统诉讼法的“数字诉讼法”已经开始出现。但可以预见的是，“数字诉讼法”的未来不会一帆风顺，而是面临诸多挑战。一方面，传统诉讼法的一般原则与机理某种程度上制约了“数字诉讼法”的发展。另一方面，“数字诉讼法”的发展不仅取决于数字技术的发展水平与应用程度，同样也受限于社会的接受程度。种种问题，尚需予以重点关注。

一、“数字诉讼法”与传统诉讼法一般原则与机理的可能“悖离”

“数字诉讼法”与传统诉讼法的运行实践传递出以下信息：“数字诉讼法”将不同于传统诉讼法，从内容、原则、机理等各方面来看，“数字诉讼法”都与传统诉讼法差异明显。例如，在当事人、法官是否三方实体在场，是否必须同步审理方面，“数字诉讼法”的实践开始不同于传统诉讼法。我们显然难以简单从传统角度来认知、评判“数字诉讼法”，尤其不能要求“数字诉讼法”完全遵循传统诉讼法的一般原则。然而，“数字诉讼法”的一些实践举措的确与诉讼法的原则与机理有所“悖离”，从而招致了反对甚至阻碍技术适用的声音或行为。例如，依据警务预测所获有罪证据的司法运用可能有违无罪推定等基本原则；[①]又如，从诉讼各方同时、实体在场的诉讼理念出发来负面评判在线庭审的正当性。囿于部分研究者、实践者对技术缺乏系统把握，对技术背后的深层理念缺乏深入认知，其对诉讼法顺应技术进行变化存在抵触。但从现实和发展角度考量，结

---

① 参见裴炜：《个人信息大数据与刑事正当程序的冲突及其调和》，载《法学研究》2018年第2期。

合技术发展思考诉讼法如何适应技术，进而变革诉讼法本身并无大碍。此时，我们需要回答："数字诉讼法"和传统诉讼法能否共享部分重要原则与机理？二者是否可以有着某些不同的诉讼理念、适用原则和机理？例如，就司法公正性而言，"数字诉讼法"能否通过自身独有的技术方式来构建、确保诉讼结果公正与程序公正？能否适当改变传统的司法公正的实现方式？等等。这些都是未来数字诉讼法在进一步发展时需要回应和解决的前置问题。

二、"数字诉讼法"的实现受制于有限的数字技术水平

种种迹象表明，当前技术水平不足以充分推动"数字诉讼法"走向成熟。过去20年间，大多数国家在电子办案与法院管理上获得的技术进步乏善可陈。[①] 尽管诉讼领域数字技术应用的发展势头强劲，但其仍然较大程度地依赖于人工投入及干预，否则难以实现真正的"智慧"或曰"智能"。在多数情况下，对于人们指称的人工智能实际上仅能称之为"弱人工智能"，[②]相关产品为人们带来的最突出的成就可能在于应用"弱人工智能"来提升工作效率，但难以对复杂事项进行"强人工智能"的处理。

综观全球，诉讼领域内具有革命性的成功应用少之又少。就数字诉讼的典型标识——在线诉讼而言，其进一步发展甚至受到了现有"硬"技术水平的掣肘。例如，信号卡顿影响在线的同步性，在线审查证据、确认当事人身份的行为质效远不及线下，甚至面临诸多风险；又如，司法过程记录与存证的全面性、清晰性尚受限于目前存储技术与硬件规格的发展水平。

而带有一定人工智能色彩的数字技术应用更是如此。即便是意义重大、各地积极推进的类案类判系统，囿于技术水平不足，笔者

---

① 参见［英］理查德·萨斯坎德：《法律人的明天会怎样？——法律职业的未来》，何广越译，北京大学出版社2019年版，第121页。

② 哲学家将人工智能划分为两种形态："弱人工智能"与"强人工智能"。前者是指机器能够智能地行动，其行动看起来如同它们是智能的；后者是指能够如此行事的机器的确在思考，而非仅在模拟思考。参见［美］罗素、［美］诺维格：《人工智能：一种现代的方法》（第3版），殷建平等译，清华大学出版社2013年版，第851页。

此前通过实证考察发现的问题现今仍然存在：系统检索逻辑与检测精准度同法官需求依旧差距明显。[①] 同样，即便许多国家投入使用并满怀期待的警务预测系统，当前也无法达到较好的犯罪预测效果，在被预估将要实施暴力犯罪的人群中，准确率仅有20%。就算将犯罪范围扩大，准确率仍不高。[②] 特别是所谓的“强人工智能”类的数字技术应用（如将机器学习用于审前程序的风险评估）并未得到学界一致认可。非营利性新闻调查组织（ProPublica）的一份研究报告指出，COMPAS系统存在种族偏见，错误认为非裔美国人的逃跑、犯罪等风险是白人的两倍。[③] 从理论层面来看，不乏技术支配司法的重重顾虑。研究显示，人工智能系统在2075年达到人类整体能力水平的概率为90%。[④] 有人认为，技术可能凭借其在法律领域的种种优势，会在不久的将来完全支配人类。尽管部分专家基于诸多证据肯定了这一可能性，但在接下来的数十年，更多的数据以及更好的技术性应用很可能仍然仅是人类判断的补充，而非替代。[⑤]

所以，就当前的技术发展水平来看，我国数字技术还难以充分支撑AI化的“数字诉讼法”。一方面，我国技术应用的研发基础尚未打牢，仍依赖于现有数据的“喂养”，且缺乏优质、海量的数据资源以及既懂法律又懂技术的人才，应用知识图谱式的算法效果也同域外相对成熟的机器学习算法效果存在明显差距。另一方面，现有数字技术尚且无法充分模拟法律人的推理与决策过程，更难以替代

---

① 例如检索推送案例不精确、推送范围过窄、来源不明、层级不清等。参见左卫民：《如何通过人工智能实现类案类判》，载《中国法律评论》2018年第2期；陈甦、田禾主编：《中国法院信息化发展报告No.5（2021）》，社会科学文献出版社2021年版，第23页。

② 参见李本：《美国司法实践中的人工智能：问题与挑战》，载《中国法律评论》2018年第2期。

③ See Berman Emily, *A Government of Laws and Not of Machines*, 98 Boston University Law Review 1277-1356(2018).

④ See Vincent C. Müller & Nick Bostrom, *Future Progress in Artificial Intelligence: A Survey of Expert Opinion*, in Vincent C. Müller ed., Fundamental Issues of Artificial Intelligence, Synthese Library, 2016, p. 553-571.

⑤ See Benjamin Alarie, *The Path of the Law: Toward Legal Singularity* (May. 27, 2016), http://dx.doi.org/10.2139/ssrn.2767835.

人类独有的价值判断，人工智能相关技术的发展也具有一定的局限性。[①] 换言之，唯有当技术足够成熟，并且得到充分评估，能够与法律规律相匹配时，才能从根本上触及法律。在技术尚不成熟、基础条件严重不足的情况下，急不可耐地试图完成“弱人工智能”向“强人工智能”的飞跃，似乎操之过急，亦难以实现。就像人工智能取决于人的智能，如若人类无法总结社会本质规律，人工智能便无法取代人类。鉴于多种原因，技术奇点可能永远不会到来。[②]

三、数字诉讼领域的技术实际应用有限

尽管人脸识别等少数技术手段能够在诉讼实践中得到较好的普遍性应用，但大多数技术产品并非如此。首先，相关技术应用并未引起法律实践的根本变化。以关注度较高的“206 系统”为例，虽然不少学者对其应用持基本肯定的态度，[③]但其实践效果并不尽如人意。办案人员普遍认为系统的功用主要局限于司法信息化的促进与诉讼效率的提高，证据校验等智能化的预设功能无法实现，与此同时，系统对于复杂任务的完成也缺乏技术支持。鉴于此，部分办案机关将其束之高阁，仍旧延续传统的办案思路与司法机制。[④]与之类似，观察融合了语音识别、电子卷宗等多项技术的智慧审判系统，虽然庭审语音识别一般情况下的正确率可达 90%或以上，一定程度上提高了庭审记录速度，但书记员仍需花费一定时间修正、补充与完善。部分办案人员宁肯自行记录，因为整理语音识别系统的文字并不比自行当庭记录轻松。[⑤] 同时，电子卷宗的同步生成也未给办案人员带来预期便利。囿于设备不充分、扫描清晰度不足等

---

① 参见左卫民：《中国计算法学的未来：审思与前瞻》，载《清华法学》2022 年第 3 期。

② See Toby Walsh, *The Singularity May Never be Near*, 38 AI Magazine 58 – 63 (2016).

③ 参见熊秋红：《人工智能在刑事证明中的应用》，载《当代法学》2020 年第 3 期。

④ 参见李训虎：《刑事司法人工智能的包容性规制》，载《中国社会科学》2021 年第 2 期。

⑤ 参见冯姣、胡铭：《智慧司法：实现司法公正的新路径及其局限》，载《浙江社会科学》2018 年第 6 期。

问题，随案生成的电子卷宗质量堪忧，部分法院仅视电子卷宗随案生成为考核任务，使用积极性阙如。[①] 这些用户体验欠佳、办案效果较差、本质上并未改变诉讼现状的技术应用很难得到普遍适用。

其次，由于统筹规划不足，各地数字技术应用"分散建设""重复建设""低水平建设"的现象多见。[②] 尽管按需分散建设有其合理性，但在统一规制缺位的情况下，其弊端日益凸显，难以促成各项技术应用的融会贯通，且极有可能招致重复建设风险，带来技术资源的浪费，形成所谓的"数据孤岛"困局。就技术使用者而言，针对同一事项可能需要登录不同技术平台，反复输入相同信息，不仅会造成使用者重复劳动，也容易使得不同平台间的数据存在偏差，影响数据准确性与可信性。此外，部分地区由于欠缺财物保障，技术应用建设不进反退，甚至出现法院网站关停的现象。[③] 诸多问题叠加之下，技术应用推广困难，数字技术产品在诉讼中仅能得到有限适用似成定局。

最后，诉讼领域技术产品的研发初衷可能并非全然在于运用。可以说，各地实践部门在智慧法治的建设上基本投入了力所能及的人力、物力与财力。但部分单位仅视智慧法治建设为工作创新的亮点，诉讼机制并未发生显著改变，一些技术设备形同虚设。[④]

四、诉讼领域数字技术的受众认可度有限

可以说，公众对于数字技术有一定的认同度，但这种认同在诉讼领域并非充分程度的认同。部分当事人、法律人甚至并不认可、不接受当前诉讼领域的数字技术产品。在适用新技术的过程中，我们有时能够看到被理查德·萨斯坎德称之为"非理性抗拒主义"的

---

① 参见陈甦、田禾主编：《中国法院信息化发展报告 No. 5(2021)》，社会科学文献出版社 2021 年版，第 43～44 页。

② 参见黄旻：《湖南"数字法治智慧平台"建设及思考》，载《中国司法》2019 年第 2 期。

③ 参见陈甦、田禾主编：《中国法院信息化发展报告 No. 5(2021)》，社会科学文献出版社 2021 年版，第 24 页。

④ 参见庞良文、宋洁：《网络空间法治化治理的检察实践——大数据时代构建"智慧公诉"的具体路径》，载《上海法学研究》2020 年第 20 卷。

现象。即便质疑者尚未亲身感知，也会武断地、本能地拒斥某项技术。[①]

一方面，这种做法可能源于人们对于技术的不信任感。诸如技术侦查等数字诉讼行为已然给个人信息保护、证据应用等带来了一系列挑战，若干潜在风险无疑劝退了相当多的技术应用受众。数字诉讼的关键在于依靠现代技术为智慧决策、科学管理、有效服务提供强有力的支撑。但技术并非万能的，甚至蕴含诸多风险。人们敏锐地感受到，技术进步的方向很大程度上取决于从社会生活的强制性再生产中诞出的社会利益。当技术存在价值冲突时，必然面临社会选择，而选择的最终结果往往取决于社会中的强势集团。[②] 基于此，极有可能形成掌握垄断性话语权且与法律专业权力相冲突的技术权力。[③] 具体到法律实践中，这种技术权力不仅会挑战法律权威，折损司法的“亲源性”与“亲历性”特征，[④]也会削弱法官自由裁量权，影响法官独立审判，亦可威胁个体知情权，侵犯个人隐私与自由，侵蚀平等保护价值。

另一方面，当前技术系统的开发者与支持者似乎仍未直面使用者对于技术产品的现实需求与接受度。实际上使用人员可能更为关注如何解决现实问题，包括正确替代人工操作机制，但法律类技术产品往往不能满足这一根本性的现实需求，因此，也时常导致使用人员对于技术产品的拒斥态度。所以，过于强调数据化、信息化的操作可能掩盖问题的本质。例如，类案类判若非建立在充分意义的法律案例大数据库之上，且同时辅以先进的技术与健全的制度，便难以实现预防裁判偏离、管控办案质效等预期目标。除非技术学

---

① 参见[英]理查德·萨斯坎德：《线上法院与未来司法》，何广越译，北京大学出版社2021年版，第4页。

② 参见肖峰：《论技术的社会形成》，载《中国社会科学》2002年第6期。

③ 参见王禄生：《大数据与人工智能司法应用的话语冲突及其理论解读》，载《法学论坛》2018年第5期。

④ 参见张玉洁：《智能量刑算法的司法适用：逻辑、难题与程序法回应》，载《东方法学》2021年第3期。

会理解人类在做什么、需要什么,否则帮助人类的尝试不可能成功。①

第四节 方兴未艾:“数字诉讼法”的发展之道

一、深入探索在原则、机理等方面不同于传统诉讼法的“数字诉讼法”

“数字诉讼法”具有的非实体在场性、非同时性(异步性)、非口头性(书面化)、AI 化等特征,意味着“数字诉讼法”在未来能够并且必然打破某些传统诉讼法的重要原则甚至是基本规则。有鉴于此,“数字诉讼法”应当自主化而非完全被动地受制于传统诉讼原则与机理。我们应认识到,当以数字技术为基本手段的信息革命促使社会关系发生根本变化时,内嵌于社会关系的法律也必须变化。数字化诉讼的非实体在场性、异步性等特征昭示着“数字诉讼法”有其独特性。只不过人们尚不完全清楚“数字诉讼法”应当如何变化,以及应以何种系统化的视角来自主性地认知与规范相关领域。试点改革也许能帮助立法者厘清思路。对于可能助益于“数字诉讼法”发展的技术、原则与机理等内容,可将其试点应用,不断试错。经逐步完善、确认其符合诉讼规律后,再将其做进一步推广。如此既可降低试错成本,防止“数字诉讼法”落入过度回应技术的窠臼,也能在一定程度上应对传统诉讼法一般原则与机理的挑战。最终,我们可能逐渐打造出一种在原则、机理、方式等方面明显不同于传统诉讼法的“数字诉讼法”。至于其远景模式是否根本区别于传统诉讼法,更多地依赖司法领域可应用的数字技术特别是“强人工智能”产品的成熟度。例如,未来是否出现 AI 法官,取决于司法数据与相关算法的充足性、科学性等,而这只能让遥远的未来揭晓答

---

① See Philip Leith, *The Judge and the Computer: How Best "Decision Support"?*, 6 Artificial Intelligence and Law 289-309(1998).

案了。

尽管当下法律系统有在积极响应技术以及技术带来的变化，效果却难称显著，但这并不意味着我们应当停下探索的脚步。从宏观角度来看，数字技术是人类历史上出现的技术之一。诉讼法无须随时做系统性的调整以适应技术的变化，其必须思考既有的概念、原则、机理等能否适应并保障技术的进步，若能，则无须作出较大改变。基于此，在技术促变法律的时代，“以当变应万变”不失为一剂良方，但我们也不能应付与拖延创新、改革的进程。

二、正视数字技术在诉讼法变革中的有限性

技术为人们带来了许多便利，同时也营造了一种错觉，即技术似乎能为一切问题提供解决方案。如前所述，数字技术的变化不会引起整个法律结构的根本变化。法律领域的问题纷繁复杂、形形色色，诸多涉及制度改革等内容的陈疾旧疴绝非单纯的技术引入及其更新换代便能解决。

首先，法律自身的构造需与人类社会的根本结构及人性基础相适应。在人类社会的根本结构及人性基础尚未发生实质性变化时，法律不会突破自身的桎梏，进而产生颠覆性变化。人类文明是连续的，且围绕人类需求展开。国家观念、集体观念传承至今，法律观念及其结构亦具有延续性。纵使社会形态日新月异，人们依旧企盼通过法律过程获取秩序、公正与人权价值。① 技术无论发展到何种程度，终究是人类法治的辅助工具，和则用之，不和则弃之，国家权威、法律权威并未因其被削减或被否定，甚至应予维护乃至强化。② 同时，历史见证了人类卓越的道德选择能力，在技术进步过程中，人类道德能力与法律能力理应得到提高，亦能得到提高。③ 可以说，人类

① 参见程竹汝、卫绒娥：《价值·制度·角色——系统论视野中的现代司法结构形态》，载《学习与探索》2002年第2期。

② 参见李飞：《人工智能与司法的裁判及解释》，载《法律科学（西北政法大学学报）》2018年第5期。

③ 参见齐延平：《论人工智能时代法律场景的变迁》，载《法律科学（西北政法大学学报）》2018年第4期。

社会的根本结构与人性基础是较难发生实质性改变的。

其次，从目前来看，数字技术尚未产生颠覆人类社会组织结构与基本体制的效果。技术给法律领域带来的影响有限，至多改进法律运作方式，减少运作成本，弥补不足，无法全然替代法律。[①] 实际上，法律某些方面所产生的变化并非技术本身所导致，而是技术促使社会发生变化后，社会变化在法律层面的映射，从而使法律看上去带有了"技术性"。显而易见，不少司法领域的技术性应用并非发端于司法活动的需要，而是其他领域的通用性技术成果在司法领域的改良，其技术逻辑并未产生本质变化。可以说，法律是回应性的，其必须面对技术带来的社会变化，进而发生自身的变化。

三、合理研发数字诉讼的技术产品

其一，适当应用具有较为普遍效果的成功技术，特别是人工智能因素较多的技术。历次革命浪潮中，最初受益的均是发展技术、使用技术的人，而拒斥技术、远离技术的人将在长时间内陷入迷茫、困惑，甚至被社会淘汰。[②] 笔者认为，任何国家都不应排斥或者都需要通过技术进步来推动国家治理能力的提高。尽管"数字诉讼法"尚未发展成熟，但未来的某一天，更多的数据配套成熟的机器学习将会为法律体系的发展完善提供强有力的支撑。最终，这些发展将引领"法律奇点"到来，进而形成一个积极、规范且稳定的法律体系，实现其隐含的社会目标。[③] 因此，有必要积极看待技术的走向，适当使用人脸识别等具有普遍效力、人工智能因素较多的数字技术

① 管理学理论通常区分延续性技术与颠覆性技术。广义上来讲，延续性技术是支持与改进现有企业、市场运行方式的技术；颠覆性技术则是从根本上挑战、改变企业或行业运作模式的技术。萨斯坎德认为法律领域的颠覆性法律技术至少包含13种形式，具体囊括文档自动化、在线纠纷解决、机器预测等。显而易见的是，当前我国诉讼领域的数字技术仅能称之为"延续性技术"，离"颠覆性"尚有一定距离。参见［英］理查德·萨斯坎德：《法律人的明天会怎样？——法律职业的未来》，何广越译，北京大学出版社2019年版，第55~69页。

② 参见吴军：《智能时代：5G、IoT构建超级智能新机遇》（下卷），中信出版社2020年版，第482页。

③ See Benjamin Alarie, *The Path of the Law: Toward Legal Singularity* (May. 27, 2016), http://dx.doi.org/10.2139/ssrn.2767835.

来服务诉讼体系。

其二，奠定数据基础，促进实证研究范式转型。笔者曾将我国法律人工智能的应用总结为“上热下冷”与“内热外冷”，[①]就技术在诉讼领域的运用而言，可以称之为“过虚”。当前诉讼领域缺乏真正能够得到普遍适用的数字技术产品，故而“虚”。“过热+过虚”是诉讼领域技术产品应用的问题之一。究其根本，我国诉讼领域的技术应用建设大有过度焦虑下的弯道超车之嫌。单就人工智能应用的基础——定量的实证研究来说，美国较其他国家均要领先，我国在统计学以及机器学习的方法应用上同样逊色于美国。若无实证研究与统计学方法的支撑，便不可能产出真正好的人工智能应用产品。过度焦虑下我们未待基础条件完备便急于拥抱太“烫”的数字技术，甚至在不知技术为何物的情况下即探讨怎样将其应用于诉讼法，以至于产生“心急吃不了热豆腐”的窘态。事实上，当前没有必要花费过多资源研发数字技术应用，而是应当率先解决基础数据问题，促进实证研究范式的转型，强化统计学方法、机器学习方法的运用，而非过度依赖现有的知识图谱式的算法与研究方法。[②] 此外，数字技术应用的建设需要同时兼顾制度、思想、教育等方面的重要变革，在司法资源有限的情况，不可耗费过多成本去发展数字技术，特别是“强人工智能”的司法技术。

数字社会的到来影响着人们生活的方方面面，诸如大数据、人工智能、区块链等数字技术带给诉讼法的影响不容小觑。从发展趋势而言，数字技术或数字社会尚未产生颠覆人类社会组织结构、基本体制与人性本身的效果，也未使得法律体系产生根本性的变化。因此，面对数字技术给诉讼法带来的冲击，有必要保持积极心态，适当变化，而非过度焦虑以致过度适应乃至超越技术或数字社会的变化。诉讼法作为数字技术发展与应用的重要“潜力股”，既存在技术发展与应用的广阔空间，也面临诸多风险。技术有其重要性，但

---

① 参见左卫民：《热与冷：中国法律人工智能的再思考》，载《环球法律评论》2019年第2期。

② 参见左卫民：《AI法官的时代会到来吗？——基于中外司法人工智能的对比与展望》，载《政法论坛》2021年第5期。

绝非万能。我们在惊叹和享用数字技术带来的红利时,也应警惕技术的局限性及其暗含的风险。“数字诉讼法”的未来离不开技术的深度参与,但并不意味着技术能够作为解决法律问题的主要方式或根本手段。“数字诉讼法”在发展进程中,有必要始终坚持人类的主体性地位,至于“数字诉讼法”的未来形态究竟如何,时间将会作答。

中篇　司法数字化驱动的大数据研究

第四章　迈向大数据挖掘与法律研究:基本框架

中国司法数字化建设的勃兴,产生了裁判文书、审判管理信息、庭审直播录音录像等各种结构化、非结构化的法律大数据,使得基于法律大数据的司法实践与“新型实证研究”成为可能,并可能带来法律研究方式的革命性变化,这为中国司法从数字化进一步向智能化升级奠定了坚实基础。与此同时,近年来中央和地方各个层面也投入大量资金,鼓励并推动司法机关、高校、科研机构、科技企业通力合作,开展大数据深度挖掘以及相关法律研究,并基于此研发与应用司法人工智能技术与装备。然而,当前针对法律大数据的挖掘以及相应的法律研究仍然存在诸多问题,未来到底该如何开展大数据挖掘与法律研究,在“技术”与“思想”之间求得一种平衡,最大限度地为司法人工智能技术与装备的研发和应用提供丰富且有效的养料,是颇为值得讨论的问题。本章及其他相关章节,均将围绕这一问题展开讨论,力求为大数据时代的法律研究寻求一条更合理、有效、可行的路径。

第一节　大数据法律研究时代的来临

受惠于互联网与大数据技术的迅猛发展，现代社会中数据正以前所未有的速度巨量生成，海量的数据资源由此产生。大数据资源也日渐成为社会与国家的基础性战略资源①，推动中国与域外大步迈向大数据时代。因应于此，法律机关尤其是司法机关大力推进部门信息的电子化、数字化、公开化，使得法律大数据逐渐兴起并进入公众视野。

如前所述，法律大数据的出现，使基于法律大数据的司法实践与"新型实证研究"成为可能，并可能带来法学研究方式的革命性变化。这种可能性源于大数据所具有的独特优势：(1)"全样本性"。大数据通常是特定领域的全面数据，具有数量巨大与内容全面之特性。基于"全样本"数据的实证研究能够显著减少传统抽样方法可能导致的误差，增强对研究对象的整体把握，发现传统抽样数据中难以或根本无法获取的信息，带来研究视角、研究素材、研究方法的根本性转变。(2)产生、收集、分析的快捷性。"数据分析的速度越来越快，经常在数据刚刚敲进去的时候就可以看到实时的分析结果"②，这有助于研究者及时有效地掌握相关法律实践状况的全貌，从而克服传统实证研究方法耗时长、滞后性的缺陷。(3)收集与分析技术的客观性、科学性。

与具有"亲历性"的传统手工作坊式实证研究"大多是自己收集、整理数据"且"存在因为研究动机需要而选择性收集、运用数据"③不同，大数据在数量级、广泛性上既大又广，因而使研究者颇

---

① 2015年8月31日，国务院印发的《促进大数据发展行动纲要》指出，信息技术与经济社会的交汇融合引发了数据迅猛增长，数据已成为国家基础性战略资源。

② 参见[美]伊恩·艾瑞斯：《大数据思维与决策》，宫相真译，人民邮电出版社2014年版，第12页。

③ 左卫民：《一场新的范式革命？——解读中国法律实证研究》，载《清华法学》2017年第3期。

觉欣喜,也深感研究的挑战性:海量材料与数据远非“人工作坊时代”研究者所能亲自、逐一审阅、统计和分析的。也正因为此,数据收集和分析的思路、方式才具有革命性变化的可能性与必要性:非“亲历性”的研究应运而生。大数据的收集和分析往往直接依托数据技术自动处理、完成。在开源的条件下,研究过程具有相当的透明度,研究结论可复盘检验,数据收集、分析的客观性、科学性明显增强。[①] 特别是利用不同渠道收集的数据集产生了海量数据,当这些数据聚合到一起,便可以对其进行挖掘并开展更深层次的分析,审视观测现象的模式,关联并进行有统计意义的预测。[②] 这不仅能够开展历史性与变迁性的研究,也能够进行预测性研究与趋势分析[③],最终促进研究科学水准的提升。

在国外,法律大数据已广泛渗透进公权力与私权利领域的法律实践。在公权力领域,法律大数据在两个方面得到较多利用:一是在警务活动中,美国、澳大利亚等国家早已开始利用法律大数据开展警务预测。在美国,法律大数据被充分运用于犯罪趋势分析、发案情况预测、警力分配以及调查工作重心的确定等。[④] 二是在审判活动中,法律大数据已大量应用于司法管理活动和程序性司法决策。例如,法官通过对法律大数据进行分析、评估,建立“何种情况下保释将影响嫌疑人到庭接受审判,何种情况下容易诱发新的犯罪”的保释风险预测模型,以此决定嫌疑人能否被保释;法官利用法律大数据对罪犯是否符合假释条件进行评估,以此作为判断罪犯能否被假释的重要参考依据。[⑤] 在私权利领域,律师(律所)和当事人也高度重视对法律大数据的利用。例如,律师(律所)利用法律大

---

① 参见刘佳奇:《论大数据时代法律实效研究范式之变革》,载《湖北社会科学》2015 年第 7 期。

② See Timothy J. Kraft, *Big Data Analytics, Rising Crime and Forth Amendment Protections*, 2017 University of Illinois Journal of Law, Technology & Policy 259(2017).

③ See Andrew Guthrie Ferguson, *The Big Data Jury*, 91 Notre Dame Law Review 960 (2016).

④ See Ric Simmons, *Quantifying Criminal Procedure: How to Unlock the Potential of Big Data in Our Criminal Justice System*, 2016 Mich. St. L. Rev. 948-949 (2016).

⑤ See Lyria Bennett Moses & Janet Chan, *Using Big Data for Legal and Law Enforcement Decisions: Testing the New Tools*, 37 UNSW Law Journal 643-678 (2014).

数据进行律所管理、成本控制以及诉讼(律师)费用的评估、预测[①],律师、当事人利用大数据挑选对自己有利的陪审团[②],进行诉讼结果预测。[③]

在大数据法律研究方面,国外学者除开始利用大数据对具体的法律问题展开研究外,对大数据法律研究与法律实践的理论与方法问题(例如,如何确保数据本身的可靠性、公开性,如何克服算法的非透明性、非归责性以及“数据歧视”等[④],大数据运用是否与《美国联邦宪法第四修正案》产生冲突及如何协调[⑤])也尤为关注。

目前,中国利用大数据开展的法律实践方兴未艾:基于司法公开而大力推进的裁判文书上网工作[⑥];依托大数据技术建立犯罪信息判断和趋势预测[⑦];运用大数据建设“检察大数据标准体系、应用

---

① See Jared D. Correia et al., *Big Problem: Are Small Law Firms Given a Sporting Chance to Access Big Data?* 37 W. New Eng. L. Rev. 144 (2015).

② See Andrew Guthrie Ferguson, *The Big Data Jury*, 91 Notre Dame Law Review 960 (2016).

③ 美国的诉讼预测主要集中在知识产权诉讼和医疗过失诉讼领域,通过诉讼预测来决定是否诉讼与如何作出妥协。See Lyria Bennett Moses & Janet Chan, *Using Big Data for Legal and Law Enforcement Decisions: Testing the New Tools*, 37 UNSW Law Journal 643-678 (2014).

④ See Lyria Bennett Moses & Janet Chan, *Using Big Data for Legal and Law Enforcement Decisions: Testing the New Tools*, 37 UNSW Law Journal 643-678 (2014); See Kevin Miller, *Total Surveillance, Big Data, and Predictive Crime Technology: Privacy's Perfect Storm*, 19 Journal of Technology Law & Policy 105-146 (2014); See Neil M. Richards et al., *Big Data Ethics*, 49 Wake Forest L. Rev. 393-432 (2014).

⑤ See Sohayla M. Roudsari, *Fourth Amendment Jurisprudence in the Age of Big Data: A fresh Look at the "Penumbers" Through the Lens of Justice Sotomayor's Concurrence in United States V. Jones*, 9 Federal Courts Law Review 139-174 (2016); See Ismail Cem Kuru, *Your Hard Drive is Almost Full: How Much Data Can the Fourth Amendment Hold*, 2016 U. of Ill. JL Tech. & Pol'y 89-134 (2016).

⑥ 目前,中国裁判文书网公开文书1.4亿份、访问量逾千亿次。数据来源:《最高人民法院工作报告——2023年3月7日在第十四届全国人民代表大会第一次会议上》,载全国人大网,http://www.npc.gov.cn/npc/c2/c30834/202303/t20230317_428437.html。

⑦ 参见卢国强:《北京警方利用大数据预测犯罪趋势》,载中国政府网,https://www.gov.cn/xinwen/2014/06/17/content_2702625.htm。

体系、管理体系、科技支撑体系”[①];利用大数据建立案件权重系数和评价指标体系以确定法官工作量并进行科学的员额分配、案件分流[②];基于大数据开展的多种司法人工智能实践尝试,如类案推荐、量刑辅助与偏离预警等应用,运用大数据推荐与在办案件在案件情节、适用法条、争议焦点以及量刑幅度上最为相似的案件,并在此基础上针对偏离程度的高低给予不同等级的预警[③]。其中,裁判文书大规模上网使中国第一次有了全国性、内容丰富的法律数据库,这为法律人挖掘并使用其中的海量数据提供了前所未有的机遇。不过,总体而言,目前国内对于法律大数据的实践性运用还相对有限,在一定程度上呈现出“话语热、实践冷”的现象:一方面,应用主体范围有限,主要集中在少数司法机关、法律数据公司方面;另一方面,应用领域相对较窄、实际运用较少,主要集中在类案检索、法律文书草拟、文书智能纠错等辅助办案方面。

相应地,近年来国内也出现了直接利用大量数据展开法学研究的探索,并已注意到法律大数据所面临的伦理规范等问题。[④] 其中,有学者就如何开展大数据法律研究提出了有启发性的见解。例如:白建军讨论了大数据时代利用大数据进行裁判预测的可能性和限度问题,以及大数据时代如何科学取样的问题[⑤];胡凌探讨了大数据时代“法学研究方法的深化”[⑥];张吉豫研究了大数据时代法学研究

---

① 参见曹建明:《最高人民检察院关于人民检察院全面深化司法改革情况的报告(摘要)——2017 年 11 月 1 日在第十二届全国人民代表大会常务委员会第三十次会议上》,载《检察日报》2017 年 11 月 3 日,第 2 版。

② 参见周强:《最高人民法院关于人民法院全面深化司法改革情况的报告——2017 年 11 月 1 日在第十二届全国人民代表大会常务委员会第三十次会议上》,载《人民法院报》2017 年 11 月 2 日,第 1 版。

③ 参见王禄生:《司法大数据与人工智能开发的技术障碍》,载《中国法律评论》2018 年第 2 期。

④ 参见徐明:《大数据时代的隐私危机及其侵权法应对》,载《中国法学》2017 年第 1 期;顾理平:《大数据时代公民隐私数据的收集与处置》,载《中州学刊》2017 年第 9 期;等等。

⑤ 参见白建军:《法律大数据时代裁判预测的可能与限度》,载《探索与争鸣》2017 年第 10 期;白建军:《大数据对法学研究的些许影响》,载《中外法学》2015 年第 1 期。

⑥ 参见胡凌:《大数据兴起对法律实践与理论研究的影响》,载《新疆师范大学学报(哲学社会科学版)》2015 年第 4 期。

如何“开展交叉学科研究和应用”①。不过,总体而言,国内的大数据法律研究还处于探索阶段,一些研究缺乏对法律大数据的基本认识,研究方法和过程其实建立在某些误区上。检视法律大数据研究现状,澄清若干误区,思考大数据法律研究的正确路径,对于大数据法律研究的健康开展具有基础性意义。

第二节　大数据法律研究中基本问题的澄清

当下初步开展的大数据法律实证研究究竟存在什么问题？检视法律大数据研究现状,我们可以发现如下现象,这些现象值得反思。

一、法律大数据究竟有多大

在所谓的大数据时代,我们到底掌握了多少中国的法律大数据？这是一个颇难给出确定答案的问题。因为,仔细观察当前所谓的“法律大数据”,可以发现其实际上往往只是“大量数据”②,而非大数据。大数据具备“4V”(Volume、Velocity、Variety、Value)特征,是关于某一领域(行业)全样本、能够快速流转、多样化且富价值的数据。其中,“全样本”是其最显著的特征;“全样本数据”意指“相关的所有数据”。然而,目前国内的“法律大数据”基本上只是部分、非完整的数据,远非“相关的所有数据”,称其为“大量数据”或许更合适。基于这些“大量数据”展开的研究,似乎很难被视为严格意义上的大数据法律研究。

从某种意义上讲,中国所谓的法律大数据肇始于裁判文书统一集中上网;在裁判文书上网之前,中国并没有法律大数据研究,法律

---

①　参见张吉豫:《大数据时代中国司法面临的主要挑战与机遇——兼论大数据时代司法对法学研究及人才培养的需求》,载《法制与社会发展》2016 年第 6 期。

②　中国现在还不存在普遍真正意义上的大数据研究,当前裁判文书网的数据并不完整,其充其量只是大量数据,我们对它的运用应当持谨慎的态度。即便如此,相较于传统的中小数据研究,大量数据研究还是有不小的全局性研究意义的。

实证研究基本上是基于小数据即研究者自己在局部范围或特定领域所收集的数据而展开的“手工作坊式”研究。中国裁判文书网的诞生与发展使得丰富、细腻、持久的全国性数据第一次制度性地涌现，其与既有实证研究所使用的数据在数量级、广泛性上大不相同。然而，仔细观察中国裁判文书网已经公布的裁判文书的数量，其整体上并不完全具备“全样本”特征：与实际结案数量相差较大，数据缺失问题相当严重。全国法院 2014 年和 2015 年的裁判文书上网统计[①]显示：按省份看，上网裁判文书占实际结案文书比重最高的达 78.14%（陕西），最低的仅为 15.17%（西藏）；最高人民法院在这两年的上网裁判文书仅占其实结案件量的 46.13%，这一比重与全国的总体情况大体持平。[②] 截至 2017 年 7 月 11 日，四川省的法院在 2012—2016 年的上网裁判文书为 1,134,249 份，而根据四川省高级人民法院的工作报告，2012—2016 年全省共审结案件 3,865,125 件[③]，裁判文书上网量不足审结量的 1/3。近年来，虽然裁判文书上网率逐年提升，但仍然存在“选择性公开”和“部分上网”的问题，与“应上尽上”的要求仍有差距，而且不同省份、不同案由之间上网率存在较大差别。[④] 此外，上网裁判文书所涉及的案件类型并不全面，特别是一些重大职务犯罪类案件，其裁判文书往往并不上网。概括起来，刑事案件的公开比率优于民事案件，一般刑事案件的公开比率优于敏感刑事案件。裁判文书上网的数量、地域、案件类型等方面的局限性，使相关数据往往并非全数据，与标准的大数据相距甚远，甚至导致不少基于裁判文书的相关实证研究存在支撑证据不足

---

① 此处的统计年度，不同于所谓的“司法统计年度”。司法统计年度是法院、检察院根据年度考核指标确立的统计期限，通常不将 1~12 月作为一个司法统计年度。

② 参见马超等：《大数据分析：中国司法裁判文书上网公开报告》，载《中国法律评论》2016 年第 4 期。

③ 根据四川省高级人民法院的工作报告，四川法院 2012~2016 年度年审、执结（办结）案件总量分别为 685,300 件、738,857 件、750,254 件、821,285 件、869,429 件，5 年合计 3,865,125 件。

④ 参见何挺：《法学研究中裁判文书运用的方法论检讨——以刑事法文献为例的内容分析》，载《法学研究》2022 年第 3 期；叶燕杰：《司法政策执行视阈下刑事裁判文书“部分上网”问题》，载《山东大学学报（哲学社会科学版）》2019 年第 2 期；杨金晶等：《裁判文书上网公开的中国实践——进展、问题与完善》，载《中国法律评论》2019 年第 6 期。

乃至观点可能错误的问题。此外,部分地区法院在公开裁判文书时还对文书内容进行了删减,这并非对当事人身份信息的屏蔽处理,而是对文书特定段落的直接删除。这样一来,也会使某些依靠从裁判文书网获取的文书对特定问题进行的分析存在不同程度的数据偏差。因此,尽管特定领域、特定区域的分类数据可能较为齐全,但从整体上看,中国当下所谓的法律大数据往往存在如下明显的问题:数据量可能较多,许多领域可能有 20%~70%的全国性或全局性数据,但又与全面性的大数据存在明显差距,其实际上多是大量数据。

如何认识这种大数据时代大数据不多见,“大量数据”却盛行的现象?这是否表明大量数据的研究没有多大的价值呢?对此,一方面应当认识到,完美的法律大数据往往难以强求。作为“官方化”的数据公开与不公开往往并存,法律、政治、传统的各种因素都会影响法律和司法数据的公开程度。例如欧洲国家地方法院裁判文书的公开度往往不如中国,又如美国法院刑事审判中因为辩诉交易盛行且陪审团口头裁判,同样少有关于裁判心证的公开信息,以至于美国研究者往往要使用实验性方法来研究陪审过程。[①] 所以,中外的法律大数据均非十分丰富、完整,也不能完全反映法律和司法实践。由此,有缺失的大量数据往往可能是现实中的“最大数据”或者是有缺陷的大数据。[②] 另一方面,必须认识到较之小数据,“大量数据”具有独特价值:其不仅因为具有一般的全国性、海量性而在数据量、丰富性方面远超“小数据”,而且在经过“清洗”后,其往往可以被认为具有相当的全局代表性。实际上,与若干甚至单一的“小数据”相比,“大量数据”的全局代表性更易被确定。因此,在

---

① 对陪审团陪审过程的研究,主要有实地观察法、事后访谈法、档案记录分析法以及模拟陪审团研究法。这其中,模拟陪审团研究法是目前应用最普遍,也是最受关注的方法。模拟陪审团研究指的是采用真实的或者虚构的案件材料,组织模拟陪审团,进行实验研究。See David DeMatteo & Natalie Anumba, *The Validity of Jury Decision-Making Research*, in Joel D. Lieberman & Daniel A. Krauss eds. ,Jury Psychology: Social Aspects of Trial Processes, Ashgate Publishing Company, 2009.

② 正因如此,在下文中如无必要,谈及如何研究时我们并没有特别区分大数据和大量数据。

求全不得的条件下，当然要使用“大量数据”，问题的关键是如何确保这种使用的效果。在笔者看来，如果能够正确“清洗”数据，并正确把握数据缺失的程度，特别是把握有无系统性缺失，我们当然应当收集、应用这种“大量数据”。就此而言，根本问题或许不完全在于数据本身是“大数据”还是“大量数据”，而是在于正确认识手中的数据并正确展开研究，这才是“大量数据”的价值所在。

二、法律大数据的“官方性”如何影响其丰富性

相比于商业、社会领域的大数据，如百度、阿里巴巴、腾讯公司收集、应用的大数据，法律大数据具有其自身的独特性：一方面，商业、社会领域的大数据往往是非官方的机构收集并使用的，而法律领域的大数据则具有“官方化”的特征，即大数据的“公”与“私”是两种数据的重大差异。另一方面，这种差异会深刻影响数据的生成和使用。“官方化”的特征不仅使法律数据的公开程度受到影响，且影响法律数据的内容、类型及格式。基于法律机关的政策考虑，相关法律数据的内容多表现出格式化、预设性与法律化的特征，据此向社会公开的法律数据其实是基于司法机关的管理目标而生产的内容，而非公众所欲知晓的有关法律实践的充分数据。这与商业、社会领域的大数据往往来自千千万万的个人、组织且涉及方方面面颇不相同，后者常常是更为“自然”的非结构性数据。

进而言之，比较典型的“结构化”数据主要包括来源于司法机关工作报告与法律统计年鉴的数据。尽管此类数据整体上属于某一方面的法律大数据，但它们其实都经过“精细加工”，数据发布主体自身的价值偏好也潜藏其中。正如前述，“公开的司法统计数据不完整，许多应当公开的数据并未公开，公开比例也难以令人满意”，[①]甚至近年来出现裁判文书上网公开的断崖式下跌，[②]这使得诸如刑事案件律师辩护率、民事案件律师代理率等数据难以获得。

---

① 易霏霏、马超、何海波：《我国司法统计数据的公开：现状与建议》，载《中国应用法学》2017 年第 2 期。

② 参见李广德：《裁判文书上网制度的价值取向及其法理反思》，载《法商研究》2022 年第 2 期。

此外,数据的统计口径往往也不一致,甚至同一主体在不同年份的统计口径也会出现变化,以致数据的连贯性较差。这些"结构化"或"半结构化"特征明显的"大量数据",对司法管理具有一定的参考意义,也有相当的研究资料价值;但由于其生产目的的特定性,其在整体上并不充分和全面,尤其是中观、微观层面数据的缺失,使其并不完全具备大数据的特征。对于此类数据,或许将其视作"重要和宏观的司法数据"①更为恰当。当然,裁判文书的结构性更弱一些,或可称其为"半结构化"的数据。因为裁判文书的事实认定与法律适用的表述思路和风格是众多风格各异的法律实践者个人或集体完成的,科层制的具体控制有限②,但基本写作逻辑和格式仍然受到制度与实践层面的严格规范,大体上还是半结构化的。

根据舍恩伯格等人的观点,大数据意味着数据"更杂","不是精确性,而是混杂性",因而"只有5%的数据是结构化且能适用于传统数据库的。如果不接受混乱(格式的不一致),剩下的95%的非结构化数据都无法利用"③。显然,真正丰富的法律大数据应兼具大数据的自然特征与法律特征,主要由各种法律主体包括律师等参与生产、制作并发布,具有全样本、即时性、多样化、海量化特征。由于现阶段中国法律大数据整体上是以中国裁判文书网为主要来源的"官方化""结构化"或"半结构化"的大量数据,其实质上只是法律领域中的少数数据,也是角度特定的数据。研究者对此需要警醒,否则大数据研究的可靠性、丰富性均会受到限制,甚至出现错误。

---

① 倪寿明:《充分挖掘司法大数据的超凡价值》,载《人民法院报》2017年6月23日,第2版。

② 例如四川省成都高新区人民法院法官周某某引述了《宪法》第33条的"平等权",否定了长期施行于银行业的"滞纳金"。周法官从宪法"平等权"等多个层面,提出应对法律作系统性解释,认为商业银行错误地将相关职能部门的规定作为自身高利、高息的依据,这有违《合同法》(现已失效)及《商业银行法》的规定,从而最终驳回了银行有关滞纳金的诉讼请求。在最高人民法院有关"不得引用宪法作为裁判依据"的禁令下,周法官只是将宪法的相关条款及其所体现的精神在"判决理由"中阐述,并未违反禁令,反而体现了一种司法智慧。详情参见完颜文豪、马婧:《四川:法院判决银行高额信用卡滞纳金算法不合理》,载《中国青年报》2016年2月20日,第3版。

③ [英]维克托·迈尔-舍恩伯格、[英]肯尼思·库克耶:《大数据时代》,盛杨燕、周涛译,浙江人民出版社2013年版,第94页。

三、过度开展简单、描述式的大数据的法律研究

大数据法律研究与“小数据”法律研究究竟有何异同？两者的相同点表现在以下几个方面：一是作为实证研究的一种新形式，大数据法律研究应当遵从实证研究的一般范式，即利用大数据分析发现经验现象并基于经验现象提出、证实或证伪假设，最终发展或创新理论。二是大数据与“小数据”的分析方式在研究模式方面有着共性，即都应用数理统计的一般规律，采用统计学的许多方法尤其是回归分析法。当然，实践中“大小数据”研究的界限时常有所模糊。一些小数据并不小，特别是一些区域性数据研究可能涉及的样本高达十几万甚至几十万个，其研究方式可能与大数据研究并无二致，甚至有的“小数据”研究已经在使用复杂的机器学习。①

尽管如此，大数据法律研究有其独特性，与“小数据”研究存在诸多不同。第一个不同是研究者的亲历性不同。由于小数据的有限性，研究者可以而且一般亲自、逐一收集、审阅和分析每一个研究样本，例如特定的裁判文书，因而其研究具有很强的亲历性。然而，在面对全国性的裁判文书或者某个领域的裁判文书时，研究者便无力如此操作了。事实上，如果没有好的数据收集、分析方式与技术，研究者根本不可能展开有效的研究。因此，通过计算机技术、软件收集与分析大数据这种亲历性稍弱的方式便应运而生了。所以，“小数据研究”中的判断一般是亲历性、实感化的判断，大数据研究中的判断往往依赖计算机软件，是一种间接性的判断，其实感性较弱。第二个不同是数据量的差异使大数据研究更依赖诸如机器学习等新方式。面对海量数据，应用计算机软件和机器学习在所难免。不过，数据的巨大使得“小数据”研究中常见的精细梳理变量

---

① 例如，有学者研究了美国新奥尔良地检署包含 145,000 位被告人的 280,000 起案件，并通过机器学习的方法建立了被告人的再犯可能性模型。该模型可以降低 5%～9%的再犯危险，并有效识别人类检察官所蕴藏的主观因素。可以说，算法检察官更加客观、公正。See Amaranto et al., *Algorithms As Prosecutors: Lowering Rearrest Rates Without Disparate Impacts and Identifying Defendant Characteristics "Noisy" to Human Decision-Makers* (Jun. 25, 2017), http://dx.doi.org/10.2139/ssrn.2993003.

间关系的研究受到挑战:大数据本身既可能粗糙,也可能信息过载,干扰因素与各种相关变量较多,研究者往往难以有效把握。这或许正是法律大数据尽管已经出现,但实证研究者多数依然致力于小数据研究的重要原因。

具体而言,就笔者的观察,虽然中国正在开始的大数据(包括大量数据,如无特别说明,下同)法律研究已经开始使用爬虫软件等抓取数据,但内容分析仍以描述性的数据分析为主,即研究者观察、分析收集到的大数据,然后描述其体现的法律现象的普遍特征,而很少有研究者能够使用统计软件与统计学分析方法对数据资料进行精确的定量分析。[①] 经济学、社会学研究中常用的回归分析、方差分析、列联表分析、时间序列模型等方法在法律实证研究中还较为少见,更遑论熟悉掌握爬虫软件、数据清洗技术以及编写正则表达式了。甚至,研究者在应用计算机软件搜寻、抓取、存储数据时,还经常需要借助技术专家的帮助。一言以蔽之,对于如何整理与分析大数据,法学研究者大多较为"外行",一般依旧是展开传统的描述式研究,"还不能科学、熟练地运用数理统计等分析手段与方法对问题展开统计学意义上的定量分析,更遑论在研究中进行数理模型的建构,从而在定量研究的方法上与统计学、社会学、经济学等其他学科展开对话"[②]。实际上,据笔者参加域外法律实证研究会议的观察,域外法律实证研究方法在统计化方面可能整体上领先我们5~10年,其基本上是以各种回归分析为主调展开研究的,这在中国法律实证研究中还极为少见。[③] 如果不得不采取数据科学方法,研究者

---

① 参见左卫民:《一场新的范式革命?——解读中国法律实证研究》,载《清华法学》2017年第3期。

② 左卫民:《一场新的范式革命?——解读中国法律实证研究》,载《清华法学》2017年第3期。

③ 在中国法学界,运用回归统计方法进行法学实证研究的代表人物是北京大学的白建军教授,其代表性学术成果有白建军:《中国民众刑法偏好研究》,载《中国社会科学》2017年第1期;白建军:《基于法官集体经验的量刑预测研究》,载《法学研究》2016年第6期;白建军:《司法潜见对定罪过程的影响》,载《中国社会科学》2013年第1期;白建军:《从中国犯罪率数据看罪因、罪行与刑罚的关系》,载《中国社会科学》2010年第2期;等等。运用统计分析方法进行深层次法学实证研究已成为白建军教授的学术标签。中国的法学实证研究领域,还需要涌现更多的"白建军"。

往往也只能依靠统计学家和数据科学家进行数据收集、挖掘、统计与分析。但技术专家经常不能把握法学研究者的真正意图，对基本法律问题也缺乏相应的判断，这无疑增加了法学研究人员与统计学家、数据科学家之间的沟通成本。由此，一些大数据法律研究既缺乏好的“数据”，又缺乏好的“人工”与“智能”。或许不得不承认，就当下而言，我们“对大数据的收集、研究和应用还处在一个比较粗浅的层面上，司法大数据可能具有的超凡价值远远没有得到挖掘”[①]。

应该说，对于经验性法律现象如律师辩护率、刑民事案件二审的改判率等，基于法律大数据的描述性分析可能是适当的，因为相比于复杂的统计推断，描述性分析往往更能直观地展现普遍的现象。就此而言，描述性大数据法律研究有其价值。然而，法律实证研究毕竟是一种计算性的社会科学研究，需要归纳法律运作过程的规律，并对其背后的因果关系进行深度阐释，或至少应指出须进一步探究的相关性。[②] 一旦需要进行更多的因果关系或相关性分析，描述性分析便明显力有不逮。例如，以未成年人犯罪研究为例，通过大数据分析家庭经济收入、父母受教育程度、父母情感关系、同辈朋友中的犯罪情况、未成年人的学习情况等是否对未成年人犯罪具有直接影响以及影响的强弱时，传统的描述性统计分析可能就难以胜任。又如，在有律师辩护的案件中，庭审对抗的激烈程度或辩护律师的活跃程度对裁判结果有无影响、有何种影响，就需要借助更高级的相关性分析、多元线性回归、逻辑（Logistic）回归等推断统计方法。

需要指出的是，更加深入的法律大数据研究还涉及机器学习与算法应用。对法律人甚至是对统计在行的研究者而言，机器学习与算法应用是难以把握的，尤其是在对法律大数据进行应用式研究时。一方面，收集大数据往往需要计算机软件的设计和使用；另一方面，认识、分析大数据并不是传统的统计学方法所擅长的，机器学

---

① 倪寿明：《充分挖掘司法大数据的超凡价值》，载《人民法院报》2017 年 6 月 23 日，第 2 版。

② 参见王鹏翔、张永健：《经验面向的规范意义——论实证研究在法学中的角色》，载李昊、明辉主编：《北航法律评论》总第 7 辑，法律出版社 2017 年版。

习由此登场。例如,通过数据关联分析在大量散乱的数据中发现数据之间的相关性,并将这些数据形成一个数据集,从而描绘某个事物或事件的发展规律或趋势时,传统的统计学方法往往力不从心,需要通过机器学习实现研究目标。在美国,这种方式初见端倪,乔恩·克莱因伯格(Jon Kleinberg)等人利用决策树、迭代算法等机器学习算法分析了美国 15 万余件重罪案件的法官假释决定,认为机器学习算法的预测要优于人类法官的判断。[①]

首先,上述现象显示出当下法律大数据的研究方法与研究能力相对滞后:研究者并未真正、普遍形成、使用独特的大数据研究方法。[②] 实际上,大数据法律研究是一项综合性、系统性工程,研究者掌握与运用相关研究工具的能力在很大程度上决定了研究的深度与层次。一些学者已经注意到大数据给法学研究带来的机遇与挑战,但也心存"学界能跟上吗"[③]的担忧。对此,笔者亦深表认同。在大数据与人工智能的时代,"数据处理技术已经发生了翻天覆地的变化,但我们的方法和思维却没有跟上这种改变"[④]。法律大数据研究的核心在于对海量非结构化数据价值的挖掘、处理,这就涉

---

① 关于机器学习在法学研究中的展开与运用,可以参见 Kleinberg et al., *Human Decisions and Machine Predictions* (February 2017), NBER Working Paper No. w23180 等。

② 例如,从企业角度看,一些企业及其所在行业根据自身的经营状况推出了各自相关的大数据报告,典型的如:《中国银联与京东金融发布〈2017 消费升级大数据报告〉》,载《中国储运》2018 年第 4 期;《中国在线教育平台用户大数据报告——腾讯课堂数据篇》,载《艾瑞咨询系列研究报告》2018 年第 1 期;马华:《蚂蜂窝发布 2017 年丝绸之路旅游大数据报告》,载《计算机与网络》2017 年第 10 期;邹昱琴:《"中国出版大数据报告"全球首发》,载《中国出版传媒商报》2017 年 3 月 17 日,第 1 版。从政府角度看:既有宏观方面的大数据报告,如《近年消费政策落实情况大数据分析报告》,载《中国经贸导刊》2018 年第 12 期;《〈青年阅读大数据报告〉显示:严肃阅读回归》,载《中国地市报人》2017 年第 10 期;亦有地方政府针对专门领域的大数据报告,如《广东质量大数据报告发布,这些数据你了解吗?》,载微信公众号"广东质检院"2017 年 11 月 6 日,https://mp.weixin.qq.com/s/EXMZweBvXmgh5uj1I0jLVw。就法律行业而言,典型的大数据报告有新华网、猎律网联合发布的《2011-2015 年度网络违法犯罪大数据报告》,载《今传媒》2016 年第 10 期。

③ 参见白建军:《大数据对法学研究的些许影响》,《中外法学》2015 年第 1 期。

④ 参见[英]维克托·迈尔-舍恩伯格、[英]肯尼思·库克耶:《大数据时代》,盛杨燕、周涛译,浙江人民出版社 2013 年版,第 37 页。

及上述数据的获取、清洗与使用。以典型的裁判文书大数据分析为例,由于目前上传的裁判文书达到 4000 万份以上的量级,传统人工下载的方式远远无法满足研究的需要。这就必须借助爬虫软件,通过其自动从互联网上下载海量文书。然而,文书的获取只是大数据研究的第一步。由于爬虫软件抓取的文书是典型的"无标签"非结构化数据,这相当于从网络上获取了数千万的"大量数据",其中包含重复文书、空白文书等"脏数据",此时就必须借助数据清洗手段处理这些文书,添加案号、案由、审级等常规标签。另外,只有在数据清洗的基础上才可能进行数据挖掘。由于数据的海量性,人工统计已经无法完成数据挖掘的任务,而是需要运用正则表达式等数据挖掘方法。可见,大数据本身为法学实证研究设定了先天的技术门槛。正因如此,我们可以看到域外的法律实证研究已经开始把数据科学作为学习的重要内容。2018 年 5 月召开的第二届欧洲法律实证研究年会的工作会议与主题演讲均关注了这一问题。[①]

其次,基于法律大数据所展开的研究普遍存在深度不够的问题。在舍恩伯格等人看来,"大数据时代绝对不是一个理论消亡的时代,相反地,理论贯穿于大数据分析的方方面面","大数据不会叫嚣'理论已死'",反而会"从根本上改变我们理解世界的方式"。[②]然而,不少有关大数据的法律研究在研究取向上偏重实践性、应用性,而非学理性、抽象性,侧重数据的调查与描述,过度沉迷于让数

---

① 例如,第二届欧洲法律实证研究年会专门开设了法律与机器学习板块(Law & Machine Learning),该板块详细介绍了通过民事案件的分类反映法律的变化(Classifying Civil Law Cases for Analysing the Impact of Legal Change),寻找水晶球——欧洲人权法院的司法判决(Judicial Decisions of the European Court of Human Rights: Looking into the Crystal Ball),通过算法测算的被告再逮捕率与人类检察官测算的大不相同,并且算法识别出了干扰因素(Algorithms as Prosecutors: Lowering Rearrest Rates Without Disparate Impacts and Identifying DefendantCharacteristics "Noisy" to Human Decision-Makers)。

② [英]维克托·迈尔-舍恩伯格、[英]肯尼思·库克耶:《大数据时代》,盛杨燕、周涛译,浙江人民出版社 2013 年版,第 94 页。

据“自己说话”[①]甚至“自己思考”[②],疏于展开深度的理论剖析与建构。很多冠以大数据的实证研究不过是运用大数据或大量数据对某个法律现象或问题的肤浅描述,以及在此基础上提出问题与解决对策。某些所谓的“大数据法律研究”实质上只是各种法律数据的简单归类统计。[③] 相对而言,对大数据呈现的普遍现象进行深度剖析与理论解读的研究尚且有所欠缺,更遑论对相关理论的建构。此外,目前的相关研究对法律大数据的具体分析还不够充分、细腻。尽管当下的法律大数据存在有限性、粗糙性等问题,特别是全国性数据往往更是粗线条的,难以对其展开细腻、丰富的研究,但数据所涉及的内容却相当多,值得研究者深度挖掘。遗憾的是,既有研究对数据的挖掘与分析多浅尝辄止,数据分析的广度与深度都有待提升。

四、关于大数据法律研究前瞻性缺乏的思考

大数据带来的研究理念与范式的变化可谓“乱花渐欲迷人眼”。面对这一变化,我们首先应清楚地意识到,在大数据时代,法律人应当研究什么与如何研究。

第一,基于大数据的法律研究对法律研究方法到底意味着什么?这是不是一场新的研究范式革命?法学界对此似乎还没有足够的认识,更多只是将之看作一种实践现象。大数据法律研究的一

---

① 事实上,正如有观点谈到的,如果只是让数据“自己说话”,那么大数据分析不仅无助于决策甚至还可能对决策产生误导。See Lyria Bennett Moses & Janet Chan, *Using Big Data for Legal and Law Enforcement Decisions: Testing the New Tools*, 37 UNSW Law Journal 643-678 (2014).

② 在沃尔夫冈·阿尔施纳等人看来,数据驱动研究最主要的危险即在于不仅让数据“自己说话”,也让数据“自己思考”。See Wolfgang Alschner et al., *The Data-driven Future of International Economic Law*, 20 J. of Int'l Econ L. 230 (2017).

③ 例如最高人民法院信息中心司法案例研究院发布了一组司法大数据报告,就离婚诉讼等案件提炼出相关的司法规律。该司法大数据报告罗列了“离婚诉讼呈逐年上升的趋势”“离婚诉讼案件量排名前三的省份分别为河北、江苏和河南”等规律。详细内容参见《司法大数据专题报告之离婚纠纷》,载中国法院网 2016 年 12 月 22 日,http://www.chinacourt.org/article/detail/2016/12/id/2491837.shtml。可以看到,类似的司法大数据报告存在制作较为粗糙,规律提炼过于简单,创新度欠缺等问题。

些基本理论问题如其内涵、特征、优势与局限，大数据法律研究与社科法学、法律实证研究之关联，如何适当运用、科学展开大数据法律研究等至今尚未得到充分讨论。如果说基于“小数据”的法律实证研究的理论图景已日渐清晰，那么基于“大数据”法律实证研究的理论问题似乎“未昭未揭”。这可能会使研究者陷入“过分关注技术分析，忽视创新思维和思辨分析”①的窠臼中。有论者在谈到大数据对社会学研究的影响时指出：“‘大数据’概念的广泛应用和巨大影响，对社会学研究的冲击更为直接。这种冲击涉及数据来源、研究方法、社会测量等诸多重要领域。”②事实上，这种冲击和影响也会（甚至已经开始）波及法学研究。从研究对象看，大数据法律研究扩展了法学研究的“问题域”，使法学研究不再拘泥于传统的研究对象和素材，从而拓展了法学研究的领域和格局。从研究范式看，大数据法律研究可能推动实证研究的跨越式发展，特别是机器学习方式的引入会使法学研究从法教义学、社科法学和法律实证研究等范式转向数据科学式的法学研究，形成“数据驱动”③加“理论假设驱动”的范式革命，最终重构传统法律实证研究。④ 就此而言，或许可以将其视为法律研究“范式革命”的最新发展，即法律实证研究的新阶段。但是，具体如何收集大数据，如何对大数据进行整理、清洗，如何对在展现全貌上有较大优势的大数据进行细致、深入的研究，学界并未做好准备。

第二，大数据法律研究应当具有何种不一样的问题意识呢？当前，一些所谓的大数据法律研究缺乏必要的问题意识，主要是描述式研究，甚至热衷于“博取眼球”。其中部分研究要么浅尝辄止，要

---

① 孙建军：《大数据时代人文社会科学如何发展》，载《光明日报》2014年7月7日，第11版。

② 孙秀林、陈华珊：《互联网与社会学定量研究》，载《中国社会科学》2016年第7期。

③ 所谓数据驱动（的知识发现），是指“利用统计学、机器学习等方法从掌握的大数据中提取隐含在数据背后、人们事先不知道，但存在潜在效用、能被人理解的信息和知识的过程”。参见刘涛雄、尹德才：《大数据时代与社会科学研究范式变革》，载《理论探索》2017年第6期。

④ 参见刘涛雄、尹德才：《大数据时代与社会科学研究范式变革》，载《理论探索》2017年第6期。

么隔靴搔痒,最终沦为"调查报告"式的数据展示。针对法律实证研究,曾有论者提出"受众"是谁的问题。[①] 大数据法律研究同样应重视此问题,因为从某种程度上讲,"受众"不仅是指知识生产所面向的市场,也意味着知识生产者与消费者之间的互动以及由此形成的新的问题。因此,笔者认为,一方面,大数据法律研究应该面向司法实践与司法改革,从司法机关与公众真正关心、急欲解决的现实问题中寻找研究灵感,从而使大数据法律研究具备较强的"实践性"。例如,最高人民法院、最高人民检察院正围绕"智慧法院""智慧检察"深入推进法院与检察院办案、办公的阳光化、网络化、智能化,人工智能开始运用于司法改革推进和司法建设之中。司法领域人工智能的运用显然无法离开法律大数据的支撑,因此,大数据法律研究如何因应"智慧司法""智慧检察",并借此获得更大的"致用空间",在理论与实践的互动过程中形成问题意识,从而推进大数据法律研究发展,是研究者需要考虑的重要问题之一。另一方面,大数据法律研究也应该直面一些传统的法学理论命题,借助法律大数据分析工具对其进行检验或创新发展。当然,如何基于大数据发现新的法律现象、提出新的理论命题,并利用大数据分析技术进行论证,是大数据法律研究的应有之义。

第三,欠缺对大数据法律研究规范与伦理问题的讨论。如前所述,大数据法律研究涉及海量数据的收集、整理和分析,这对数据收集、分析主体(很多时候是专业大数据公司)的专业水平,特别是研究规范,提出了较高甚至苛刻的要求。如果大数据研究人员的专业水平有限,对研究规范不够重视,则很有可能导致收集的数据失真,分析结果失准,不仅不能对法律现象进行客观量化,甚至可能形成错误结论,以致谬以千里。因为"大数据分析的有效性与准确性密切相关。如果大数据分析提供的信息有谬误或者被误导(或者是由于计算错误,或者是由于歪曲的结果描述),那么这样的信息对于决策而言毫无助益"[②]。比较而言,在数据本身有限且运用起来相对

---

① 参见唐应茂:《法律实证研究的受众问题》,载《法学》2013 年第 4 期。

② See Lyria Bennett Moses & Janet Chan, *Using Big Data for Legal and Law Enforcement Decisions: Testing the New Tools*, 37 UNSW Law Journal 643-678 (2014).

简单的条件下，其他主体可以对研究结论进行重复性或经验式验证；但在大数据背景下，这种验证无疑困难得多，成本也更为高昂。特别是在当下数据公司与研究者普遍不愿“开源”——不公布数据来源、内容、收集工具、分析标准的情况下，大数据本身与相关研究过程并不透明。因此，如果研究者（或相关辅助人员）不能对大数据法律研究抱持严谨态度并恪守必要的研究规范，甚或不遵守相关学术伦理，出于功利的动机而突破学术底线，则必将导致相应的大数据法律研究存在样本选择随意、研究标准不科学、研究结论荒谬甚至是数据造假等问题。此外，大数据法律研究表面上是围绕数据展开的，但由于很多数据其实涉及或反映主体的行为、意识与习惯等，故大数据法律研究不可避免地会牵涉“人”的问题，甚至可能会将作为研究对象的“人”置于相对危险的境地。这样的伦理问题似乎并未引起研究者们的注意，只是使其更有意识地采取相应的技术处理策略。

第三节 迈向大数据挖掘与法律研究

一、致力于获取全面、多样的法律数据

第一，尽力获取全面的法律数据。数据的“官方化”是法律大数据不同于商业性、社会性数据的特殊之处，其决定了法律大数据的获取与应用水平在相当程度上取决于法律机构是否充分、及时地公开其收集、掌握的法律信息。所以，法律机构基于共享理念推行数据公开机制，是获取和应用法律大数据的关键因素之一。前已述及，中国裁判文书网虽然已经上载了海量数据，但鉴于裁判文书并未全部上网，基于中国裁判文书网所收集、整理、统计的数据往往并不能被称作“法律大数据”，甚至有时其数据质量可能还不如抽样调查中的“代表性数据”。虽然2016年最高人民法院发布了修订后的《关于人民法院在互联网公布裁判文书的规定》（法释〔2016〕19号），但由于其约束力不强、操作性较弱，事实上并未实现“（除不予

公布的)其他裁判文书一律在互联网公布"[①]的目标,最近的公开力度似乎有所减小。为了提高司法的公开水平,并促进法学实证研究的发展,全面拓展裁判文书上网的信息与数据非常重要。从这一点来看,法学界应当呼吁最高人民法院进一步健全裁判文书发布的责任机制,加强对裁判文书不上网的审查力度,大力推动并真正实现裁判文书网络发布的"应上尽上"原则[②],促进中国裁判文书网不断由"大量数据"平台向"大数据"平台转变。实际上,目前有一些对外并不公开且仍在持续扩张的数据,如何不断、适当公开这部分数据值得探索。

第二,致力于扩展对法律数据多样化的认识并努力获取多样化的数据。数据是大数据法律研究展开的基础,而数据来源则是数据获取的重中之重,因为"只有具备足够的数据源才可以挖掘出数据背后的价值"[③]。然而,法律大数据来源目前尤其过度依赖法院的主动发布,在内容、渠道上存在单一性、有限性等问题。事实上,中国法治包括中国司法的整体样貌不能据此充分展现,特别是司法决策信息更不是裁判文书所能充分显示的。笔者曾指出,"除了对外公布的法律裁判文书,法律决策过程中的关键行为如形成决策的内部讨论往往是高度非文字化、非数据化的"。"一方面,'庭审笔录不是一种公开的法律证明文书',其亦未实现充分的数据化;另一方面,大量的程序过程如警察的侦查过程、检察院的起诉过程、法院庭审前后的过程也没有公开的、正式或非正式的文字记录,更遑论在此基础之上的数据化了。"[④]对此,一是要拓宽法律大数据的领域。法律大数据,不应当局限于法院的数据。只有将检察机关、公安机关、司法行政机关所收集和制作的、符合公开条件的数据全面纳入

---

① 参见中华人民共和国最高人民法院编:《中国法院的司法改革:2013—2016》,人民法院出版社 2017 年版,第 38 页。

② 最高人民法院 2017 年发布的《最高人民法院司法责任制实施意见(试行)》中,再次重申:"裁判文书送达后 7 个工作日内,承办法官应当督促指导法官助理或书记员完成拟公开裁判文书的技术处理和裁判文书上网公开工作。"

③ 刘鹏主编:《大数据》,电子工业出版社 2017 年版,第 4 页。

④ 关于法律数据尤其是法律大数据如何在法律人工智能中运用,可以参见左卫民:《关于法律人工智能在中国运用前景的若干思考》,载《清华法学》2018 年第 2 期。

公开范畴,才可能“推动形成有利于平台互联互通、信息共享共用、业务衔接联动的体制机制”[①],进而实现公、检、法、司相关数据接驳、联通共享,提高法律大数据的集成化水平。二是要丰富法律大数据的类别与内容。当前,其他类型的诉讼文书(或材料)如庭前会议笔录、庭审笔录、案卷材料等尚未成为法律大数据的来源。检察机关虽然公布了部分法律文书,但存在数量少、不全面以及可获得性较差等问题。[②] 一些相当重要的司法数据如检察机关的批捕、公诉与抗诉等数据并未充分公开。随着语音识别、文本抓取等人工智能技术在实践中的运用普及,对更多诉讼活动进行电子记录、数据提取,进而将一些“僵尸数据”转化为可计量、可使用的统计数据成为可能。因此,未来应将视野拓展到裁判文书和司法统计之外的信息,更加重视对起诉书、庭审笔录等记录诉讼活动与程序的结构化数据、非结构化数据(如庭审录音、庭审录像等)的收集和整理。尤其要思考如何将实践中大量的“非结构化”数据、“半结构化”数据转化为有价值、可运用的“结构化”数据,确保大数据的有效性和有用性。另外,电子卷宗的推广、证据标准判断的“数据化”也为更多地使用裁判文书以外的其他数据提供了重要机遇,有助于我们获得中国裁判文书网视野外的丰富材料,进而助力开展更加多元化的研究。只有当法官乃至所有法律行动者的行为模式与决策信息都被充分获得并数据化时,法律大数据才能真正成为“大数据”。

第三,重视和利用好当下的“大量数据”,包括区域性的全样本数据。如前所述,受制于各种客观条件,大数据法律研究的外部环境还不理想,完美的法律大数据往往在现实中难以取得,大量数据而非大数据可能是研究者在很长一段时间内所要面临的窘境。但大量数据也是法学研究的重要材料,值得研究者高度重视与充分利

---

① 李阳:《主动拥抱新一轮科技革命,全面深化司法体制改革,努力创造更高水平的社会主义司法文明》,载《人民法院报》2017 年 7 月 12 日,第 1 版。

② 目前,检察机关的法律文书主要在 12309 中国检察网上公开,但其限制了能够查看仅限于近 12 个月的裁判文书,2023 年 9 月 10 日 20 时访问时其网站显示的法律文书总量仅 47,654 件,数据来源:12309 中国检察网,https://www.12309.gov.cn/12309/ajxxgk/index.shtml,最后访问日期:2023 年 9 月 10 日。

用。对此,一方面,要避免数据样本带来的数据偏误特别是系统性偏差。了解现有数据公布的偏差情况是利用好已有数据材料的前提,特别是中国裁判文书网公布裁判文书的前提。例如,由于不同案件公开的比例差异,在进行裁判文书的数据挖掘时,刑事类的分析中包含的数据偏误就天然小于民事类,一般刑事案件的分析就优于贪腐类犯罪。再如,由于离婚纠纷大量采用调解的方式结案,而调解文书通常不予公开,这就决定了现阶段已发布的多份有关婚姻类的大数据挖掘报告的整体参考价值相对有限。基于数据本身的局限性,在利用中国裁判文书网进行研究时,可以适当缩小研究范围,并限定研究对象,确保在有限的数据条件下尽可能地收集、获取某领域或某类别相对完整、具有一定代表性的真实数据。此外,还可运用诸如"贝叶斯方法"和"大数定律"等数理统计方法对现有数据进行推断,从而正确识别并验证数据的代表性。另一方面,重视区域性的全样本法律大数据。"大数据并不在于样本绝对量的大小,关键在于'全'。"[①]我国疆域辽阔,不同地域之间的人文、地理环境差异巨大,收集全国范围内的全样本(或近似于全样本)数据无疑具有相当的难度。因此,不妨退而求其次,转而收集若干具有代表性的区域性全样本数据,以提高数据收集的成功率。另外,从某种程度上讲,这种区域性、局部性的全数据相比于全国性数据,可能更细致、更深入、更客观,也更有助于提升大数据法律研究的深度与精度。

二、探索并深入展开大数据法律研究的科学方式

第一,探索新型、专门的大数据获取、分析技术,并将其充分运用于大数据法律研究。"基于大数据技术而获取的数据,已经不同于社会科学研究中普遍使用的随机数据",因而"在统计推断等方面需要因应调整"。[②] 在大数据挖掘、整理、分析方面,目前已经有较为成熟的统计方式和数据科学方式,而与统计学相关但又颇为不

---

① 白建军:《大数据对法学研究的些许影响》,载《中外法学》2015 年第 1 期。

② 参见马亮:《实证公共管理研究日趋量化:因应与调适》,载《学海》2017 年第 5 期。

同的机器学习方法也已崛起并运用于大数据分析之中。但在如何甄别大数据的有效性、真实性,如何分析、判断数据之间的相关性与因果关系方面,还应有更多的方法与技术。在目前的大数据法律研究领域,数据挖掘依然主要通过正则表达式的方式。[①] 该方式在处理高度规整的文书表达时具有很强的准确性,比如从海量文书中自动提取辩护人的数量、身份等表述高度一致的数据。然而,正则表达式在面临高度多元化的表达时,由于无法穷尽表述,就多少显得有些力不从心了。例如,"自首"也许在文书中并不会以"自首"的关键词出现,而是以"家属扭送"等诸多样态的语词呈现,此时就需要运用自然语义识别技术(Natural Language Processing,NLP)对其加以识别。遗憾的是,上述技术在法学领域才刚刚起步,主要出现在大数据与人工智能的司法实践中,还较少被应用于法律大数据的研究中。显然,更善于对"小数据"展开统计分析的法律实证研究者正面临方法论上的挑战,因而法律实证研究者需要深入学习、探索针对大数据研究的新型方法与技术。在这方面,域外学者、实务界和科技界合作开展的大数据法律研究及人工智能应用值得我们关注与借鉴。

需要指出的是,专门的数据分析机构具有得天独厚的技术与人才优势,法律研究者和司法部门必须思考如何更好地借助专门数据分析机构和人工智能科技公司的优势,充分挖掘、分析与利用数据。中国电子信息产业发展研究院在2017年发布的《中国大数据产业发展评估报告》中指出:我国大数据产业发展将迎来"黄金期",产业聚集将进一步特色化发展,技术融合创新将更加深入。[②] 法律研

---

① 正则表达式的英文是regular expression,意思是符合某种规则的表达式,可以将其理解为一种对文字进行模糊匹配的语言。正则表达式用一些特殊的符号(元字符)来代表具有某种特征的一组字符以及指定匹配的次数,含有元字符的文本不再表示某一具体的文本内容,而是形成了一种文本模式,可以匹配符合该模式的所有文本串。正则表达式可以快速地分析大量的文本以找到特定的字符模式,提取、编辑、替换或删除文本子字符串。有关正则表达式的详细介绍,可参见唐惠丽、郑小妹:《正则表达式的研究及在Web中的应用》,载《计算机技术与发展》2013年第2期。

② 参见《首个年度大数据产业评估报告发布　将为我国大数据产业健康发展提供有力支撑》,载《信息技术与标准化》2017年第9期。

究者也应搭乘大数据发展的“快车”，充分发挥利用专门的大数据获取、分析技术的作用。这些技术往往既非传统法律实证研究的方法，也不全是当下分析小数据所运用的统计方法，而是数学与计算机内容交叉、不断发展进化的、以机器学习为主的新型“另类”方法。此外，研究者自身也要注重对技术的深度学习与直接使用，努力做到自己掌握、使用现有技术工具进行数据收集、挖掘与分析。

第二，充分利用数据进行深度分析。学界还存在不少低阶、简单的描述性统计分析方法在面对海量数据时显得力不从心，特别是从大数据中获取的信息本身就“漫无边际”“支离破碎”而“根本不可能直接用于任何量化分析时”[①]更是如此。为了提升大数据的利用水平与分析效能，需要将“小数据”社科研究中已普遍运用和相对成熟的数据分析方法如列联表分析、相关性分析、回归分析与统计学中处理高维数据的方法等运用到大数据分析中，熟练运用诸如SPSS、SAS 等统计分析软件深度挖掘隐藏在法律大数据之中的宝藏。“只有通过对数据的大量输入并加上复杂运算，让数据不断产生又不断拆分、整合，融合生成新的产品，然后输出、使用，才能形成‘数据生产信息，信息改善决策’，这正是大数据发挥作用的基本原理。”[②]考虑到大数据分析的重要性，必须思考如何在中短期内提升大数据深度分析水平。当然，大数据法律研究在多大程度上真正需要运用以及如何运用统计学之外的其他分析方法，还有待进一步思考与探索。此外，面对法律大数据在数量、内容上的急剧增加，特别是面对“来源更加广泛，数据粒度更小，记录单元更加碎片化，结构更加多元化”[③]的大数据，现有的分析工具和统计手段可能无法满足处理需求，此时就要借助人工智能。通过将人工智能与法律大数据结合，对海量数据进行智能筛选与算法分析，可以提升海量数据

---

① 参见[美]伊恩·艾瑞斯：《大数据思维与决策》，宫相真译，人民邮电出版社2014 年版，第 12 页。

② 参见倪寿明：《充分挖掘司法大数据的超凡价值》，载《人民法院报》2017 年 6 月 23 日，第 2 版。

③ 参见孙建军：《大数据时代人文社会科学如何发展》，载《光明日报》2014 年 7 月 7 日，第 11 版。

的分析效能。

当然,随着数据来源以惊人的速度扩展,人们会逐渐加深对大数据的依赖。[①] 因此,需要保持对大数据及其相关技术的“超脱”。一方面,大数据的分析手段如人工智能的算法本身就面临诸多“技术陷阱”,甚至被一些研究者认为是在黑箱中运作的[②],因此必须警惕其潜在的风险。另一方面,特别“要防止为技术所裹挟,避免成为简单的技术主义者”。只有如此,才能保持“人文社会科学工作者的思想高度、理论品格和价值定位”[③],进而产出更有“温度”的优秀成果。

第三,推动研究的团队化与多学科的交叉融合,并致力于培养复合型大数据法学人才。以往的法律实证研究注重研究者的专业性和个体性,表现为研究者独自收集资料、分析问题、撰写文章,个人的“冥思”与“独创”发挥着主要作用。在小数据研究中,这种模式能基本胜任。但大数据法律研究时常处理的是海量杂乱的数据,这“意味着人类的记录范围、测量范围和分析范围在不断扩大,知识的边界在不断延伸”[④]。研究者个体“单打独斗”的模式已很难胜任,团队化的分工与协作会成为一种必然。换言之,大数据时代的到来“提供了人文社会科学学者大规模协作的可能”[⑤],也使之成为一种必要。实际上,在大数据法律研究及人工智能应用研究中,无论是数据的收集、整理,还是分析、运用,都需要研究者具有多学科的知识与经验。如数据挖掘就涉及数据库技术、机器学习、模式识

---

① See Jared D. Correia & Heidi Alexander, *Big Data, Big Problem: Are Small Law Firms Given a Sporting Chance to Access Big Data?*, 37 W. New Eng. L. Rev. 144 (2014-2015).

② See Lyria Bennett Moses & Janet Chan, *Using Big Data for Legal and Law Enforcement Decisions: Testing the New Tools*, 37 UNSW Law Journal 643-678 (2014).

③ 欧阳康:《大数据与人文社会科学研究的变革与创新》,载《光明日报》2016 年 11 月 10 日,第 16 版。

④ 涂子沛:《大数据:正在到来的数据革命,以及它如何改变政府、商业与我们的生活》,广西师范大学出版社 2015 年版,第 57 页。

⑤ 参见孙建军:《大数据时代人文社会科学如何发展》,载《光明日报》2014 年 7 月 7 日,第 11 版。

别、知识库工程、神经网络、数理统计、信息的可视化等众多领域[①],知识结构单一的研究者甚至研究团队往往难以应对。所以,为了更好地展开大数据法律研究,法学研究者应当要有“愿望、能力去驾驭不断变化的计算能力”[②]。只有加强团队建设,特别是加强与计算机科学、统计学等相关学科的专业人士以及大数据、人工智能科技公司之间的合作,才能更好地应对大数据法律研究带来的机遇与挑战。同时,大数据法律研究者需要突破知识储备、学术理念、价值方面的障碍,自己学习、掌握和应用统计学、数据科学的知识与研究方法。正如有学者指出的,更大的数据集在增强分析、预测的准确性的同时,往往也意味着它们更难接近、进入。相应地,当复杂的技术和算法在比传统的统计技术效用更高时,往往意味着它们更难以被解释和理解。[③] 因此,研究者除要借助专业的数据挖掘与分析机构并频繁求助专业的统计学、计算机科学人才之外,还必须自己从外行钻研成内行。从某种意义上讲,当下的大数据法律研究仍处于“有心杀贼”但又“无力回天”的“逼仄”环境中。然而,大数据潮流已不可逆转,法学研究范式也在不断转型之中,大数据法律研究势必会成为一种主流的研究范式。但在此之前,大数据法律研究在“自我建设”方面却面临一项新任务,即如何应对“法律人员不懂技术、技术人员不懂法律”的问题。对此,大数据法律研究者必须拓宽视野、强化学习并反复操练,使自己从不懂到精通。同时,这也涉及大数据法律研究复合型人才培养的问题。目前,国内一些高校相继开设了大数据课程,中国政法大学还成立了“法治信息管理学院”,以“培养一批既精通信息技术、大数据管理又懂法律的高级复合人才”[④]。未来,具备资源优势和技术条件的院校可以制定“大数据——法学复合型人才培养计划”,系统培养既懂技术,又懂法律的

---

① 参见刘鹏主编:《大数据》,电子工业出版社 2017 年版,第 35 页。

② [英]维克托·迈尔-舍恩伯格、[英]肯尼思·库克耶:《大数据时代》,盛杨燕、周涛译,浙江人民出版社 2013 年版,第 20 页。

③ See Lyria Bennett Moses & Janet Chan, *Using Big Data for Legal and Law Enforcement Decisions: Testing the New Tools*, 37 UNSW Law Journal 643-678 (2014).

④ 柴葳:《“法学”+“信息管理学”首迎新生》,载《中国教育报》2017 年 9 月 12 日,第 3 版。

复合型人才，为大数据法律研究与实践储备更多生力军；将小数据法律研究与大数据法律研究相结合，推动法律实证研究深入发展。

第四，长期以来，基于小数据的法律实证研究一直是主流研究方式，这种研究方式有其重大学术价值。大数据研究在数据不足、方法把握不够的情况下，如何确保其研究的科学性呢？对此，将小数据研究和大数据研究相结合应该是主要思路。具体而言：一是在同一研究中就同一问题，既要应用大数据研究，也要展开小数据研究，运用二者共同验证研究结论。二是在大数据研究中尽量使用小数据研究的精细化思路与方式，使大数据研究细致化，从而提升大数据法律研究的科学性。

身处大数据时代，我们正无时无刻不受到大数据广泛而深刻的影响。这不仅为大数据法律研究的发展提供了空前机遇，也是传统法律实证研究乃至法学研究范式升级转型的一个重要契机。随着法律大数据与人工智能技术的深度融合，法律领域的 AlphaGo 也许不久将会诞生，进而对整个法学界、法律界产生深远影响。立足眼下，更为要紧的工作可能是正视并努力突破大数据法律研究所面临的困境与羁绊。目前，一些实务部门和少数研究者急于求成，罔顾研究技术、能力与资源的限制，推出了一些徒具“大数据”外表，却并无多少实质意义的研究成果，研究结论难以经得起逻辑与实证的检验。类似这样的研究不仅无助于大数据法律研究的发展，甚至可能有损其公信力。要正确理解法律大数据，科学、有效地开展大数据法律研究，须知大数据的生命力在于其样本代表性强而非绝对量大。完美的数据在中国目前的“数据场”中很难获得，故只要数据的样本代表性较好，即使其绝对量不大，也应和那些具有全样本性且绝对量大的数据一样受到重视。在此过程中，开发大数据法律研究独特的技术与方法，提升数据获取与分析技术，以及培养复合型的研究人才，同样不可或缺。笔者相信，唯有如此，一场真正的范式革命方能成功。

第五章　迈向大数据挖掘与法律研究:计算法学

随着大数据挖掘以及法律研究的不断推进,近年来,“计算法学”逐渐成为法学界的高频热词。例如,若干法学院校开设了计算法学课程、法学与计算机的双学位专业,甚至开始在计算法学相关领域招收研究生。[①] 中国计算机学会(China Computer Federation,CCF)也成立了计算法学分会以促进计算法学的发展。[②] 伴随数据时代的来临,法律实践

---

① 例如2017年西南政法大学成立的人工智能法学院积极开设计算法学、Python语言等专业课程,四川大学2021年设立法学与网络空间安全双学士学位本科专业,2021年清华大学法学院开设了法律硕士(非法学)的计算法学方向专业课程。2022年清华法学博士研究生招生简章中显示开始招收计算法学方向“创新领军工程博士”。参见柯高阳:《西南政法大学成立人工智能法学院》,载新华网,http://www.xinhuanet.com/2017-12-07/c_1122074344.htm;参见《清华大学招收计算法学方向“创新领军工程博士”》,载微信公众号“清华大学智能法治研究院”2021年10月24日,https://mp.weixin.qq.com/s/DO66gAdTs304xkbw1GsxJg;参见《川大上新双学士学位培养项目!快来了解!》,载微信公众号“四川大学”2021年6月18日,https://mp.weixin.qq.com/s/alSSNeOLbnvt40ONxVxsKg;参见《清华大学法学院2020级计算法学项目校内招录通知》,载清华大学法学院官网2020年9月1日,https://www.law.tsinghua.edu.cn/info/1135/2601.htm。

② 参见《CCF计算法学分会成立大会暨计算法学研讨会成功举办》,载中国计算机学会官网,https://www.ccf.org.cn/Media_list/cncc/2021-12-30/752430.shtml。

更容易被数据记录、捕获,这奠定了法律计算的数据基础。随机森林、聚类算法、神经网络等机器学习方法的出现,为法律计算的实现提供了可能。上述种种,似乎预示计算法学正在兴起。然而,对于计算法学的发展却存在两种声音:其一,计算法学正在兴起。在国内,已有文章开始探讨计算法学的概念与内涵。[①] 计算法学似乎正成为一种新的发展趋势。其二,计算法学并未成为独立且成熟的学科。在部分学者看来,国内尚未有成熟的计算法学概念,也无相关成果涌现,计算法学既没有有效的计算方法,又缺乏可行的计算思路,计算法学的发展可能受到诸多质疑,似乎难以成为一个独立的学科。[②]

笔者认为,中国的计算法学的前景如何,取决于其是否能够完整经历从知识酝酿或引介,到概念凝练和学科构建,再到研究方法成熟的过程。对于刚刚走在知识酝酿阶段的新学科而言,其研究前景还有诸多的不确定性。关于计算法学在中国的未来,我们需要讨论三个问题:第一,计算法学的概念范畴问题。什么研究才能称为计算法学研究?抑或计算法学的概念与定义是什么?第二,计算法学如何计算的问题。可以计算的法律经验数据是什么?用以法律计算的方法是什么?第三,计算法学的前途问题。法律的计算效果究竟如何?未来的计算法学学科应该如何发展?

第一节　计算法学:概念为何

何谓计算法学?这是一个尚未被充分明确的问题。在域外,理论界实际上较少直接使用计算法学的名称,相邻概念主要涉及计算

---

① 典型的如季卫东:《计算法学的疆域》,载《社会科学辑刊》2021 年第 3 期;申卫星、刘云:《法学研究新范式:计算法学的内涵、范畴与方法》,载《法学研究》2020 年第 5 期;于晓虹:《计算法学:展开维度、发展趋向与视域前瞻》,载《现代法学》2020 年第 1 期;等等。

② 相关文献论析参见刘艳红:《人工智能法学的“时代三问”》,载《东方法学》2021 年第 5 期。

社会科学(computational social science)、法律计量学(jurimetrics)、法律信息学(legal informatics)等。[①] 具体而言,可从以下三个方面把握域外计算法学的相关概念。

第一,从计算社会科学角度把握。按照克劳迪奥·乔菲-雷维利亚(Claudio Cioffi-Revilla)的定义:“计算社会科学是以计算为媒介,对社会学领域开展的跨学科研究,使用大数据、云计算和智能机器人等计算机技术进行的数据挖掘。”[②]2009 年,15 位学者在自然科学领域的权威期刊《科学》(*Science*)上刊发的《网络生活:计算社会科学时代即将到来》中指出:通过大量社会信息,计算和预测人类的交流、互动将成为计算社会科学的主要研究领域。[③] 据此,计算社会科学被视为一种充分使用大数据和依托计算科学方法的社会科学研究。计算法学的概念自然也需要放在计算社会科学的框架下把握。

第二,从量化研究角度把握。法律计量学的最早倡导者洛文杰

---

① 根据笔者的相关检索,同中文中“计算法学”之概念具有文字语义上相同性的英文概念包括“computational law”“computational jurisprudence”“computing law”“computable law”“computational legal studies”等,这些概念在具体内涵上有一定的内容差别,如若采用实质解释的方法则同计算法学相似的概念包括“computational social science”“jurimetrics”“legal informatics”。国内文献也在对计算法学内容的实质解释范畴下分析计算法学的邻近概念,相关文献参见钱宁峰:《走向“计算法学”:大数据时代法学研究的选择》,载《东南大学学报(哲学社会科学版)》2017 年第 2 期;参见申卫星、刘云:《法学研究新范式:计算法学的内涵、范畴与方法》,载《法学研究》2020 年第 5 期;参见邓矜婷、张建悦:《计算法学:作为一种新的法学研究方法》,载《法学》2019 年第 4 期;参见于晓虹、王翔:《大数据时代计算法学兴起及其深层问题阐释》,载《理论探索》2019 年第 3 期;等等。

② [美]克劳迪奥·乔菲-雷维利亚:《计算社会科学:原理与应用》,梁君英等译,浙江大学出版社 2019 年版,第 2 页。

③ See David Laser et al., *Life in the Network: The Coming Age of Computational Social Science*, 323 Science721-723(2009). 我国也有学者指出,充分使用大数据从事社会科学研究可以让理论的触手跳出传统理论的极简框架,从而可能探索更多的新颖议题,验证、修正和发现更多的社会科学理论。相关文献参见凌昀、李伦:《计算社会科学研究:范式转换与伦理问题》,载《江汉论坛》2020 年第 9 期;参见韩军徽:《计算社会科学中“守旧”与“维新”的方法论探讨》,载《理论探索》2020 年第 4 期;参见孟小峰、张祎:《计算社会科学促进社会科学研究转型》,载《社会科学》2019 年第 7 期;参见苏毓淞、刘江锐:《计算社会科学与研究范式之争:理论的终结?》,载《复旦学报(社会科学版)》2021 年第 2 期。

(Loevinger)在《法律计量学:前进的下一步》一文中主张,将量化思维引入法律分析过程,强调使用概率统计方法测量证人、法官与立法者的行为。① 我国有学者则将其翻译为"计量法学"或"数量法学"。所谓"计量法学",是一种使用法律实证分析,以数据建模为方法,从事判决预测与制度评价的研究。② 对于计算法学应当从法律量化的角度加以理解。

第三,从法律信息的角度阐释。自从香农创立信息学以来,信息就成为计算机技术研究的对象。③ 法律信息学开始成为信息学的分支之一,如根据美国斯坦福大学法律信息中心杰内塞雷斯(Michael Genesereth)的论断,计算法学是法律信息学的组成部分,而法律信息学是法律推理的一种方法,依托现代信息技术的法律分析可以极大地改变法律行业,提高法律服务的质量和效率,从而提高获得司法公正的机会,并改善整个法律体系。④ 据此,对计算法学的概念,应当在法律信息学的范畴内加以理解与把握。然而,法律信息学的概念似乎还没有获得理论界的普遍性认可,域外代表性的研究成果尚不多见。

整体上,具备成熟研究思路和方法的计算社会科学已在数据与人工智能风起云涌的欧美社科界蔚然成风。⑤ 在笔者看来,其原因可能与域外社会科学界包括法学界的实证研究已经成为主流研究

---

① See Loevinger L., *Jurimetrics*: *The Next Step Forward*, 33 Minnesota Law Review 455-493 (1949).

② 参见屈茂辉、匡凯:《计量法学的学科发展史研究——兼论我国法学定量研究的着力点》,载《求是学刊》2014 年第 5 期。

③ 参见申卫星、刘云:《法学研究新范式:计算法学的内涵、范畴与方法》,载《法学研究》2020 年第 5 期。

④ See Michael Genesereth, *Computational Law*: *The Cop in the Backseat*, White Paper, CodeX-The Stanford Center for Legal Informatics (2015), http://logic.stanford.edu/publications/genesereth/complaw.pdf.

⑤ 从计算社会科学论文的数量与规模方面即可一窥计算社会科学的发展现状。如今,关于计算社会科学的相关成果,笔者统计"谷歌学术"中以"计算社会科学"为主题的 SSCI 论文,2019 年 68 篇,2020 年 43 篇,2021 年 18 篇。我国近年来已经有不少政治学、社会学学者逐步涉猎该领域。根据笔者的统计,中国知网中以"计算社会科学"为题的 CSSCI 期刊论文 2018 年有 12 篇,2019 年有 11 篇,2020 年有 15 篇,2021 年有 11 篇。(统计截至 2021 年 12 月 7 日)。可见计算社会科学研究在世界范围内的兴起。

范式有关。欧美社科界很多研究者具备很强的统计分析能力,并在多领域开展实证研究包括法律实证研究。同时,当前域外研究者包括实证研究者通过长期关注并不断吸收机器学习等计算科学的方法,展开新的科学研究包括新的实证研究,相关研究成果甚至可能促进法学与人工智能技术的跨界融合。[①] 实际上,我们已经见到域外司法人工智能技术的发展往往伴随着法律实证研究成果的实践应用,美国 COMPAS 软件与法国 Predictice 软件对裁判结果预测的实践应用就是很好的例子。[②] 以"做实证研究"促进法律人工智能技术的发展,进而寻求在重大问题上的研究共识,开始成为美国式法律实证研究(计算法学)发展的新方向。

与域外不同,计算法学在中国的出现,可能与新文科的兴起,相关学术组织的成立[③],以及计算法学论文的发表有关。具体来看,国内对计算法学概念的研讨,大致可以分为两种进路:

第一种进路中的计算法学是"法律与计算、科技"的结合,认为使用计算机技术研究传统法学问题即计算法学。应用计算机技术实现对海量裁判文书的数据提取、要素输出和准确率检查等就是计算法学的研究成果。[④] 这种理解往往将"计算法学"简单理解为"法律与科技、计算"的结合,并进一步认为,在法律数据完备、真实、精

---

① 参见左卫民:《从通用化走向专门化:反思中国司法人工智能的运用》,载《法学论坛》2020 年第 2 期。

② 在威斯康星州诉卢米斯一案(Wisconsin v. Loomis)中,美国威斯康星州法院使用"风险评估工具"(Correctional Offender Management Profiling for Alternative Sanctions)智能量刑系统。法国司法系统于 2017 年在雷恩和杜埃两家上诉法院进行了司法人工智能判决结果预测软件 Predictice 的试点。相关文献参见左卫民:《热与冷:中国法律人工智能的再思考》,载《环球法律评论》2019 年第 2 期。参见王禄生:《司法大数据应用的法理冲突与价值平衡——从法国司法大数据禁令展开》,载《比较法研究》2020 年第 2 期。

③ 2019 年,由清华大学法学院、上海交通大学凯原法学院、东南大学法学院、四川大学法学院、华中科技大学法学院和西南政法大学人工智能法学院 6 所高校共同发起的中国计算法学发展联盟在北京正式成立,成为中国计算法学开始的标志。参见《清华、西政等六所高校共同发起成立中国计算法学发展联盟》,载西南政法大学新闻网 2019 年 9 月 26 日,https://news. swupl. edu. cn/pub/xww/zhxw/271015. htm。

④ 参见邓矜婷,张建悦:《计算法学:作为一种新的法学研究方法》,载《法学》2019 年第 4 期;参见申卫星、刘云:《法学研究新范式:计算法学的内涵、范畴与方法》,载《法学研究》2020 年第 5 期。

确的前提下，通过计算方式研究法律数据，可以设计出一系列智能化产品，为立法与司法活动提供重要参考。据此来看，这种进路将法律人工智能相关技术作为焦点，在识别、转换法律文本为法律数据方面做了不少努力，如应用自然语义识别、裁判文书提取等；但在文字转换为数据后，似乎并未有多少应用统计学和机器学习方式展开数据式研究，在此之上的法律人工智能开发相对缺乏，当前研究中最常见的仅是知识图谱式的显示而已。同时，这种定位还将法律与科技的结合问题，如法律如何规制大数据、人工智能应用的相关问题作为学术研究的关切点。不过，这种学科定位与发展模式仅是"科技"与"法律"简单交叉的研究定位，可能导致计算法学与法律人工智能、司法人工智能的研究内容重叠。当法律人工智能的发展在技术层面需要经历漫长的过程，技术应用可能遭受法律伦理质疑之时，第一种进路恐怕难以支撑"计算法学"成为一门充分展开的独立学科。

第二种进路认为，计算法学是一种运用数学、统计学、计算科学的相关知识、方法展开的法律实证研究。① 笔者比较认同此种进路，但更明确地认为：计算法学其实是传统实证研究的新阶段，它是一种从量的层面研究社会现象的方法与学科。作为社会现象的一种，法律现象也具有量的属性，可以从量的方面进行观察和研究。② 从根本上讲，法律实证研究与计算法学的研究对象有着天然共性。例如法律实证研究与计算法学都强调使用统计学方法进行数据的收集、分析，进而发现法律现象的相关性和因果性。显然，计算法学与法律实证研究都是一种基于经验数据的量化研究。至于是否运用计算机技术、计算思维和计算方法，并不能成为法律实证研究与计算法学的"分水岭"。当前，法律实证研究成果同样重视法律大数据与计算机技术结合，主要基于法律现象的经验数据，使用统计学

---

① 参见于晓虹：《计算法学：展开维度、发展趋向与视域前瞻》，载《现代法学》2020年第1期。

② 参见左卫民：《法学实证研究的价值与未来发展》，载《法学研究》2013年第6期。

与计算机科学的相关知识阐释法律实践。例如,王禄生开发了分段、分词检索工具,实现对 303 万份判决书的自然语义挖掘,形成了一系列法律实证研究成果。[①] 笔者所撰写的《刑事辩护率:差异化及其经济因素分析——以四川省 2015—2016 年一审判决书为样本》一文,应用"爬虫"软件对 54,409 份裁判文书进行了数据挖掘,使用 Python 语言进行数据挖掘和分析工作。[②] 同时,美国的实证研究学者更是已经将决策树、随机森林以及神经网络等机器学习方法应用于法律的实证研究。他们通过分析法官经验和法律决策模式,使用机器学习方法构造和模拟出同人类决策类似的决策模型[③],并依据决策模型的研究成果研发出风险评估和预测案件裁判结果的人工智能系统[④]。

如图 5-1 所示,科学意义上的计算法学与法律实证研究呈现出"一体两面"的关系。计算法学与法律实证研究在研究对象、研究方法和研究领域上相通,其本质上是实证研究在新材料、新方法兴起后的应用与拓展。计算法学处于统计学、计算机科学技术与法学知识的交叉领域,它并非单纯强调计算科学方法与计算机技术在法学领域内的推广;也不是那种既不使用数据,也不运用统计学方法,更没有决策树、梯度算法等机器学习方法的应用,仅简单将法律问题与科学技术简单组合的"伪"计算研究。应该说,至少计算法学研究的其中一种,应是基于法律经验现象的数据分析与定量研究。其以统计学、机器学习为主要研究方法,实质上是法律实证研究的

---

① 相关文献参见王禄生:《论刑事诉讼的象征性立法及其后果——基于 303 万判决书大数据的自然语义挖掘》,载《清华法学》2018 年第 6 期;王禄生:《人民陪审改革成效的非均衡困境及其对策——基于刑事判决书的大数据挖掘》,载《中国刑事法杂志》2020 年第 4 期。

② 参见左卫民、张潋瀚:《刑事辩护率:差异化及其经济因素分析——以四川省 2015—2016 年一审判决书为样本》,载《法学研究》2019 年第 3 期。

③ 相关文献如 Kleinberg J. et al., *Human Decisions and Machine Predictions*, 133 Quarterly Journal of Economics 237-293(2018); Surden & Harry, *Machine Learning and Law*, 89 Washington Law Review 87-115(2014);等等。

④ 相关文献参见左卫民:《AI 法官的时代会到来吗——基于中外司法人工智能的对比与展望》,载《政法论坛》2021 年第 5 期。

最新表述,可以被视为法律实证研究的衍生或者 2.0 版本。

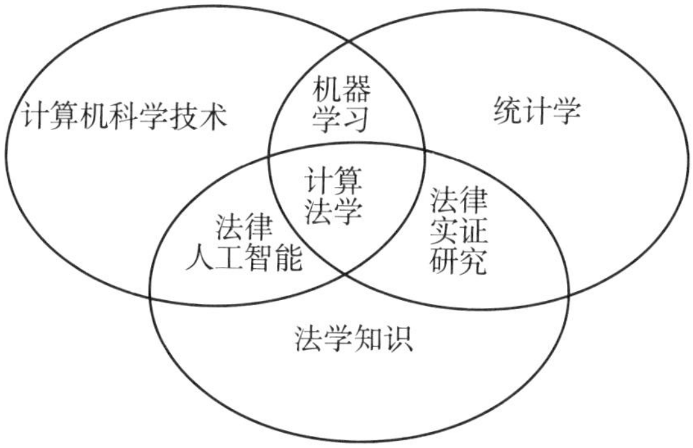

图 5-1　计算法学相关学科关系图

第二节　计算方法:如何计算法律

如何计算法律?一方面,法律的计算需要有成熟的计算法学,使用机器学习计算法律实践或法律现象或许正在成为法律计算的一种新方向。另一方面,有了成熟的计算方法,还需要具备丰富的法律数据来源。可计算的法律数据诞生于法律的实践;静态的法律条文既不可能反映数量变化情况,也无法自我呈现法律条文背后复杂的权利义务关系。因此,动态变化的法律实践才是法律量化数据的重要源泉。下文将从计算法学进行机器学习的方法与可以计算的法律量化数据特征两个方面展开分析。

一、计算法律的方法

计算法学的基本方式是什么?这是一个十分重要但尚未厘清的问题。笔者认为,以统计学为根基的机器学习应成为法律计算的主要方式。在域外,已经有学者开始探索使用机器学习相关方法研究法律问题。如美国学者乔恩·克莱因伯格等人以此分析了美国 15 万余件重罪案件的法官假释结果,他们对法律的计算思路与方法值得关注。[①] 据此，可从计算法律的设计思路，法律决策树与随机森林的组成，以及梯度提升算法的应用方面，把握计算法律的方式。

首先，使用机器学习的法律计算是以概率论、数理统计、最优化理论等为基础，以法律数据为核心要素的计算模型。机器学习的结果与统计学的相关性分析类似，都是一种法律数据拟合度很高的计算模型，通过机器学习方法可以实现对法律结果的预测。例如乔恩·克莱因伯格等人利用美国司法部（1990—2009 年）审前保释决定的相关数据，将其分为法官决定组与机器学习预测组，对影响释放决定的因素，如再犯风险、逃避审判风险、保释金数额等决定性要素量化处理。通过决策树、梯度提升算法等机器学习方法构建和训练计算模型，使用梯度算法提高计算模型的精确性，通过对比法官决策结果与机器学习算法预测结果的差异，分析影响差异产生的"不具有观察性"的要素。[②]

其次，利用法律经验数据的特征与法律决策分类结果之间的数量关系建构具有分类关系的决策树，即让不同法律关系特征落入对应的分类模型。为避免单一法律特征可能被过度放大，造成不必要的偏差，随机挑选部分法律数据特征建构多棵决策树形成随机森林。决策树与随机森林是常用的机器学习分类方法，在法律样本数据中，依据结果变量与自变量之间的对应关系可以构建多棵决策树组成随机森林。[③] 如再犯风险、逃避审判可能和保释金额同审前释放决定之间的对应关系即可构成不同类别的决策树。获得一种对同类数据相同方法处理的"学习分类器"，使新出现的案例数据对

---

① 虽然机器学习的具体方法有较多种类，但是目前已经实际应用于法学研究的主要是决策树与随机森林。乔恩·克莱因伯格等人对法官的审前释放决定的研究充分使用了决策树、随机森林、梯度提升等机器学习方法，并且通过比较法官决策与机器预测之间的差异，进而探索形成差异的原因。机器学习算法的基础即"决策树"，其研究思路与研究方法对于使用机器学习的法律计算来说具有一定的典型性与代表意义。See Kleinberg J. et al., *Human Decisions and Machine Predictions*, 133 Quarterly Journal of Economics 237-293(2018).

② See Kleinberg J. et al., *Human Decisions and Machine Predictions*, 133 Quarterly Journal of Economics 237-293(2018).

③ 决策树与随机森林的原理参见［英］汉娜·弗莱：《算法统治世界》，李英松译，贵州人民出版社 2021 年版，第 62~63 页。

应预测分类。例如，乔恩·克莱因伯格等人在研究中使用决策树对释放风险予以评估，将观察因素（影响决定的因素）映射到结果（逃避审判风险）的函数，建立了一系列“二元决策树”。决策树根据先前是否有犯罪记录进行第一次分叉，直至没有办法再找到新的属性进行节点分割时停止分叉，每个叶节点都形成对应的结果。上述方法将审前释放决定与各类影响因素构成不同的决策树，并使用由决策树构成的“预测模型”实现对同类问题的分类预测，从而使机器学习具备初步的结果分类预测功能。[①]

最后，使用梯度算法提升模型预测结果的精确性，对比预测结果与法官决定的差异，分析影响人类法官决策的潜在因素。例如若要构建多个决策树模型，则需要使用梯度提升法，让重要的法律关系在法律决策的结果中占更重要的比重，从而形成精确度更高的决策树。利用梯度提升方法使法律数据进行迭代，在决策树的特定分叉中结合深度学习方法应用损失函数，通过减少偏差和方差提升预测结果的精确性。不仅如此，研究人员还会不断使用估计与评估的相关算法，避免因使用相同数集造成过度拟合与标签缺失问题，确保训练树（输入值）的数据与评估树的数据之间没有缺漏。[②] 例如在美国法官的审前释放决定中，被告人是否出庭较之被告人是否具有前科，对于评估逃避审判责任的风险而言，可能是一组更为重要的法律关系。将机器学习的输出结果与现实答案（法官释放结果）代入损失函数，可以对比出人类法官决策与机器学习预测之间的差异。此外，在处理了选择性标签与潜在混淆因素问题之后，机器学习预测的释放结果与法官释放结果的差异化因素即会被捕获。乔恩·克莱因伯格等人的研究发现：“相比于机器学习算法，人类法官决策似乎释放了一些高犯罪率的人群。这似乎表明人类法官可能错误预判了部分被告人的释放风险或者考虑过其他不具备观察条件的影响因素。”结合这类差异，可以进一步发现，法官不当运用

---

① See Kleinberg J. et al., *Human Decisions and Machine Predictions*, 133 Quarterly Journal of Economics 237-293(2018).

② See Kleinberg J. et al., *Human Decisions and Machine Predictions*, 133 Quarterly Journal of Economics 237-293(2018).

“不具有观察性”的因素对释放风险进行了不当评估。如被告是否出庭或其庭上举止等因素，使得法官的假释决定可能存在尚未被发现的系统性偏差，因而使用机器学习方法得出的假释决定可能反而有助于减少监禁率与犯罪率。[①]

分析域外文献中使用机器学习方法计算法律的过程旨在说明，决策树、随机森林、梯度提升算法等机器学习方法已在相关法律实证研究与计算法学中得以广泛应用，机器学习的法律计算具备相当的实际应用价值。例如苏尔登（Surden）等人的专题文章详尽介绍了机器学习算法在法律实证研究中的实践应用[②]，张永健等人使用聚类算法等机器学习方法分析法律渊源的分类[③]，李本（Benjamin Liebman）等人应用深度学习方法分析中国法官规避司法责任的规律性特征[④]。可以说，计算法学（实证研究的机器学习版）的核心便是通过收集真实、客观的法律运行数据，使用逻辑回归、相关性分析等统计学方法，结合决策树、随机森林、梯度提升算法、聚类算法等典型的机器学习方法对法律实践与法学现象展开研究或观察，并总结、归纳法律运行的规律。这些研究方法是当下域外较为成功的实证研究方法，也是计算法律的新方式，值得我们观察、借鉴与尝试运用。

二、可供计算的法律数据特征

当然，拥有了成熟的计算方法后，法律的计算还需要有大量符合计算要求的法律数据。

首先，可以计算的法律是公开化而非半公开化的法律数据。理

---

① See Kleinberg J. et al. , *Human Decisions and Machine Predictions*, 133 Quarterly Journal of Economics 237–293（2018）.

② Surden & Harry, *Machine Learning and Law*, 89 Washington Law Review 87–115（2014）.

③ See Chang Y. C. et al. , *Drawing the Legal Family Tree: An Empirical Comparative Study of* 170 *Dimensions of Property Law in* 129 *Jurisdictions*, 13 Journal of legal Analysis 127–178（2021）.

④ See Liebman et al. , *Mass Digitization of Chinese Court Decisions: How to Use Text as Data in the Field of Chinese Law*, 8 Journal of Law and Courts 177–201（2020）.

想、可计算的法律数据要全景式地展现法律规律(现象)产生、发展及运作结果的全过程。实际上,公开化、完全理想的法律数据并不太多。中国裁判文书网公布的裁判文书是可公开获取的法律数据,但其公开的仅是裁判结果与清单式的证据材料,而没有公开裁判形成过程的相关信息。例如,审判委员会的决策可能对裁判结果产生实质性影响,但是此类信息往往又不会被裁判文书所完整记载。[①] 又如可以影响量刑的法官的价值取向、主观偏好、司法潜见等因素似乎也未充分公开。[②] 此外,大量案外因素(如社会结构、经济水平和环境等)对司法裁判的影响程度,也未以法律数据的形式量化。因此,可以被外界计算的法律数据往往是已被记录的、公开化的法律经验(现象)数据,而非尚未被收集的法律数据,而当前可以计算的法律也往往处于法律规范、法律实践的内部。

其次,可以计算的法律是一种具备普遍性、共通性以及类型化特征的法律量化数据。计算法律的前提是将法律经验、法律规律从法律的文本语言转化为计算机可以识别的数字,其过程实际上就是法律信息的模式识别,需要对法律信息进行划分和归类处理。[③] 目前运用较多的方法是“自然语义挖掘”技术。这种技术可以将外在表述不同但内涵相对一致的法律文本语言划分为相同或者相似的类别。[④] 换言之,可以计算的法律经验数据需要具备一定的类型化特征,具备模式化识别的条件。极为罕见的法律现象、法律经验往往可能无法形成有规模的类型化法律数据,并且概括的分类必然会

---

① 有关实践中审判委员讨论案件的程序、范围、内容及过程公开性问题,参见左卫民:《审判委员会运行状况的实证研究》,载《法学研究》2016 年第 3 期。

② 参见白建军:《法律大数据时代裁判预测的可能与限度》,载《探索与争鸣》2017 年第 10 期。

③ 参见白建军:《法律实证研究方法》(第 2 版),北京大学出版社 2014 年版,第 27 页。

④ 例如王禄生及其团队所研发的专门工具可以分段、分词检索并识别检索词的语义(并非关键词匹配),以提升检索的精确度。参见王禄生:《人民陪审改革成效的非均衡困境及其对策——基于刑事判决书的大数据挖掘》,载《中国刑事法杂志》2020 年第 4 期。

失去或忽略那些可能相关的特征。[①] 这可能会减损数据本身所蕴含的信息量。在样本的数据量不足或数据失真的情况下，即便存在好的计算方法，也难以产生可靠的计算结果。

此外，基于法律人法律推理和思维判断所获取的主观性法律经验或法律感受往往无法被类型化处理，更难以客观量化。例如，“排除合理怀疑”作为刑事证明标准，往往是法官自由心证之结果，具有一定法律推理及主观经验累积判断的特征，而“合理怀疑”的内涵来源又具有丰富的神学、宗教色彩。[②] 所以，“排除合理怀疑”很难通过数字指标予以类型化分析和量化，更不是具备量化特征的法律要素。

再次，可计算的法律还应当具备相对确定的数量关系特征。建构量刑模型便是一种典型的应用。刑罚中的刑期作为统计学意义上的连续变量，往往受到犯罪动机、犯罪手段以及认罪态度等因素的影响，前述量刑情节本身又属于统计学意义上的定性变量。通过分析若干量刑情节的定性变量对量刑幅度的影响，可以发现各类量刑情节对刑期影响程度的大小，进而得出量刑实践的规律性特征。换言之，量刑幅度与量刑情节是具备数量变化特征的法律要素，特别是在最高人民法院积极推动量刑规范化改革的影响下，我国量刑程序的公开化、透明化程度已经取得长足进步，由相对确定的法定刑与法官自由裁量权共同构成的量刑程序构造，更有利于排除非法律因素的干扰[③]，使量刑结果与量刑情节之间的数量关系特征更为明显。不过，如果一项判决就是规则与事实相结合的产物，那么司法人员的工作模式便宛如数学公式的计算[④]，这属于非常理想化的

---

① 参见[美]詹姆斯·C. 斯科特：《国家的视角：那些试图改善人类状况的项目是如何失败的》，王晓毅译，社会科学文献出版社 2011 年版，第 99 页。

② 参见[美]詹姆士·Q. 惠特曼：《合理怀疑的起源——刑事审判的神学根基》（修订版），佀化强、李伟译，中国政法大学出版社 2016 年版，第 202 页。

③ 参见熊秋红：《中国量刑改革：理论、规范与经验》，载《法学家》2011 年第 5 期。

④ 弗兰克根据法律规则的传统理论认为：一项判决即为一条规则和一个事实的产物，法院如何运作的传统理论可以用公式 R×F＝D 表示，其中 R 代表法律规则（rule），F 代表案件事实（facts），D 代表法院关于某个案件的判决（decision）。参见[美]杰罗姆·弗兰克：《初审法院——美国司法中的神话与现实》，赵承寿译，中国政法大学出版社 2007 年版，第 15～17 页。

法律计算过程。实际上,有研究表明:“只有在寻求的目标很简单、有清晰的定义和可以测量的情况下,效率公式、生产函数和理性行动才能被具体指明。”[①]然而,不少法律语言都存在模糊不清的“半影地带”[②],尤其是我国定罪量刑所依据的法律条文可能会因法律语言的融合和变迁而产生复杂、多元性的变化。即使是相同的法律条文,司法人员在具体适用的场合也可能产生不同的理解,而且使用不同的法律解释方法也可能产生截然相反的结果。[③] 例如,法律条文中的“认罪态度良好”“犯罪情节极其恶劣”“手段极其残忍”等内容,虽然文本表述明确,但是这类文字表述可以含有相当丰富和多元的内容,从而可能影响数据量化的精准性。因此,量刑幅度与量刑情节这类相对确定的数量变化关系,由于在法律概念、法律语言方面的模糊性,通过法律计算也只能得出大致的量刑范围,而不能得出具体的精确计算结果。法律计算还不能如“自动售货机”那般,输入案情与法条,便能得出判决的结果。[④]

最后,计算法学所计算的是具有一定数据质量要求的全样本大数据或大量数据,这与传统实证研究有所差异。传统实证研究所处理的数据在代表性方面可能更好,但在数量与质量方面不如计算法学所处理的数据。不过,两者之间并没有一个非此即彼的区分。实际上,传统法律实证研究往往也能够处理较大数量的有代表性的数据,但完美的全样本大数据在法律计算时并不多见,因而计算法律的实践或许还会遭遇一定的数据质量难题。

---

① [美]詹姆斯·C.斯科特:《国家的视角:那些试图改善人类状况的项目是如何失败的》,王晓毅译,社会科学文献出版社2011年版,第413~414页。

② [英]蒂莫西·A.O.恩迪科特:《法律中的模糊性》,程朝阳译,北京大学出版社2010年版,第10页。

③ 参见张明楷:《实质解释论的再提倡》,载《中国法学》2010年第4期。

④ 参见[德]马克斯·韦伯:《支配社会学》,康乐、简惠美译,广西师范大学出版社2010年版,第52页。

第三节　前路漫漫:计算法学的春天会到来吗

计算法学的出现使学界甚至资本都摩拳擦掌,一时间“计算法学”广受关注,冠以计算法学研究、计算法学方法、计算法学技术的成果开始涌现。在笔者看来,此种热闹繁荣的景象并非意味着计算法学即将步入正轨。恰好相反,计算法学还需经历漫长的实践探索。虽然机器学习已经应用于法律计算和法律实证研究,对法律的计算效果或许具有积极意义,但其也存在一定的局限性。从积极层面而言,使用机器学习方法对法律经验数据进行分析,可以获得一种数据拟合性较高的回归分析结果,能够客观揭示复杂法律实践之间所蕴含的法律运行规律,从而改变依据主观先验式经验,通过法律逻辑推理创造法学理论的传统法学知识生产方式。[①] 这有助于我们发现立法与实践的悖反之处,将法律中的模糊表达量化为具有客观参考价值的法律数据。[②] 此外,这种方法还可以揭示从前我们可能无从获知的某些法律实践之间存在的事实上的相关性与关联程度[③],例如,美国学者乔恩·克莱因伯格等人使用机器学习方法分析了美国 15 万余件重罪案件的法官假释结果,其分析表明法官假释决定可能存在尚未被发现的系统性偏差,法官决策时不当运用“不具有观察性”的因素,对释放风险进行了错误评估,如被告是否出庭或庭上举止等因素。[④] 并且,在条件相同的情形下,机器学习算法将始终给出相同的答案,从而能够减少法律系统内部存在的主观盲目

---

① 参见左卫民、王婵媛:《基于裁判文书网的大数据法律研究:反思与前瞻》,载《华东政法大学学报》2020 年第 2 期。

② 参见张妮、蒲亦非:《计量法学、计算法学到认知法学的演进》,载《四川大学学报(自然科学版)》2021 年第 2 期。

③ 通过量化法律数据可以进行因果推断的方法包括:实验、断点回归、双重差分、工具变量、配对、事件研究法。参见张永健:《量化法律实证研究的因果革命》,载《中国法律评论》2019 年第 2 期。

④ See Kleinberg J. et al., *Human Decisions and Machine Predictions*, 133 Quarterly Journal of Economics 237-293(2018).

性,遏制法官行使自由裁量权导致的错误。①

一、机器学习下法律计算的局限性

机器学习对法律的计算并非一种"全方位、无死角"的计算,使用机器学习的法律计算存在两方面的局限性:

第一,机器学习的法律计算仅是一种依托历史数据的"预测",其仅能发现法律世界的"相关性",却难以解释法律世界中的"因果律"。使用机器学习方法对法律结果"预测"的作用,主要是发现各类影响因子、作用因素与法律实践现象之间的相关性。当然,法官的司法决策过程涉及大前提(法律规则)、小前提(法律事实)和法律结果的"三段论"推理过程,此类决策推理是一种"反事实推理"的过程。即便是法律数据拟合度很高的机器学习"模型训练",也仅是一种相关性分析,对于需要通过"反事实推理"得出法律因果的推断过程,机器学习方法尚处于"知其然,而不知其所以然"的阶段。单纯的机器学习方法本身可能难以直接发现因果关系,揭示现象背后更深层次法律实践之"因果律"。

第二,机器学习的法律计算难以充分把握、模拟人类的思维和意识。法律人的决策推理过程及决策结果往往与机器学习的法律现象预测具有明显差异,在复杂案件中更是如此。有研究指出:"人类区别于其他灵长类动物的典型特征即是拥有意识。"②由"硅元素"组成的计算机能否如同由"碳基"组成的人类那般拥有意识,能否像人类那样思考,一直是人工智能界与哲学界争议不休的话题。③计算机技术的先驱阿兰·麦席森·图灵在进行"图灵测试"时,也有意无意地回避机器是否具备意识的问题。姑且不论前述争议的结局如何,法律人的思维推理模式与机器学习的计算之间始终存在

---

① 决策树与随机森林的原理参见[英]汉娜·弗莱:《算法统治世界》,李英松译,贵州人民出版社 2021 年版,第 59~63 页。

② 参见[法]斯坦尼斯拉斯·迪昂:《脑与意识》,章熠译,浙江教育出版社 2018 年版,第 293~296 页。

③ 相关争议问题参见周昌乐、刘江伟:《机器能否拥有意识——机器意识研究及其意向性分析》,载《厦门大学学报(哲学社会科学版)》2011 年第 1 期。

“隔阂”,而这种“隔阂”是人类的自然基础不同于机器所决定的。如法律人决策与推理的过程往往涉及无罪推定、排除合理怀疑、内心确信等带有人类主观评价色彩的复杂概念,其中许多无法被量化输入、客观认知的法律知识,恐怕难以被尚不具备人类思考和意识的计算机理解。即便理论上使用“强化学习”的方法可应对没有历史数据输入的学习场景,但是此类学习方法还处于“有多少人工,方有多少智能”的尴尬局面。[①] 因此,机器学习自然难以胜任对主观性法律概念的理解和把握。

第三,即便是机器学习方法的相关性分析,同样存在方法论方面的局限性。结合中国司法的具体语境,这类方法论局限主要源于司法数据质量的缺陷以及研究方法本身的挑战。一方面,机器学习方法对司法数据的质量具有较高要求。其一,司法数据应当具有普遍性、共同性以及类型化特征,才能满足机器学习方法的模式识别需求;其二,司法数据需要具有数量特征,可以反映统计学意义上的数量关系变化;其三,司法数据最好是全样本数据或者大样本数据,如此才能满足机器学习的实际需要。[②] 然而,当前可以全面收集的司法数据很难同时满足上述三项司法数据的质量要求。公开程度相对较高的裁判文书数据同样如此,这是因为裁判文书网也存在数据缺失、遗漏以及数据公开范围的限制。[③] 所以,我国司法数据可能在短期内还难以满足大范围推行机器学习方法的要求。另一方面,机器学习方法自身还面临技术方法本土化改造的应用挑战。在我国,机器学习方法得以深度应用不得不考虑公开司法数据的质量状况以及人文社科学者、司法实务人员需具备较高技术水平的两大门槛要求。当下我国法律实证研究仍需要持续探索符合中国本土特色的成熟机器学习思路和方法,在技术尚未成功应用或方法尚未发展成熟之前还不宜在司法实务领域普及与推广。

---

① 参见左卫民:《从通用化走向专门化:反思中国司法人工智能的运用》,载《法学论坛》2020 年第 2 期。

② 左卫民:《中国计算法学的未来:审思与前瞻》,载《清华法学》2022 年第 3 期。

③ 参见左卫民、王婵媛:《基于裁判文书网的大数据法律研究:反思与前瞻》,载《华东政法大学学报》2020 年第 2 期。

实际上,感知领域才是机器学习与人工智能技术突破的主要方向,图像识别、语音转化是人工智能技术的主要应用场景,如人脸识别技术、自动驾驶、棋类游戏是其主要应用成果。① 这在相当程度上是一种基于历史经验数据对客观物体的感知技术。相比机器学习面对单一客观关系的“预测”结果,法律人决策时面对的更多的则是未来不确定的主观性法律关系。复杂的人类法律决策夹杂人类常识、情感与主观价值判断等因素,机器学习等人工智能技术是一种“站在第三人”视角观察现象、总结规律、建立理论的方法,其实际上难以模仿和学习人类的常识和主观性认知,更不擅长模拟法律人的决策与内心推理过程②,至少是在复杂案件中难以模拟、超越人的决策机制的效果。相比于人类意识和人类大脑所具备的“自监督学习”机制,机器学习方法在法律的预测能力、学习效率、成本收益方面不尽如人意。目前,最先进的人工智能系统可能还不如一只猫聪明,猫的大脑有大约 7.6 亿个神经元和 1 万亿个突触,人脑则具有 860 亿个神经元但功耗仅为 25 瓦。人脑的计算量大约是每秒可执行 1.5×10^{18} 次计算,而现在一块图形处理器(graphics processing unit,GPU)每秒可执行 1013 次计算,功耗约为 250 瓦。为了达到人脑的计算能力,必须将 10 万个图形处理器链接并且通过至少消耗 25 兆瓦的巨型计算机才能实现。前述能耗是人脑消耗的 100 万倍。③ 即便未来机器的处理能力变得同人类一般强大,但是机器是否也能具备人类基于生理的共情能力仍然未知。况且,法律人的决策过程实际上是对未来不确定性法律关系的评判,而非简单基于已知法律数据的“预测”,这其中的差异也决定了机器学习方法与当前开发出的人工智能技术并不擅长模拟人类常识和逻辑推理过程。④ 总之,计算机难以深度介入与模仿法律人的决策。

---

① 参见[法]杨立昆:《科学之路》,李皓、马跃译,中信出版社 2021 年版,第 266~270 页。

② 参见[法]杨立昆:《科学之路》,李皓、马跃译,中信出版社 2021 年版,第 12 页。

③ 参见[法]杨立昆:《科学之路》,李皓、马跃译,中信出版社 2021 年版,第 264 页。

④ 参见[法]杨立昆:《科学之路》,李皓、马跃译,中信出版社 2021 年版,第 271~274 页。

二、计算法学突破发展的路径

面对法律计算的上述局限，尚处于学科凝练与基础建构阶段的计算法学，需要在未来理清学科发展脉络，突破发展进程中的瓶颈。

第一，结合我国法律数据的“本土资源”，探索可行的法律计算思路与机器学习方法。当前，我国裁判文书、检察文书的公开已初具规模，各类司法文书的电子化与法律运作过程的数据化正在成为现实。但是，可公开获取的裁判文书所呈现的内容往往只是法官自由心证的结果及支撑裁判结果的材料及理由。这类数据可能已受到人类选择性认知的影响[①]，因而难以全面展现裁判结果形成的完整过程与全部考量因素。真实法律世界的某些部分包括重要而“隐秘”的部分是可获得的法律数据尚未充分反映的。[②] 即便是从司法机关内部获取的法律数据，由于这些数据本身主要是为了满足诉讼管理之需要，还不能完全呈现司法实践的全貌，故更难以充分满足精确计算法律的需要。总的来说，我国所公开的司法数据大多是一种结果性材料，对于研究一些诸如司法人员推理、决策等过程性问题的作用相当有限。据此，计算法学的未来发展：一方面需要吸收、借鉴域外实证研究中既有的机器学习、神经网络等计算机技术与方法，结合本土法律数据，探索有效的法律计算思路与机器学习方法，促进中国计算法学的落地实施；另一方面需要不断扩宽法律数据的来源渠道，客观记录司法实践的运行过程，保障法律数据来源渠道、形成过程与经验现象产生的真实性，为计算法学的繁荣奠定数据基础。

第二，计算法学应致力于在更多问题、更广阔领域内，探索、应用机器学习，并与传统法律实证研究以及其他研究方法共同揭示法律实践规律与匡正法学理论。作为法律实证研究的衍生和拓展，计算法学同样以法律实践的经验现象为理论关切点，通过收集、整理、

---

① 有关选择性认知影响的相关论述，参见［美］斯科特·普劳斯：《决策与判断》，施俊琦、王星译，人民邮电出版社2004年版，第14页。

② 参见左卫民：《实证研究：中国法学的范式转型》，法律出版社2019年版，第25～26页。

分析和应用数据,尝试使用统计学、机器学习的相关知识进行相关研究。[①] 计算法学运用机器学习方法进行法律结果“预测”,是一种数据拟合程度较高的相关性分析,在相当程度上也是统计学知识与方法的实践应用。相比于传统的法律实证研究,充分使用机器学习方法的计算法学或者说“未来版的实证研究”将倡导使用决策树、随机森林、梯度提升算法、神经网络架构等机器学习、深度学习方法来分析法律关系[②],从而更有利于在大量散乱分布的法律数据中发现零散数据之间的相关性与关联程度,最终发现司法实践或法律事件的发展或运行规律。同时,为了弥补机器学习方法在“因果推断”领域的缺憾,归纳法律现象背后的内在规律与成因,还需要创新传统的实证研究方法,这主要是使用诸如随机实验、断点回归、双重差分、工具变量等方法,在实验室条件下或者随机田野试验的条件下,不断探索法律规范、法律政策与法律实践之间的“因果律”。例如 2021 年诺贝尔经济学奖得主书亚·安格里斯特(Joshua D. Angrist)和吉多·因本斯(Guido W. Imbens)的贡献即在于对因果关系分析方法的创新,即使用“自然实验”来模仿随机控制实验,评估反事实结果,从而推断经济变量之间的因果关系。[③] 2019 年诺贝尔经济学奖得主阿比吉特·班纳吉(Abhijit V. Banerjee)、埃斯特·迪弗洛(Esther Duflo)、迈克尔·克雷默(Michael Kremer)在“减轻全球贫困方面的实验性方法”上作出了杰出贡献,发现了全球贫困原理以及各种扶贫政策的因果效用。[④] 前述方法对于判断法律规范与实践之间的因果关系具有启发和借鉴意义。因此,未来的法律实证研究还应持续探索随机试验、双重差分、工具变量等统计学的因

---

① 参见左卫民:《一场新的范式革命?——解读中国法律实证研究》,载《清华法学》2017 年第 3 期。

② 参见张妮、蒲亦非:《计算法学:一门新兴学科交叉分支》,载《四川大学学报(自然科学版)》2019 年第 6 期。

③ 参见李宝良、郭其友:《因果关系评估的准实验设计与实证经济学的可信性革命——2021 年度诺贝尔经济学奖得主主要经济理论贡献述评》,载《外国经济与管理》2021 年第 11 期。

④ 相关方法与原理参见易红梅:《减少全球贫困的实验性方法——2019 年诺贝尔经济学奖得主的贡献与评析》,载《中央财经大学学报》2019 年第 12 期。

果推断方法,从而形成各类揭示“因果关系”的成熟方法。

三、不可忽视的描述性统计方法

计算法学虽然是法律实证研究的最新范式转型,但并不是唯一的创新方式,其范式“转型”也不意味着研究方法的替代。计算法学的发展绕不开法律实证研究方法的推广,更无法取代法律实证研究的知识贡献。即便是一种在原有方法上的部分创新也不应该直接否定或摒弃原有方法的知识贡献,否则极易陷入研究方法上的“独断论”错误。事实上,机器学习方法的主要原理依然是统计学领域内相关性分析的数学知识。对于需要发现法学理论“因果律”的领域,基于法律文本的法教义学研究仍然是未来法学理论建构的重要源泉;结合司法实践的法律实证研究与社科法学研究在揭示法律实践规律方面也依然占有一席之地。尤其是传统实证研究通过对统计学方法的创新应用,在因果推断等方面也可以做出创新性研究,其价值与意义不亚于甚至可能高于不少计算法学的成果。

从统计学学科的发展脉络来看,自 17 世纪中叶统计学萌芽开始,描述性统计方法便用于记录和分析国家社会经济状况,并且为经济、社会的发展做出过重要贡献。时至今日,描述性统计依然在我国社会经济统计和数理统计领域占据一席之地。① 随着法律实证研究方法的多元化发展,对描述性统计方法的轻视态度不应当持续蔓延,其经久不衰的发展态势实际上已经反映出它具有的稳定内在价值。在某些特定情形下,描述性统计方法比其他法律实证研究方法具有更高优先性。具体来说,开展法律实证研究的主要目标是把握世界的真实情况,厘清事物本来样貌及其互相之间的因果关联。这其中存在一种“实践—问题—因果—理论”的递进关系,即解决中国司法的问题以及建构中国本土化的司法理论,其前提都是要全面了解中国的法律现象。从研究角度上讲,法律现象存在于更大的政治体制、社会文化背景中,人的法律行动、法律制度的运行都需要

---

① 参见万东华、周晶:《我国近现代统计学发展》,载《统计研究》2020 年第 6 期。

从整体性的进路加以理解。[①] 尤其是我国的法律实证研究仍处在起步阶段,法学理论界还处于未全然把握司法实践的全局性、真实性的初级阶段。对于眼下亟须夯实的实证研究基础即真实的司法实践样貌而言,描述性统计依然是当前最适合选用的实证研究方法。正如笔者曾经多次强调的,对于目前大多数司法实践现象,描述性统计依然能够胜任对经验现象的刻画和特征的把握,避免对现实的误读与曲解。[②] 相反,如果直接跳过这一前置阶段,盲目开展大量司法现象的因果性与相关性探索,无异于揠苗助长。

在笔者看来,无论是对现有理论的证实或证伪,抑或是创新式地提出新的理论,都是法律实证研究中的描述性统计方式力所能及的。其中,理论的证伪相对容易,因为观点搭建过程中的任一事实前提的错误、不成立就可以证伪该理论,而描述性方法完全有能力验证前提事实的真假。例如,笔者曾经使用描述性统计的方法揭示我国司法实践中刑事案卷的真实面目。实证发现,我国刑事案卷制度同英美法系、大陆法系国家均存在相当差异,我国司法制度实际上对刑事案卷的使用具有更强的依赖性。[③] 这种基于描述性统计方法的实证研究有力地证伪了基于英美法系"侦审阻隔理论"的刑事案卷制度改革方案。[④] 同时,描述性统计方法也可以和法教义学、法社会学方法结合,实现理论的证成与创新。例如,笔者曾经针对搜查机制所展开的实证研究发现,公安机关更多通过到案检查、场所检查等实质性搜查行为与证据提取方式来规避与替代刑事诉讼法规定的搜查措施。结合前述经验事实,笔者进一步提炼出了"权力挪用"的理论概念,用以表明侦查人员在实践中经常通过行使较为

---

① 参见陈柏峰:《法律经验研究的主要渊源与典型进路》,载《中国法律评论》2021年第5期。

② 参见左卫民:《一场新的范式革命?——解读中国法律实证研究》,载《清华法学》2017年第3期。

③ 参见左卫民:《实证研究:中国法学的范式转型》,法律出版社2019年版,第169~197页。

④ 相关改革论述,参见张建伟:《审判中心主义的实质内涵与实现路径》,载《中外法学》2015年第4期;参见陈瑞华:《刑事诉讼的中国模式》,法律出版社2018年版,第243~263页。

便利的行政执法权来实现刑事执法(侦查)权才能达到的目标。[①] 这一实证发现和理论提炼也获得了后续研究成果不同程度的认同。[②] 前述实例充分说明,法律实证研究中的描述性统计虽然在相关性、因果关系的分析上力有不逮,但是利用好描述性统计方法仍然可以实现从经验事实出发到理论概念的推演。事实上,传统的逻辑推演抑或法律实证研究中的数据关系论证,都是解释事物关联的科学方式。描述性统计虽然只是一种相对直观的经验事实呈现形式,但实证研究者只要掌握了真实、全面的数据,对其进行类型化的归纳与提炼,再结合法教义学、法社会学方法就足以进行新的理论建构。从这个意义上讲,描述性统计在许多时候是最适宜和最容易开展的实证研究方法。

换言之,实证研究方法争议的实质是研究方法的优劣之争,但在不考虑研究目的的前提下就进行方法对比的单一进路是无法得出科学结论的。实际上,法律实证研究方法的更新并非意味着新旧方法的替代,各类研究方法之间不是非此即彼的对立关系,而是一种共处的多元竞争关系。[③] 没有任何一种研究方法一直具有使用上的优先位阶与天然合理性。各种法律实证研究方法均服务于发现经验事实与形成司法理论。不同研究工具的好坏主要取决于其能否有效地达成研究者欲实现的研究目的。质言之,唯有以应当解决的主要矛盾以及问题意识为评判标准时,我们才能抉择出最适宜解决具体问题的法律实证研究方法。

可以说,尽管法教义学、社科法学与法律实证研究(包括计算法学)的方法在学术志趣、研究对象与实现路径方面存在差别,但是它们都各自具备独特的方法论价值,相互之间彼此共生,共同促进法

---

① 参见左卫民:《规避与替代——搜查运行机制的实证考察》,载《中国法学》2007年第3期。

② 参见张泽涛:《论公安侦查权与行政权的衔接》,载《中国社会科学》2019年第10期;参见蒋勇:《警察权“强”“弱”之辨:结构失衡与有效治理》,载《法制与社会发展》2017年第3期;参见彭涛:《司法权与行政权的冲突处理规则》,载《法律科学(西北政法大学学报)》2016年第6期。

③ 参见左卫民:《法学实证研究的价值与未来发展》,载《法学研究》2013年第6期。

学研究的繁荣。使用统计学、机器学习方法的计算法学也应当结合现有法律实证研究等方法,共同揭示法律实践之间的关联性与因果律,客观把握法律实践规律,从而探索出一种补充、修正法学理论的新模式。计算法学与法律大数据的到来从未叫嚣"理论已死",而只是可能"从根本上改变了我们理解世界的方式"。[①]

也就是说,使用机器学习方法的计算法学出现或许将会为我们带来观察法律现象的全新方法,但是我们更应理性看待其未来发展:既不能高估机器学习方法所带来的法律预测能力,也不能低估不断发展的统计学理论与方法在主流实证研究中的独特魅力与价值,更不能忽视结合统计和计算的实证研究与机器学习在发现法律实践规律方面的贡献。无论如何,现阶段我们需要更多地夯实法律研究的"计算能力",正确认识法律数据的欠缺性与机器学习法律计算的局限性,培养具备交叉学科背景的法律计算人才,摸索可应用于中国法律数据的计算思路与计算方法,打造中国计算法学的"拳头产品"。尝试并推进以实证研究方法为底色的计算法学学科建设,促进计算法学研究的落地生根,将是未来中国新型法律人的责任与使命。计算法学的春天已经来临了吗?就让未来给出答案吧。

---

① 相关论述参见[英]维克托·迈尔-舍恩伯格、[英]肯尼思·库克耶:《大数据时代:生活、工作与思维的大变革》,盛杨燕、周涛译,浙江人民出版社2013年版,第94页。

第六章 探索大数据时代的自科法学

第一节 法教义学、社科法学与法律实证研究

关于法学研究方法、派别的探讨早已有之。自21世纪初苏力将新中国成立以来的法学研究范式归纳为政法法学、诠释法学和社科法学三大类后[①]，法学界针对研究者采取的进路与方法的争论大多围绕此展开。随着学术研究的不断成熟以及学术市场的需求逐渐变化，政法法学在改革开放后不久便基本退出历史舞台，故当前相关探讨主要集中在后两者上。

对于诠释法学(多称法教义学)，根据苏力的总结，其特点是高度关注具体的法律制度和技术问题，注重研究现实法律生活中的法律问题。[②] 由于契合特定历史需要，并且具有知识生产、传授成本较低等优势，法教义学在20世纪80年代以后迅速占据了中国法学研究的"大半江山"，其影响力持续

---

① 参见苏力:《也许正在发生——中国当代法学发展的一个概览》，载《比较法研究》2001年第3期。

② 参见苏力:《也许正在发生——中国当代法学发展的一个概览》，载《比较法研究》2001年第3期。

至今。但受到演绎逻辑的影响,法教义学的盛行也在某种程度上导致了中国法学知识体系的理想化与"元理论"化。

社科法学的出现与法教义学的上述特性有一定的关联。因不满足于演绎或推理,并希冀探索具体的司法过程,部分学者开始将其他社会科学的知识和方法引入法学研究。客观地说,社科法学在中国法学研究范式的发展历程中留下了浓墨重彩的一笔。受其影响,经验而非规范,田野调查而非逻辑推演逐渐得到了越来越多的关注,深化了学者、决策者甚至是普通公众对中国法律实践的理解。"法律是一种地方性知识"[①]的观点也以一种全新的方式重回大众视野。

随着社科法学的影响不断扩大,进一步的探索开始围绕社科法学的多元化展开。其中的一个争论就是对与社科法学有关联的法律实证研究的定位。本质上,法律实证研究是一种以数据分析为中心的经验性研究范式,即通过数据的收集、整理、分析、运用来把握、解读真实的法律实践,从而为法律的修改提供政策建议或依据。[②]在社科法学看来,实证研究方法的兴起不过是其自身分工与研究方法不断细致化后的结果。有论者直接提出:"实证法律研究不就是……社科法学吗?"[③]事实果真如此吗?这是本章首先要回应的问题。进一步来说,在司法信息化、公开化程度不断加深的当下,司法大数据已经为实证研究者们所运用,这种大数据法律研究与传统的小数据研究有何异同?这是本章要回答的第二个问题。接下来,随着统计模型、机器学习等自然科学的思想和方法在法律实证研究中的应用范围不断扩大、运用程度持续加深,我们是否可以认为一种名为"自科法学"的新型研究范式正在形成?倘若果真如此,那么"自科法学"未来应该如何发展?这是本章要回答的第三个也是

---

① [美]克利福德·吉尔兹:《地方性知识:阐释人类学论文集》,王海龙、张家瑄译,中央编译出版社2000年版,第222页。

② 参见左卫民:《一场新的范式革命?——解读中国法律实证研究》,载《清华法学》2017年第3期。

③ 刘思达、侯猛、陈柏峰:《社科法学三人谈:国际视野与本土经验》,载《交大法学》2016年第1期。

最重要的问题。

第二节　旧问重提:法律实证研究与社科法学的关系

法律实证研究与社科法学的关系影响前者是否具有独立的学术地位。在当代中国法律实证研究出现的初期,其尚且不够成熟,多限于对数字、样本简单的列举和分析,专业的学术群体更是尚未形成,远比不上社科法学的欣欣向荣。彼时的学术生态确实容易令人产生实证法学只是社科法学之附庸这样的判断,实际上法律实证研究者往往也认同其属于广义的社科法学范式。但在实证研究已愈发显现出自己独特的学术追求与旨趣、思维方式与研究方法之后,尤其在自然科学与实证研究的融合程度不断加深的当下,法律实证研究已相当程度上区别于社科法学,成为一种独立的研究范式。

一、从"empirical"一词谈起

根据《布莱克法律词典》的解释,"empirical"一词意为"属于、关于或基于经验、实验或观察"(of, relating to, or based on experience, experiment, or observation)。[①] 延伸开来,任何基于实践经验之上的法律研究在最宽泛意义上都可以被称为"empirical legal research"。有学者用其概括式地指代偏重量性分析的定量研究和质性分析的定性研究。[②] 但"法律实证研究"一词的内涵并非毫无争议,也有学者专以其指代以数据分析为中心的定量研究。[③]

---

① See Bryan A. Garner, *Black's Law Dictionary—Ninth Edition*, West, St. Paul, MN 631(2009).

② 参见张永健、程金华:《法律实证研究的方法坐标》,载《中国法律评论》2018年第6期。

③ 参见左卫民:《一场新的范式革命?——解读中国法律实证研究》,载《清华法学》2017年第3期。类似的观点还可参见白建军:《论刑法教义学与实证研究》,载《法学研究》2021年第3期。

笔者认为,真正值得关注的是操作中如何把握这一概念。首先需要解释的是何谓“经验”?在法学研究的语境中,其简单来说就是指研究的出发点和归宿都应当确定为客观层面上法律的基本运行状态,以解决实际问题为最大追求。“经验”与“规范”应当并列属于法学研究的本原性概念。既然“经验”是理解“empirical legal research”的核心,那么紧随其后的另一个关键问题则是,如何获取这种经验?社科法学是“经验”的,但这并不意味着法律经验研究等同于社科法学。20 世纪 90 年代,在以苏力为主要代表的学者的推动之下,社会科学包括社会学的知识开始被法学界接受,学者们对真实的法律运行表现出浓厚兴趣。但并非社科法学单独推动了法律经验研究在中国的形成和发展,因为在社科法学兴起不久,已有学者实践另一种形式的经验研究——注重定量分析的法律实证研究。例如,刑法学界的白建军教授自 20 世纪 90 年代后期便开始从事实证研究,可以说是开创了刑事法学领域法律实证研究的先河。[①]

可以看出,社科法学和实证研究在中国的发展具有不同的进路,二者的共同点在于它们均推动着中国法学研究从“形而上”向“形而下”转变。有必要说明的是,虽然社科法学之“社科”是一个较为宽泛的学科领域,但就法学研究而言,其中最具影响力的可能还是社会学中偏定性的方法;尽管当下的西方社会学研究越来越多地偏向定量研究。正因如此,社科法学长于对个案进行“麻雀解剖式”的具体分析。

相比之下,法律实证研究更加追求数据的代表性。因为在这一研究范式看来,只有通过大范围数据的收集和运用,才能较为完整地反映法律制度运作的实际状态;而对于个案的研究,即便细微到

---

① 参见白建军:《刑事学体系的一个侧面:定量分析》,载《中外法学》1999 年第 5 期;参见白建军:《论法律实证分析》,载《中国法学》2000 年第 4 期;参见白建军:《刑罚轻重的量化分析》,载《中国社会科学》2001 年第 6 期;参见白建军:《犯罪轻重的量化分析》,载《中国社会科学》2003 年第 6 期;等等。

无以复加，也难以全面、准确地把握法律活动的真实脉络。①

一个值得注意的新趋势是，随着大数据、人工智能等新兴技术的不断发展，一向善于借鉴新事物、新理念的中国法学界迅速将相关理论与方法引入法学研究中，且影响力不断扩大，典型的便是“计算法学”成为目前学界的热门话题。对于计算法学的形成与发展，有学者指出，其可以归属实证法学范畴，是法学实证研究进入大数据时代的产物。② 从逻辑上讲，计算法学应该是一种建立在数理、定量分析基础之上的研究方法，与专注于个案分析的社科法学研究不同。基于上述分析，笔者认为再次厘清现有概念体系的逻辑关系是必要的。具体而言，法律经验研究（empirical legal research）应当与专注于理性思辨的法律价值/规范研究并列为法学研究的两大基本范式。社科法学与法律实证研究均属于法律经验研究，前者偏重质性研究，后者则注重量性分析，两者无法产生简单的包含与被包含关系，二者的关系具体如图 6-1 所示。

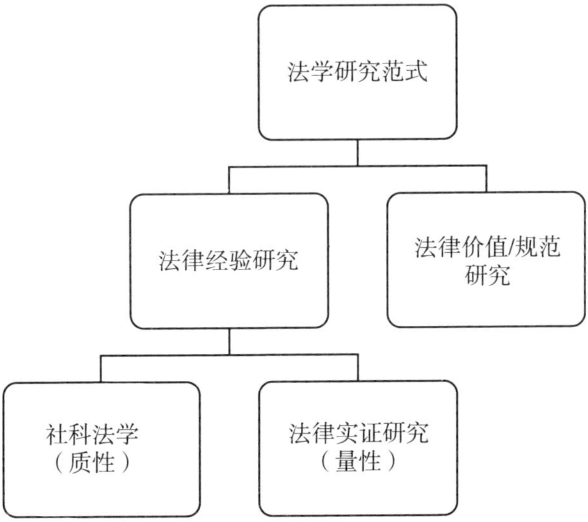

图 6-1 社科法学与法律实证研究的关系

---

① 参见左卫民：《一场新的范式革命？——解读中国法律实证研究》，载《清华法学》2017 年第 3 期。

② 参见于晓虹：《计算法学：展开维度、发展趋向与视域前瞻》，载《现代法学》2020 年第 1 期。

二、“实”而不“证”还是“实”“证”并举

应当承认,社科法学与法律实证研究存在重要差别。对这一差别的厘清有利于我们更加全面地理解当下法学研究格局的整体脉络。简单来说,上述差别主要体现在对研究特点“实”与“证”的关系处理上。在社科法学看来,即便社科法学可以包含偏重定性的经验研究与偏重定量的实证研究,但其也承认这其中以定性研究为主,定量研究则始终处于边缘地带。例如,侯猛就认为国内的社科法学界,不论是法律经济学还是法律社会学,都以个案见长。[1] 当然,这并不足以证成社科法学与实证研究划分的合理性,因为真正的关键在于社科法学学者如何运用个案。

与其他法学研究范式类似,社科法学同样承载着提升中国法治化水平的历史使命。[2] 根据社科法学的研究习惯,这一历史使命主要是通过对司法过程中出现的某些具有重大历史或现实意义的个案进行深入分析完成的。社科法学如何发挥此番功用呢?苏力在阐述社科法学的核心问题时曾指出,社科法学所关心的并不是某一具体的法律概念、法条,而是法律或具体规则与社会生活诸多因素之间的相互影响和制约,注重发现个案“背后”或“内在”的道理。[3] 可见,即便是社科法学内部,在关于学科功用的问题上也存在不同的声音。

就社科法学善于揭示个案背后某种深刻的原理或具有普适性的原则来说,这一研究方法在推进中国法治化进程中的贡献颇大。不过,前引观点实际上已经隐隐约约透露出,社科法学以提供“道理”为主。[4] 但何谓道理,似乎很难充分言明,因为较之法律原则,

---

① 参见侯猛:《社科法学的传统与挑战》,载《法商研究》2014 年第 5 期。类似的观点亦可见陈柏峰:《法律实证研究的兴起与分化》,载《中国法学》2018 年第 3 期;苏力:《好的研究与实证研究》,载《法学》2013 年第 4 期。

② 参见陈柏峰:《社科法学及其功用》,载《法商研究》2014 年第 5 期。

③ 参见苏力:《也许正在发生——中国当代法学发展的一个概览》,载《比较法研究》2001 年第 3 期。

④ 需要说明的是,此处是笔者对苏力观点的理解,而不代表苏力本人便持这一立场。

它或许更加抽象。社科法学的道理又是从何而来的？如前所述，社科法学重视个案在研究中的重要性，如果缺乏典型个案，研究就几乎无法开展。然而，个案毕竟只是个案，它所能提供的仅是案件本身，以此为基础展开的分析，依赖于研究者本人的理论拓展与延伸，这一过程可能就是社科法学所强调的道理的展现。在笔者看来，所谓的拓展与延伸实际上是研究者想象力的展现。但显而易见，不论是学术直觉还是想象力，二者在本质上都比较抽象。这也决定了社科法学中道理的作用往往是带给读者某种在智识上“恍然大悟”的愉悦感。

应当说，“实”而不“证”是社科法学最显著的特点。社科法学是“经验”的，也是“实”的，但由于建立在想象力与直觉基础上的道理比较抽象，社科法学有些时候是不“证”的或者说是“论而不证”的。这种不“证”主要有两方面的原因：一是研究者不愿“证”。陈兴良指出，与法教义学相比，社科法学更多的是在整体意义上考察法，或者说它研究的原本便是整体法。[①] 笔者以为，即便是与法律实证研究相比，这一见解依然成立。对社科法学来说，尽管其切入点通常较为细微，但研究者的问题意识针对的往往不是单个或若干法条，而是整部法律甚至是整个法律体系。这使得社科法学在具备宏大视角的同时，又往往缺乏相对集中的研究焦点。典型的体现是，在社科法学研究中，权力、政治、制度等“大词”出现频率较高，但对于何种权力、何种政治、何种制度等问题，研究者不少时候则语焉不详。故此处的不愿“证”，指的是研究者为了保持社科法学的独特性，往往不从微观角度对研究进行经验性的验证。二是研究本身难以“统证”。社科法学的道理不仅抽象，而且高度个性化。当研究结论几乎完全依靠研究者个人在理论上的延伸与拓展时，结论的正确性至少在研究者设定的语境内可以得到保证。然而，即便对同一案例，不同研究者由于知识背景、研究旨趣等方面的差异也可能有不同解读，进而可能得出相异甚至完全相反的结论。但不论何种情

① 参见陈兴良：《法学知识的演进与分化——以社科法学与法教义学为视角》，载《中国法律评论》2021年第4期。

况，只要未超出研究者安排的逻辑，这种结论始终都是正确的，研究与研究之间无法相互证伪。甚至可以认为，社科法学的某些研究只有信服与不信服的区别。

与社科法学不同，法律实证研究强调“实”“证”并举。在“实”这一层面，二者没有太大差别，均是经验的，关键区别体现在对“证”的态度与具体展开上，主要表现为数据在各自研究中的重要程度，以及是否可以核实数据并根据数据论证或推翻某个学术假说。在笔者看来，数据在社科法学中往往只是一个论证理论主张的依据。苏力认为，统计分析不能代替文字说理，数学往往只是装点，为读者选好实例并说透理更加重要。[①] 相比之下，研究者的想象力在法律实证研究中尽管也十分重要——事实上对于任何研究来说想象力都必不可少——但远未达到可以决定研究精彩程度的地步。原因很简单，法律实证研究所给出的道理建立在对数据与样本的深度利用（主要是数据使用技术）上。

在具体表现上，法律实证研究与社科法学是相对的。一方面，法律实证研究者愿意“证”。在法律实证研究中，研究者更倾向于通过丰富的数据来强化研究结论的代表性。就研究对象而言，法律实证研究的出发和落脚点均是单个或若干个具体的法律规范，在对这些规范的实际运行情况予以考察后——针对效果不佳的——给出一定的完善意见。至于如何说明微观层面上法律规范的运行效果，研究者则更多地以数据阐释来取代理论演绎。这一说明过程便是法律实证研究“证”的表达。另一方面，法律实证研究也是可以“证”的。与社科法学理论建构的高度个性化不同，法律实证研究对于样本的使用虽然可以有多种方式，但基本的数据却是给定的，分析机制是共通的，故而所得出的结论也相差无几。一言以蔽之，不仅法律实证研究可以有信服与不信服的区别，而且其研究方法本身也有正确与错误之分。除专业的研究者外，法律实证研究对于一般读者和司法实务人员来说也是可以证伪或证成的。

需要再次说明的是，两种研究范式并无优劣之分，其实二者完

---

① 参见苏力：《好的研究与实证研究》，载《法学》2013年第4期。

全可以且事实上往往形成一种合作关系。具体而言,社科法学可以凭借其宏大的理论背景、细致入微的经验分析,从琐碎的“事理”中提炼出“法理”[①],在整体上指出中国法律制度某一方面的显著特点与不足;而对于法律实证研究来说,社科法学的分析则可以作为问题意识的来源,其所要做的就是将社科法学的分析进行可“证”化处理,并由此介入对具体制度规范的分析。这相当于以一种数据的方式将社科法学的论断予以呈现,同时这也是对社科法学结论正确性的检验。

黄宗智认为,在方法论上,中国领域的研究实际上一直被理论与经验的对立或截然分开所主宰。[②] 虽然社科法学与法律实证研究在本质上都是经验的,但前者的经验在向实用主义转换的过程中有时似乎遇到了些许阻挠。其重要原因就在于社科法学研究难以证伪。相比之下,法律实证研究不易存在这一现象,其数理化特征既可以接受评判,也可以在出现错误时被发现并予以矫正。因此,在持续向现代化法治国家转型的中国,我们不仅需要智识的满足感和愉悦感,也需要具有现实意义的、为改革决策服务的强大经验支撑。换言之,我们当然需要“精彩”,但也需要“有用”。

第三节 方法论视阈下的法律大数据研究

一、数据量“大”还是“全”

法律大数据研究是实证研究在近年来发展出的全新形式,它肇始于裁判文书的集中统一上网,催生了一些新型法治实践。[③] 在此之前,法学研究中能够以一定规模呈现的数据主要是中央及地方司

---

① 关于“事理”与“法理”的分析,可参见陈柏峰:《事理、法理与社科法学》,载《武汉大学学报(哲学社会科学版)》2017 年第 1 期。

② 参见[美]黄宗智:《经验与理论:中国社会、经济与法律的实践历史研究》,中国人民大学出版社 2007 年版,第 440 页。

③ 参见周佑勇:《中国行政基本法典的精神气质》,载《政法论坛》2022 年第 3 期。

法机关、统计部门发布的工作报告或各类法律年鉴、统计年鉴等。相较于此类数据，裁判文书上网最大的突破即体现在国家首次以如此之大的规模公开带有结构化、数字化特征的司法文书。[①] 在这种情况下，中国裁判文书网所公开的文书数量以及研究者利用各种手段所获取的文书数量在相当程度上决定了一项研究的规模，而这也直接引发了如下疑问：司法大数据的出现是否意味着实证研究的价值有了某种客观的评判标准，即是否获取的文书数量越大，研究的代表性就越强，研究质量就越高？

从理论上讲，如果我们可以获得全样本的大数据，那么研究本身的质量和研究结论的信度与效度就能够得到保障，因为“当样本等于总体时，抽样误差为零”[②]。但这一场景仅是“可欲”的，实际上中国裁判文书网的数据往往不全面且变动不居，甚至会因为公开策略的变化而有所限缩。对此，有学者直言不讳地指出，法律大数据研究只是一张虚构的“大饼”，对有志于从事相关研究的学者来说，很多时候只能是“画饼充饥”。[③] 实践情况的确如此：虽然裁判文书上网为法律大数据研究带来了前所未有的良机，但实际上能够真正充分、有效利用这一资源的研究仍然有限。

既然裁判文书的获取与使用存在挑战，那么这是否就说明真正意义上的法律大数据研究并不存在呢？笔者认为，这取决于我们如何认识大数据这一概念。白建军认为，大数据并不在于样本绝对量的大小，其关键在于“全”。[④] 此处的“全”是指研究所采用的数据量对于问题意识来说是“全”的。这提醒我们：一方面，大数据并不一定“大”。以一项笔者针对地方法官遴选机制的研究为例，虽然样本仅有不到6000名的员额法官，但仍足以为我们提供一个观察窗口，发现遴选过程中的某些根深蒂固的习惯与权力逻辑，以及法官

---

① 截至2020年12月，中国裁判文书网公开的文书数量已超过一亿。参见高凯：《最高法：中国裁判文书网公开文书超亿篇，访问总量超524亿人次》，载中国新闻网，https://www.chinanews.com.cn/gn/2020/12-04/9354537.shtml。

② 白建军：《大数据对法学研究的些许影响》，载《中外法学》2015年第1期。

③ 参见程金华：《迈向科学的法律实证研究》，载《清华法学》2018年第4期。

④ 参见白建军：《大数据对法学研究的些许影响》，载《中外法学》2015年第1期。

遴选机制所存在的不足。[①] 很显然，从数据量的角度看，不到 6000 例的样本难以被称为大数据，但就研究的问题而言，它就是一个“全”数据。另一方面，大体量数据并不一定就是好数据。程金华指出，中国裁判文书网虽然能让我们得到海量信息，但未必能使我们得到科学的信息。[②] 除裁判文书的缺失外，文书本身的结构化不足也在一定程度上影响了样本数据的信度。由此可见，数据量是否庞大与真正意义上的大数据研究之间并不存在必然、直接的联系。采用大数据方法的研究在质量上未必就能得到很好的保障，问题的关键在于所选取的数据是否能够满足研究所需。

然而，在主张研究者对于大数据研究方法的认识应当进行“降温”的同时，不得不承认的是：当下研究样本的体量早已超出了此前的任何一个时期，正在不可逆转地向“海量级”发展。这自然就产生了另一个问题：数据量越大，完全依靠人工进行分析的可能性就越小，这是否意味着传统的实证研究将不再受到重视，甚至没有生存空间？

所谓传统的实证研究方法，是指研究者对有限的数据进行基于人力计算的整理、分类与分析。在某种程度上，也可以简单地认为传统实证研究实际上往往就是小数据研究。这并不意味着传统实证研究失去价值。首先，选择何种研究方法，应当由研究任务决定。当下中国法学研究的根本目的之一仍然是客观了解法律实践。虽然数据量的大幅提高的确有可能加深或者扩展这一认识实践的过程，但如前所述，大数据法律研究也面临着包括数据失真等一系列问题，这将在一定程度上阻碍这一进程的深入。我们应当关注数据量是否契合研究的问题意识，小数据也有可能产生大数据或“全”数据的研究价值。其次，在数据利用的主动性上，传统定量研究要远远强于大数据研究。表面上，大数据技术似乎有着无与伦比的数据利用能力，但从另一个方面来讲，大数据方法又是被动的，因其只

---

① 参见左卫民：《员额法官遴选机制改革实证研究：以 A 省为样板》，载《中国法学》2020 年第 4 期。

② 参见程金华：《迈向科学的法律实证研究》，载《清华法学》2018 年第 4 期。

能等待特定量的数据生成后才能开启后续的处理；而研究者本身无法介入数据的生成过程——即便是大数据所引以为傲的预测功能，也需要建立在这一基础之上。相比之下，传统实证研究往往拥有较高的数据利用主动性，可以依照研究者的需要"定制"数据。当然，此处的"定制"绝非按照既定结论收集数据加以"验证"，而是指研究者可以针对特定问题，有目的、有方向地主动获取高质量的信息数据。

二、相关分析还是因果分析

大数据法律研究与传统实证研究的重要区别在于它们对如下关键问题的回答不同，即因果关系还是相关关系。简言之，大数据法律研究偏重的是分析变量与变量、变量与结论之间是否具有统计学意义上的相关性（尽管有的研究者也倡导依据大数据进行因果分析，但笔者对此持保留意见）；传统的小数据实证研究则更加注重——从一个发生学的角度——对各种社会、法律现象及其生成原因展开深入探究。

需要指出的是，挖掘并展现事物之间的相关关系似乎是大数据技术天生的优势。对此，国外有学者认为，在相关关系的帮助下，通过探求"是什么"而不是"为什么"，我们可以更好地了解这个世界，而这一切又是以人类进入大数据时代为前提的。[①] 但从另一个层面来说，当样本量被几何级放大后，寻找特定对象之间的相关关系原本不是一件十分困难的事情。在特定情况下，相关关系甚至有可能因为样本量的放大而被"创造"出来。有学者指出，在数据库中，由于数据量十分庞大，通常很容易得出统计意义显著的回归系数，但这并不代表两个变量之间就存在因果关系。例如，大数据分析很可能会告诉我们，2006—2011 年，美国的谋杀率与微软公司的网页浏览器（Internet Explorer，IE）的市场份额密切相关，因为二者都呈现

---

① 参见［英］维克托·迈尔-舍恩伯格、［英］肯尼思·库克耶：《大数据时代》，盛杨燕、周涛译，浙江人民出版社 2013 年版，第 83 页。

一个急剧下降的趋势，但两者之间实际上并没有任何因果关系。[①]

王天思认为，对因素产生相互作用之前的相关关系进行分析固然重要，但在因素分析的基础上深化到相互作用过程的因果分析，仍然在人类认识的深化中具有更为重要的地位。[②] 在法学领域，这一结论同样适用。因为至少对于当下的中国法学研究而言，探求各类法治问题的成因并提供相应的解决方案，显然有着毋庸置疑的地位——我们更需要追问"为什么"。由于在数据利用上的相对被动，大数据法律研究产生于大数据，也受限于大数据。特别是当大数据被想当然地赋予全样本特点进而被认为可以避免因样本不足带来的置信度问题以后，研究者们可能就放弃了进一步进行理论阐析的努力。

在小数据研究中，对因果关系的追寻显然更易受到关注。可以说，归纳并分析原因与结果之间的相互作用过程是传统实证研究的一个重要目的，也是其魅力所在。传统实证研究寻求因果关系分析的原因是多方面的。一方面，传统实证研究是一种关于解释的研究范式，"当我们想要解释一个事件时，自然是期望找到该事件的原因。解释只能是因果式的表述，这使得仅仅使用相关关系对解释不会有所帮助"[③]。其遵循一种从"问题到数据"的进路，所得出的结论往往也是对问题的直接解释。另一方面，传统实证研究对数据利用的精确性要求也能够分析因果关系。大数据时代数据量的庞大在某种程度上意味着数据的混杂，这使得大数据研究方法只能在这些庞杂的数据中寻找相关性的蛛丝马迹。相比之下，传统实证研究所选取的样本是在特定、细微的问题意识的引导下，经过仔细筛选的精细化、小范围数据，因此，传统实证研究更可能注重探求因果关系。

---

① See Marcus, Gary & Ernest Davis, *Eight (No, Nine!) Problems with Big Data*, The New York Times 6.04 (2014), at A23.

② 参见王天思：《大数据中的因果关系及其哲学内涵》，载《中国社会科学》2016 年第 5 期。

③ 张小天：《因果关系与相关关系：它们的关系及它们的差异》，载《社会学研究》1992 年第 3 期。

目前,主流的因果关系推论方法包括实验、断点回归、双重差分、工具变量、配对以及事件研究等方法。[①] 这类因果分析、推断的关键在于"制造差异事实",即一旦知道事件 A 会导致事件 B 发生,或者发现事件 P 的出现影响了事件 Q 上升或者下降的概率就反映出了差异事实。[②] 国内法学研究成果中相对成熟的方式是利用实验和双重差分等方法进行因果分析。其中,刘庄对裁判文书说理与判决先后顺序之因果关系的分析是这种实验方法的代表性成果。刘庄以中国法官为实验受试者,对不同分组的法官提供事实稍有差异的案件,对照组案件的基本事实是伤害案件中的被告人取款遭人抢劫时奋力反击,实验组法官还被额外告知被告人防卫时夺回的钱款为受贿款。同时,受试者还被要求按照直接判决、先说理再判决及先判决再说理的三类方式分别予以审判。实验发现:财物是否为受贿款同正当防卫构成要件的判断无关,对照组与实验组法官给出的刑期亦没有统计学意义上的显著性差异,但采用直接判决刑罚方式的实验组法官量刑幅度显著高于对照组法官。这说明,法官先进行司法判决的说理论证再作出判决实质上有助于消除法官的道德偏见。[③] 实际上,这类实验方法的核心思想是控制实验变量,排除无关干扰因素(如财物合法性的影响),在不同自变量情况下(直接判决、先判决再说理以及先说理再判决),观察实验结果因变量的变化(量刑幅度的比较)。

在笔者看来,采用实验方法对于解释法律运行中的"因果关系"具有一定的启发意义,但这并非意味着实验方法就是实证研究的唯一科学方法。自然科学研究与社会科学研究存在明显差异,实验方法处理法律实证研究问题显得过于理想化。首先,实验方法实际上难以完全复刻司法人员的真实工作环境以及司法工作感受,处

---

① 参见张永健:《量化法律实证研究的因果革命》,载《中国法律评论》2019 年第 2 期。

② 参见王鹏翔、张永健:《经验面向的规范意义——论实证研究在法学中的角色》,载《北航法律评论》2016 年第 00 期。

③ See Zhuang Liu, *Does Reason Writing Reduce Decision Bias? Experimental Evidence from Judges in China*, 47 Legal Study 83(2018).

于实验中的司法人员也就无法完全表现出司法工作时的真实状态。在法律实证研究的实验中，受试者可能受到“霍桑效应”的影响，即受试者一旦意识到自己处于被观察的状态，就会刻意改变自己的行为习惯和语言表达。[①] 因此，实验环境和现实工作环境之间始终存在难以弥合的天然缝隙。事物在真实环境中的生存与发展远远比实验室更加宏大和复杂，实验环境不可能模拟的环境差异便会造成无法控制的实验结果偏差。这些都可能影响实验方法分析因果关系的准确性。

其次，实验方法变量控制的非对称性同样可能影响实验因果分析的科学性。实验方法的关键是控制实验变量。实验方法前期准备与实验设计是限定实验框架的过程，研究者根据既有的理论或者观点，排除一系列潜在干扰实验结果的因素，营造出“理想化”的实验环境。然而，鉴于现实环境的复杂性，实验人员所剔除或保留的实验变量可能同真实世界中实际影响实验结果的因素并不相同，大量现实中影响或决定实验结果的因素可能依然存续于实验设计之内。例如，法官性别、经验、年龄等因素可能对量刑幅度的影响等。可以说，影响法律决策的因素是复杂化且多样化的，许多未被实验研究者发现和排除的实验变量（干扰因素）可能会对实验结果产生实质性影响。

最后，法律实证研究中引入实验方法还可能引发伦理质疑。实验研究中的干预手段可能对受试人员的身心健康与人际关系等方面造成不利影响。例如，美国康奈尔大学与脸书公司联合进行一项情绪感染实验，为追求实验过程的逼真性，便在受试者不知情的一周时间内影响了近 69 万人的情绪，从而招致了大量批评。[②] 申言之，实验方法需要得到司法实务人员的较高程度信任与支持，甚至为营造实验环境的逼真性，需要直接记录司法人员的日常工作过程，这需要受试人员不同程度地牺牲诸如个人隐私、工作时间等个

---

① 参见［美］乔治·梅奥：《霍桑实验——为什么物质激励不总是有效的》，项文辉译，立信会计出版社 2017 年版，第 180～181 页。

② 参见《美参议员要求 FTC 调查 Facebook“情绪感染”实验》，载网易科技 2014 年 7 月 10 日，https://www.163.com/tech/article/A0Q5IAO4000915BF.html。

人权益,甚至有的实验需要司法实务人员披露案件信息方能顺利开展。这些举措极可能招致司法实务人员对实验方法的反感以及学术伦理的质疑,影响法律实证研究的进一步开展。

此外,双重差分方法也是当前国内运用相对成熟、用于因果分析的实证研究方法。双重差分方法通过将一个受到法律、政策管控以及其他外生因素作用的地区同另外一个缺少该类影响地区之间进行对比,分析管制地区受管制前后的法律、政策实施状况,进一步寻找因果关系,检验法律、政策的实施效果(见表 6-1)。

表 6-1　双重差分示意

类型	管制之前	管制之后
受影响地区	1	2
不受影响地区	3	4

如表 6-1 所示,双重差分一共分为四个区块(表 6-1 中的 1、2、3、4 区域)。其中,地区 2 才是实证研究人员观察的区域,其他 1、3、4 则是作为双重差分比较的标准而存在。笔者曾经使用双重差分方法对“诉前调解”实施效果所作的因果分析表明,“诉前调解”措施对解决人民法院“诉讼爆炸”的现实困境具有一定效果。不过,“诉前调解”措施虽然可以减少诉讼案件数量,但难以直接减少案件纠纷的发生,自然无法实现人民法院“诉源治理”的预期目标。[①] 陈天昊等也运用双重差分方法推断检察行政公益诉讼与环境污染之间的关系,将我国实行检察行政公益诉讼的 73 个试点地区作为“受影响地区”(如表 6-1 地区 1、2),同类省份未推广检察环境公益诉讼的 70 个地区作为“不受影响的地区”(如表 6-1 地区 3、4),2015 年推行检察行政公益诉讼的时间又可以作为受影响地区管制前后的对比界分点,由此构建出了双重差分的研究模型。他们的研究表明,检察行政公益诉讼的试点实际上降低了试点地区部分污染物的排放量,直接驳斥了检察行政公益诉讼仅有“芝麻”或“绿豆”

① 参见左卫民:《通过诉前调解控制“诉讼爆炸”——区域经验的实证研究》,载《清华法学》2020 年第 4 期。

效果的经验假设，证明了检察行政公益诉讼的试点实施效果。[①]

不过，上述方法与成果的举例并非意味着双重差分方法无懈可击。双重差分是利用法律制度前后变化的时间维度以及同类地区的不同地点前后的截面数据变化来对比、识别因果关系。[②] 这类方法使用的先决条件有两点：一是作为双重差分方法的研究对象应当仅受一项法律、政策的管制影响，并且法律、政策影响时间节点前后的数据相对充裕，具备时间截面前后对比的条件；二是研究中应具有两个或两个以上的同类地区，其中一个地区受到法律、政策前后变化的连续影响，另外一个地区则一直未受到其他管制因素的影响。上述适用条件已经揭示了“双重差分”的方法局限，其仅能对具有政策变化和具备比对条件的地区适用。换言之，大量受到政策持续影响，但并未呈现时间变化或者没有对比条件的地区则难以构建双重差分模型，不能通过这种方法阐释因果关系。

尽管因果关系与相关关系存在区别，但笔者的目的并非给出一个孰优孰劣的主观判断。恰恰相反，笔者始终认为，在贴近中国法律实践、解决中国法律问题的过程中，不论是因果关系还是相关关系，我们都不能偏废。诚如有学者所言，虽然因果关系是人类理性行为与活动的基本依据，我们本身不可能否定它，但大数据技术所更易凸显的相关关系，的确也在实践层面推进了我们对传统因果概念的深入反思。[③] 但随着大数据概念的愈发炙热，基于大数据的相关性分析有遮盖因果关系之势。典型表现为，一些大数据研究者在认为或者发现变量之间存在相关性后，便直接对某一问题得出肯定或否定的结论，而有意或无意地忽略了对社会背景的分析，即认为“只要有了足够的数据，数字本身便可以说明一切”[④]。然而，不假

① 参见陈天昊、邵建、王雪纯：《检察行政公益诉讼制度的效果检验与完善路径：基于双重差分法的实证分析》，载《中外法学》2020 年第 5 期。

② 参见徐文鸣：《法学实证研究之反思：以因果性分析范式为视角》，载《比较法研究》2022 年第 2 期。

③ 参见王天思：《大数据中的因果关系及其哲学内涵》，载《中国社会科学》2016 年第 5 期。

④ See Chris Anderson, *The End of Theory: The Data Deluge Makes the Scientific Method Obsolete*, Wired (Jun. 23, 2008), https://www.wired.com/2008/06/pb-theory/.

思索的大数据分析得到的变量之间的相关性有可能是假相关,有些时候可能只是巧合。实质上,不管数据多大,只要没有理性的设计、控制和分析,结论都有可能出错。

第四节　昙花一现还是未来主流:“自科法学”的发展前瞻

吉登斯曾言:“现代性以前所未有的方式把我们抛离了所有类型的社会秩序的轨道,从而形成了其生活形态。在外延和内涵方面,现代性卷入的变革比过往时代的绝大多数变迁特性都更加意义深远。”[①]这种现代性的影响在法学研究领域表现得尤为明显:21 世纪的前十年,大数据对于法学界来说几乎是完全陌生的,但如今大数据技术与法律研究的融合似乎已经成为不可逆转的新趋势,并产生了一些研究成果。同时,诸如机器学习、语义识别、社会科学实验等自然科学或计算机科学领域的知识与方法涌入法学研究中,逐渐形成了相应的学术团体。

目前来看,法学与其他学科的交融似乎开始由社会科学扩张到自然科学。这种交融的产物似乎可与社科法学相对应,被称为“自科法学”,即运用自然科学的思维方法以及技术,特别是统计学、数据科学等来研究法律问题与现象的法学研究范式。毫无疑问,“自科法学”是当下法学研究领域开始出现的新趋势,其远未充分展开,本书的研究也是探索性、框架性的。其中有两个问题值得思考:第一,“自科法学”是昙花一现,还是有可能成为未来法学研究的重要方向?第二,如果“自科法学”的研究进路想要进入主流,其努力的方向又是什么?对此,下文着重以两方面的分析予以回应。

一、“自科法学”的界定

我国已有学者探讨了关于“自科法学”的问题。例如有学者在

---

① [英]安东尼·吉登斯:《现代性的后果》,田禾译,译林出版社 2000 年版,第 4 页。

论述人工智能法学发展现状时曾提出,领域名称的不统一是一个亟待解决的问题,因为目前尚未出现一个特别具有涵括力的概念能够得到研究主体的一致认可——现如今至少有大数据与人工智能法学、计算法学等多元化称谓。[①] 在笔者看来,采用上述任一概念都无法周延地涵盖相关领域的最新发展趋势,人工智能法学实际上不单单是人工智能技术在法学研究中的运用,它还牵涉多个领域的专业技术与知识。同样的道理,计算法学等概念在周延性上亦值得推敲。鉴于我们面临的是作为典型社会科学的法律研究与自然科学之间不断交融、产生勾连的整体趋势,我们应当站在全局角度看待法学研究领域出现的这种变化。就此而言,笔者所提出的"自科法学"便不单纯是一种研究方法,更是对上述学科交融趋势的涵括。

需要指出的是,如果说社科法学的出现是为了使法学研究"经验化",那么"自科法学"则是在此基础上为了使法学研究"科学化"。如何科学化呢?有学者指出,计量法学、计算法学等都是法律与技术密切化的一种体现,它们均尝试用客观的标准减少法律体系中的主观性并增强科学性,都对法律系统的科学化产生了积极意义。[②] 值得注意的是,这种科学化的探索在司法领域较丰富。例如,李学尧与刘庄使用实验方法发现法律人的司法判决说理可以被称为一种"矫饰的技术"。[③] 又如,唐应茂等人采用实验方法分析了庭审直播对于审判活动的影响。[④] 应当承认,上述尝试对于推动法学研究科学化具有一定的作用。

有论者指出,在大数据的时代背景下,大数据所要进入的应是一个能够尽可能数学化表达的法学,而非主要依赖传统分析方法的

---

① 参见刘艳红:《人工智能法学的"时代三问"》,载《东方法学》2021年第5期。

② 参见张妮、蒲亦非:《计量法学、计算法学到认知法学的演进》,载《四川大学学报(自然科学版)》2021年第2期。

③ 参见李学尧、刘庄:《矫饰的技术:司法说理与判决中的偏见》,载《中国法律评论》2022年第2期。

④ 参见唐应茂、刘庄:《庭审直播是否影响公正审判?——基于西部某法院的实验研究》,载《清华法学》2021年第5期。

法学。[①] 自然科学之所以在客观性、准确性等方面相对于社会科学有优势，其原因在于如果把握得当，一些问题、概念以及原则都可以被适当简化为数字或公式，在此基础上将不同的变量代入科学分析即可得到相应的结论。相反，传统的法律研究方法以文字描述为主，这种基于主观认识的描述时常是高度个性化的，同样的问题在不同学者那里很可能得出截然相反的结论。这使得有关法律问题的描述有时很难在研究者当中顺畅“流通”，甚至在某些基本问题上都难以达成共识。当然，这也与自然科学与社会科学在研究性质上的差异有关：前者在具备条件的情况下可以多次地重现特定的实验环境，以对某一结论进行验证；对于后者来说，要重现特定环境则困难重重。

在笔者看来，所谓的“自科法学”，首先包含思维理念的变革。这种新的法学研究范式看问题的理念，不是简单借助统计工具解决传统法学研究的问题，而是力图打造具有科学思维属性的法学知识，在逻辑和实验的二元结构下建立法学研究体系。需要指出的是，“自科法学”并不意味着要对法学研究进行完全的数字化、公式化处理——这既无可能，也无必要，而是要将法律问题当中的适宜部分（法律经验现象）转化为可供识别甚至可被客观计算的符号，并将之代入所建立的模型进行计算机或人工运算，以尽可能地消除这一过程中由研究者主观认知带来的影响。季卫东认为，在数据资料呈几何级增加的当下，利用数学模型、统计学知识以及算法等，在复杂性中寻找最优或者次优的解答，从而为决策提供客观的科学根据，就是政治算术的应有之意。[②] 季卫东的观点在一定程度上涉及“自科法学”的核心要义，即将运行于研究者主观世界中的逻辑推演、概念演绎转变为可视化、类似于解决算术题的过程。国内有学者将这一过程概括为继物理计算、生物计算之后的“社会计算”，并

---

① 参见涂少彬：《论法学表达数学化的可能及限度——基于经济学与比例原则的切入》，载《法学评论》2020 年第 4 期。

② 参见季卫东：《计算法学的疆域》，载《社会科学辑刊》2021 年第 3 期。

认为其完全有可能成为科学计算研发的新焦点。[①]

其次,“自科法学”强调法学研究的证伪思维,这也是“自科法学”的关键功能之一。当下法学研究的问题意识主要来源于两个方面:一是源于书斋,根据逻辑推演或域外经验判定法律实践中的某一现象应当成为法学研究的“问题”;二是走向实践,通过数据收集、田野调查等方法获得启发。从表面上看,通过亲历式、经验式途径发现的问题通常有着较高的可靠度。但由于这种经验是研究者个人在调查中形成的,而研究者必然受到能力与条件的限制,且这种经验往往依靠的是研究者的主观判断,故其中也不可避免地存在“伪问题”。就此而言,“自科法学”的价值即在于对理论问题进行去伪存真,因为“自科法学”借助数学、统计学、计算机科学等学科方法帮助,可以尽可能地排除研究者个人的主观影响。同时,“自科法学”也可以利用适当数据来判断某一法律问题究竟只是局部、偶然现象还是制度流弊,从而帮助研究者证伪。“自科法学”不仅倾向于收集、利用代表性更强的广域数据,而且注重对未来的科学预测,即通过特定的统计模型、机器分析等手段来评估研究结论或改革方案可能造成的后果与取得的成效。在笔者看来,这种前瞻性的研究显然是有意义的,因为改革资源的有限性和对法律制度运行稳定性的追求势必要求决策者挑选最有可能实现事半功倍或至少“收支平衡”的方案进行试验。对此,“自科法学”即相当于一次初步但精确的筛选,有能力为决策者挑选最具有现实价值的改革方案。换言之,我们可以将“自科法学”视为一场研究范式革命,它将一改以往社会科学以理论假设驱动为根本的研究特点,在其中加入数据驱动元素,形成“数据驱动+理论假设驱动”的新范式[②],最终实现法学研究由“软科学”向“硬科学”的转变。

“自科法学”的发展对传统法律分析方法可能会造成一定的冲击,原本长于感性思考与概念推演的法学研究者可以关注这一潮

---

① 参见王飞跃等:《社会计算的基本方法与应用》,浙江大学出版社 2012 年版,第 1 页。

② 参见刘涛雄、尹德才:《大数据时代与社会科学研究范式变革》,载《理论探索》2017 年第 6 期。

流。从法律体系角度来说，科学特别是数字技术具有创新性强、更新迭代快的特征，而这又将与前者的相对稳定性产生冲突。[①] 但我们更应当看到的是"自科法学"为法学研究转型带来的契机。具体而言，"自科法学"的价值至少体现在以下两方面。

第一，"自科法学"可能会解决法律分析语义模糊、主观化倾向明显的固有问题。有论者指出，法学表达数学化可以尽可能地将法学从过度的价值判断、修辞依赖与变量任意处理中解放出来，从而促进更为科学的法治的实现。[②] 笔者虽然不太赞同"法学表达数学化"这一提法，但也承认过度主观倾向化的表达与分析对于法学研究的发展并无助益，甚至有可能加深法学研究群体内部的"裂痕"。因为一些法学观点之争的本质其实只是提法或表达的不同，而学者给出的"解决方案"也大多局限于表述上的调整。"自科法学"的提出并非为了在形式上创造一种新的法学研究范式，而是意在促进法学研究"通约化"程度的提高，减少由于不必要的个体化表达而造成的学术交流之间的堵塞。

第二，"自科法学"的发展可以强化理论研究的"实用性"。新文科是数字社会时代学科建设与发展的重点路径。在笔者看来，新文科的"新"虽然有多个角度的解释，但就法学研究而言，其中最为根本的一个方面在于强调法学研究解决法治问题的能力之"新"。然而，就当下的整体情况来看，法律的学术研究能对此产生的实际贡献有限；这是因为理论研究或许在逻辑层面上是自洽的，但其时常无法转化为具有执行力的操作方案。对于决策层而言，其更希望看到的是有关"怎么办"的回答，而非"是什么"或"为什么"的叙述。在"怎么办"这一问题上，传统法学研究大多数情况下只能给出基于研究者主观思考的大致意见，而时常难以回答诸如改革范围应当如何确定、改革应当如何开展、改革所产生的可能后果等需要基于中立、严格的评估才能给出答案的问题。可以认为，当下的法学理

---

① 参见尹振涛、徐秀军：《数字时代的国家治理现代化：理论逻辑、现实向度与中国方案》，载《政治学研究》2021 年第 4 期。

② 参见涂少彬：《论法学表达数学化的可能及限度——基于经济学与比例原则的切入》，载《法学评论》2020 年第 4 期。

论基于“数目字”的研究能力较为欠缺,而这恰恰又是“自科法学”所擅长的,也就是通过提升法学研究数目字化的程度来强化理论研究成果的说服力,最终提高法学理论研究解决实际法治问题的能力。

二、在技术与思想之间:自科法学的未来

“自科法学”依赖信息技术,而法学研究者对自然科学包括计算机科学往往是“知其然,而不知其所以然”,因此这种智识上的模糊可能会催生出所谓的牵强附会的“自科法学产品”。在笔者看来,“自科法学”需要谨慎地处理好“技术”与“思想”之间的关系,研究者只有在二者之间求得平衡,才能使“自科法学”成为法学研究格局中的“新势力”。

1. 技术:增强“自科法学”的实质科学性

囿于既往教育,大多数法律人无法与技术人员进行充分的对话和沟通,这造成了不少问题。例如在司法人工智能的设计中,法律人的参与度较为有限,最终限制了司法人工智能产品效果的发挥。在教育深层之处,还隐藏着固有的对于法学与自然科学的割裂认知,即二者被视为相互隔绝的两块领地,一些学者对在法学研究中融入自然科学元素有所抗拒。就“自科法学”的未来发展而言,紧迫的任务是提升研究群体在知识与技术上与自然科学的融贯程度,特别是提升研究群体通过数据科学的成熟技术展开法律研究的能力。换言之,“自科法学”研究者需要真正掌握并利用相应的信息技术手段,从而产出有实际价值的学术成果。实际上,上述现象与长期的文理分科有关,当下提倡学科交叉包括新文科,其实有补救之感,即法学教育本身就需要科学化。

应当追问,当下“自科法学”研究中亟待解决的瓶颈是什么?有学者指出,当下的法律模型对处理简单明确的法律关系效果较好,但在司法预测等涉及诸多因素的复杂事物中表现欠佳。对此,相关学者认为原因有三:一是法律数据结构不规则;二是模型生产的结论不具有解释性;三是司法判定理由的开放性与计算机系统、

语言的封闭性产生了冲突。[1] 换言之，目前"自科法学"仅能产出变量关系简单的产品，无法应对综合性更强的法律现象。笔者大致赞同这种见解，但同时认为，自科法学不仅是数据问题，更主要的是法学本身的思维范式问题，当然也有法学的价值判断如何量化的问题，人们看重的文本挖掘的困难其实只是技术层面的问题。至于上述法律关系与自然科学模型的实际契合度不够的问题，则可以一并归结为法律语言的表达问题。

值得注意的是，纸面上的文字转化仅仅只是法律语言表达问题的一个方面，真正考验"自科法学"的是相对抽象的法律价值评价标准的自动化问题。从逻辑上来说，在将法律现象转化为机器语言后，需要为计算机或法律模型提供一个参考规则，使其能够根据参考规则确定的标准来自动识别应当在何种情况下作出何种判定。笔者认为，在纯人工分析中，法律标准的选择适用依靠裁判者的主观价值分析，而让机器或模型来替代人力完成这一任务是极具挑战性的，甚至在许多疑难案件的事实认定或法律裁判中几无可能。因为"硅基"智能能否把握乃至超越"碳基"人类实在是未定之数。有学者认为："大数据无论多么全面，它只能记录人的行为，不能确切描述人的思维。"[2]在笔者看来，强求计算机去描述人的思维固然不太现实，但这并不意味着计算机完全无法模拟人的思维，特别是在事实清楚的前提下，把握并适用边界明确的法律规则是可欲可为的。由于模拟所依赖的是计算机基于大量经验数据进行机器学习后的成果，其成功模拟是可能的，原因大致有两方面：第一，现行的法律评价标准已经存在基本框架，这意味着即便法律现象复杂，大体上仍然可以套用现有的框架，而游离在框架之外的特殊性问题相对来说只是少数。因此，这在一定程度上缩小了机器学习的任务范围。第二，机器学习所依据的都是业已形成的数据材料，对此类材料的分析学习并不涉及价值判断，我们所要做的就是"投喂"给机

① 参见张妮、蒲亦非：《计量法学、计算法学到认知法学的演进》，载《四川大学学报(自然科学版)》2021 年第 2 期。

② 唐文方：《大数据与小数据：社会科学研究方法的探讨》，载《中山大学学报(社会科学版)》2015 年第 6 期。

器尽可能多的样本，使其不断掌握各种简单、复杂的情况，进而提高其拟合度。概言之，“自科法学”下一步的研究重点应该是开拓并夯实其中的计算机认知功能，通过模拟法律人的认知思维来提高智能系统理解法律数据、开展逻辑思维和进行自我学习的能力。[①]

显然，传统自然科学、人文科学、社会科学对于“人”“事”“物”的研究相互独立的局面已经脱节于时代步伐，破除文科与自然科学之间的壁垒，实现二者的交融发展已经成为必然趋势。[②]“自科法学”的当务之急是强化现有研究者对于自然科学、信息技术的运用能力，但从长远来看，我们更需要不断扩大“自科法学”在法学研究领域的影响力，而这又有赖于学科之间的深度交流。例如，中国计算机学会便于2021年10月成立了计算法学行业分会，并举办了首届计算法学研讨会。[③] 毋庸讳言，这种为不同学科的学者搭建交流平台的举措是促进法学与自然科学深度融贯的良好途径。

2. 思想：避开技术至上的陷阱

技术不是万能的。对于“自科法学”的发展而言，我们必须清醒地认识到，技术永远无法取代人的思想，过分强调技术的作用与价值，很容易陷入一种技术主义的陷阱，并最终导致这一学科的发展走向末路。从表面上看，是人类进入大数据时代以后才促成了“自科法学”的出现。然而，进一步思考就会发现，法律人的需求才是这一全新研究范式形成的原因。具体而言，随着社会条件与法律现象日趋复杂，处理法律问题的成本已非人力所能承担，因此，不得不借助自然科学技术来描述和分析法律现象，以补足人力所不能的缺憾，最终使处理问题的逻辑清晰化。

需要指出的是，虽然计算机系统可以模拟人的思维进行“仿生”运算，但模拟毕竟只是模拟，无法也不应等同于人的创造性思

---

① 参见张妮、蒲亦非：《计量法学、计算法学到认知法学的演进》，载《四川大学学报（自然科学版）》2021年第2期。

② 参见刘艳红：《人工智能法学的“时代三问”》，载《东方法学》2021年第5期。

③ 参见《计算法学研讨会暨CCF计算法学行业分会成立大会将在深圳举行》，载中国计算机学会网，https://www.ccf.org.cn/Media_list/cncc/2021-10-06/745014.shtml。

考。申卫星认为,法律实践需求的提炼是保障计算技术在法律领域得到科学且规范应用的重要条件之一。[①] 单就精准度而论,“自科法学”可以努力,因为这种一般基于相关性分析的大规模演算、归纳以及汇总能力是人类所无法企及的。然而,我们一旦将是否契合法律发展的实践需求这一变量引入,就会发现单纯的精准度并非我们唯一所需。换言之,精准的并不一定就是正确的。以司法裁判为例,至少在中国语境下,判决结果不仅要符合“制度之法”,也要对勘“观念之法”“实践之法”,而将后者完全交由计算机系统来完成,显然是不切实际的。因此,在“自科法学”的发展中,偏重相关性分析的问题无法被克服。要避开这种技术主义的陷阱,可能较为可行的策略是保持法律人的创造性思想,并扩大其在技术运用中的作用。

“自科法学”研究者需谨记,对于真实法律世界的人文关怀永远是法学研究的第一追求。“自科法学”所产出的,应当是“有温度”的产品,而非冷冰冰的数据。我们应当不断开发并利用“自科法学”的优势,但同时又应清醒地认识到,信息与技术只是工具,而非目的,其中的逻辑也与“大数据还是小数据”这一问题的答案遥相呼应。近年来,“自科法学”凭借其诸多优势,开始吸引法律人的眼球,并在法学研究领域崭露头角,但这种优势也极具迷惑性——优势之下可能是随处可见的“技术至上”的陷阱。在此前的研究中,笔者曾指出,对于人性的关切是立法产品得到司法人员遵守的首要前提,未来不论是立法还是理论研究均应转向一种主体式的发展进路;否则,实务与理论最终都有可能成为“镜中花、水中月”。[②] 对于“自科法学”来说,又何尝不是如此?即便法律计算系统的精准度得到持续提升,运算能力大幅增强,其最终给出的也仅是“应当”式(should be)的结果。如何从“应当”(should be)转化成“可以”(could be),仍然需要我们重视法律人传统逻辑思维的作用,强

---

① 参见申卫星、刘云:《法学研究新范式:计算法学的内涵、范畴与方法》,载《法学研究》2020 年第 5 期。

② 参见左卫民:《刑事诉讼中的“人”:一种主体性研究》,载《中国法学》2021 年第 5 期。

调主体性与人性的关键价值。

“自科法学”的发展还需要注意诸多问题，如“算法黑箱”(algorithm black boxes)①、实验伦理危机②等。可以说，在任何一个问题的应对上，“自科法学”稍有不慎便有可能导致学科发展走向歧途。在笔者看来，处理好这些问题的关键依然是尊重法律人的思想在法律计算中的主导地位。前述问题实际上也是技术主义陷阱的不同表征而已，因为一旦形成技术万能主义的思维模式，我们就很容易忽略技术本身存在的纰漏；而只有充满人性温度的思考，才能照亮接连不断的陷阱。

从大历史角度看，中国法学研究格局无疑正在变得愈发复杂，凭借传统、单一概念早已无法概括层出不穷的研究范式。在新名词、新技术不断涌现的当下，游走其间的研究者很容易失去方向感，这也会导致学科归属之争接连不断。毋庸讳言，这种争论对于实现法学服务法治的根本目的来说意义有限。本书虽然重提社科法学、实证研究等概念，并提出尝试性、框架性的“自科法学”这一新范畴，但无意介入绵绵不休的学科之争。因为本书的“理论红线”始终明朗：学科与学科、研究范式与研究范式之间或许存在程度不一的差别，但对于研究者来说，如何将理论研究成果转化为具有现实意义的法治生产力才是其根本使命。在向现代法治国家转型的过程中，我们的身份并无差别——我们都是需要砥砺前行，为实现法治国家的目标贡献自己绵薄之力的法律人。“自科法学”的未来如何？这取决于是否有一批具有创造性的交叉学科研究者持续奉献与努力。就让我们拭目以待吧！

---

① 参见沈伟伟：《算法透明原则的迷思——算法规制理论的批判》，载《环球法律评论》2019年第6期。See Lehr David & Paul Ohm, *Playing with the Data: What Legal Scholars should Learn about Machine Learning*, 51 U. C. Davis Law Review 653(2017).

② 参见郭云忠：《法律实证研究中的伦理问题——以刑事法为视角》，载《法学研究》2010年第6期；参见葛琳：《从理念到技术：在司法领域中运用实验方法的局限性》，载《清华法学》2011年第6期。

下篇　大数据驱动的司法人工智能

第七章　司法人工智能的实践考察与理论反思

第一节　对中国司法人工智能探索的初步思考

一、方兴未艾的人工智能应用

在AlphaGo战胜围棋高手李世石、柯洁之后，人工智能进一步成为社会热议的话题。2022年11月，美国OpeAI公司发布的ChatGPT轰动全球，随后又不断进行迭代，国内外不少互联网企业也迅速加入这一研发浪潮，这使生成式人工智能成为一个万众瞩目的焦点。正如我们所看到的那样，人工智能在人类社会活动的很多领域已得到较多运用，国家和诸多互联网企业对此高度关注。[①] 在此背景下，

---

① 比如，在中国，以BAT为代表的互联网公司纷纷宣称要转型成为人工智能企业。李彦宏称"互联网是前菜，人工智能才是主菜"，"百度公司将不再是互联网公司，而是一家人工智能公司"。参见《李彦宏：未来百度不是互联网公司而是人工智能公司》，载网易科技2017年5月27日，http://tech.163.com/17/0527/08/CLE8VI5H00097U80.html；马化腾称"人工智能近两年成为全球投资者关注的热点，吸引许多资金投入，腾讯也十分看重该领域的发展，预计人工智能将成为未来业内的核心竞争力"。王小旎：《马化腾：人工智能将成未来业内核心竞争力》，载央视网，

中外学界、业界开始讨论、探索人工智能在法律特别是司法领域中的运用问题。

在国外，据 BBC 报道，一种名叫阿尔法案例分析（Case Cruncher Alpha）的法律人工智能“机器律师”与伦敦的 100 名律师就“基于数百个 PPI（付款保护保险）错误销售案例事实来判断索赔与否”的法律问题展开比赛，结果“机器律师”法律 AI（准确率 86.60%）领先于人类律师（准确率 66.30%）。[①]弗吉尼亚理工大学发现分析中心的学者通过数据驱动结构的机器学习分析了美国最高法院以往作出的裁判，并以此预测未来的判决。AI 通过对裁判文本的仔细分析，计算在裁判中出现的与争点相关的每个语词，并权衡其在争点中的权重，进而透视每个大法官对争点关注的强弱程度，再结合大法官的投票行为，挖掘文字表述的实际意义。最终，AI 不仅能够更好地发现不同大法官的裁判立场与观点，预测其未来的投票倾向，还可以更清楚地表明谁是裁判决策中的摇摆者与妥协者，甚至对大法官们在哪些问题上更容易妥协也一清二楚。基于此，AI 可以预测最高法院未来的裁判，其准确率达到了 79.46%。[②]此外，美国芝加哥的伊利诺伊理工大学与南德克萨斯法学院利用 1791—2015 年的美国最高法院数据库，合作开发了一种算法，该算法再现了从 1816 年到 2015 年美国最高法院法官的 28,000 项决定

---

https://news.cctv.com/2017/03/23/ARTI6Bi3PV3uX3JaDNbEh2wL170323.shtml。马云称“我相信人工智能，还有数据。在未来 30 年的时间里，我觉得最好的 CEO 应该是 ET，就是一台超级计算机”。蒋韡薇：《云栖大会猜想：人工智能引领未来》，载《中国青年报》2016 年 10 月 14 日，第 10 版。中国政府在 2017 年的两会上明确提出，“加快培育壮大新兴产业，全面实施战略性新兴产业发展规划，加快新材料、人工智能、集成电路、生物制药、第五代移动通信等技术研发和转化，做大做强产业集群”。周强：《政府工作报告——2017 年 3 月 5 日在第十二届全国人民代表大会第五次会议上》，载中央人民政府官网，http://www.gov.cn/premier/2017-03/16/content_5177940.htm。

① See Campbell & Ray Worthy, *Artificial Intelligence in the Courtroom: The Delivery of Justice in the Age of Machine Learning*, 18 Colorado Technology Law Journal 323-350 (2020).

② See *What AI can Tell Us about the U. S. Supreme Court?*, ACM (Mar. 16, 2016), 2016, https://cacm.acm.org/news/199820-what-ai-can-tell-s-about-the-s-supreme-court/fulltext.

和240,000次投票,正确率分别达到70.2%和71.9%,这高于法学家们66%的预测准确率。① 法律机器人(Lex Machina)公司在知识产权法律领域也通过人工智能预测裁判结果。② 有国外学者甚至认为,人工智能在预测案件判决结果方面已经超越了人类专家。③ 而最新的情况是,随着生成式人工智能的崛起,在法律实践领域探索相关的适用产品正成为新的潮流。譬如,已有部分学者详细分析了以ChatGPT为代表的大规模语言模型与生成式人工智能技术对法律人工智能的增强程度。④

上述事例显示,在域外,随着人工智能与大数据时代的到来,法学家与其他领域的人士已开始探讨如何将人工智能运用于法律裁判领域,这其实并不新鲜,计算机甫一普及,美国法学界就开始讨论法律推理与思维是否可被机器取代的问题。⑤ 20世纪70年代,安东尼·阿马托(Anthony D'Amato)提出,人类法官是否以及应该被机器法官取代,以消除法律的不确定性。⑥ 但这一设想是否正确及可行在美国学术界一直争论不休,有时还被上升至哲学层面讨论。例如史密斯(J. C. Smith)指出,"电脑可以/应该更换法官"的见解是基于笛卡尔的"灵体二元论"和"莱布尼茨的谬误",二者犯了智

---

① See Katz D. M. et al., *A General Approach for Predicting the Behavior of the Supreme Court of the United States*, PLoS ONE (Apr. 12, 2017), https://doi.org/10.1371/journal.pone.0174698.

② See Lex Machina, *Expands Its Award-Winning Legal Analytics Platform to Commercial Litigation*, CISION (Jun. 20, 2017), https://www.prnewswire.com/news-releases/lex-machina-expands-its-award-winning-legal-analytics-platform-to-commercial-litigation-300476327.html.

③ 该研究指出,人工智能已经可以分析法律证据与道德问题,进而预测审判结果。在该研究中,人工智能程序分析所有信息,并提出自己的司法判决。在其中79%的案子里,人工智能提出的判决与当时的法庭判决一致。See Aletras N, Tsarapatsanis D et al., *Predicting Judicial Decisions of the European Court of Human Rights: A Natural Language Processing Perspective*, Peerj Computer Science, 2016, 2(10):e93.

④ 参见王禄生:《ChatGPT类技术:法律人工智能的改进者还是颠覆者?》,载《政法论坛》2023年第4期。

⑤ See Bruce G. Buchanand & Thomas E. Headrickr, *Some Speculation about Artificial Intelligence and Legal Reasoning*, 23 *Stan. L. Rev.* 40 (1970).

⑥ See Anthony D'Amato, *Can/Should Computers Replace Judges*, 11 Ga. L. Rev. 1277 (1977).

力可以独立于人体而存在和所有的人类思想都可以通过一种通用的语言来表达的错误。①

值得注意的是,目前法律界对人工智能的运用已不再局限于对裁判的预测,在其他领域也能看见其活跃的身影。汤森路透公司已将美国国际商业机器公司(International Business Machines Corporation,简称 IBM)的认知计算系统——沃森(Watson)系统用于法学学术研究,罗斯智能(Ross Intelligence)亦将美国国际商业机器公司沃森系统的问答(Q&A)技术运用到破产法律的研究中,通过学习法律文件,上述系统能自行识别出法律信息的重要程度,从而提高律师检索案例的效率。② 在一般的法律服务与活动领域,人工智能更是显示出了自身的巨大优势。在民事法律领域,很多公司已开始运用人工智能审查合同,如摩根大通开发出的商业贷款合同审查系统几秒钟就能完成曾经需要 36 万小时才能完成的信贷审查工作。③ 在刑事法律领域,人工智能主要被运用于一般警务、羁押必要性审查以及量刑后假释等活动中。在警务活动方面,加州圣克鲁斯大数据创新企业预测性刑警(Predpol)所研发的犯罪预测软件,能够通过分析犯罪历史数据,逐小时计算出哪里最可能出现犯罪活动。从理论上来说,警方只需经常在这些地区巡逻就可以提前阻止犯罪,圣克鲁斯、洛杉矶和亚特兰大等使用该软件的城市都降低了犯罪率。④ 在保释与假释决定作出过程中,美国一些州法庭使用算法来确定被告人的“风险程度”:综合评估被告人再次犯罪的可能性、如期出庭的可能性等各个因素,进而决定是否对其保释或假释。⑤ 此外,法律

---

① J. C. Smith, *Machine Intelligence and Legal Reasoning*, Chicago - Kent Law Review (1998).

② See Michael Mills, *Using AI in Law Practice: It's Practical Now*, 42 Law Prac. 48-51 (2016).

③ 参见[美]埃里克·布林约尔松、[美]安德鲁·麦卡菲:《人工智能概览》,载《哈佛商业评论中文版》2017 年 10 月刊。

④ 参见[美]凯西·欧尼尔:《大数据的傲慢与偏见:一个「圈内数学家」对演算法霸权的警告与揭发》,许瑞宋译,台北,大写出版社 2017 年版,第 104 页。

⑤ See Kali Holloway, AlterNet, *Software is Deciding How Long People Spend in Jail*, Truthdig (Dec. 24, 2017), https://www.truthdig.com/articles/software-deciding-long-people-spend-jail/.

人工智能还被用于法庭量刑，如美国的一些州正在使用"风险评估工具"（Correctional Offender Management Profiling for Alternative Sanctions，以下简称 COMPAS）来确定刑期。[①] 这种"风险评估工具"是在参考了数十年的量刑案例后所设计的一种算法，该算法结合了十几个参数，进而转化为被告人在一定时期内重新犯罪的可能性。[②] 目前，法官已使用这些法律人工智能量刑系统帮助他们作出量刑决定，尽管法官仍保有自由裁量权，但这种法律人工智能系统对实际量刑决策的影响正在扩大。[③] 最新的事例是，研发基于法律大数据（主要是网络文字材料）的大模型来助力法律实践的高效展开。例如，浙江大学联合阿里巴巴达摩院与华院计算两家单位打造了智海-录问平台；[④]北京大学研究团队打造了智法（ChatLaw）系列模型，具体包括智法-13B（ChatLaw-13B）、智法-33B（ChatLaw-33B）和智法-文本向量（ChatLaw-Text2Vec）这三类模型；[⑤]山东大学联合浪潮云、中国政法大学研发了夫子·明察司法大模型，[⑥]等等。

面对法律人工智能特别是司法人工智能的迅猛发展与广泛运用，域外理论界出现了两种明显存在分野的观点。部分学者对法律人工智能的使用前景持相对乐观的态度，认为法律人工智能在当下与未来将获得更广泛的使用，但这取决于算法的进一步优化、计算机硬件的进一步提升以及更为物美价廉的法律人工智能服

---

① See Christopher Slobogin, *Risk Assessment*, in The Oxford Handbook of Sentencing and Corrections 196,203-205 (Joan Petersilia & Kevin R. Reitz eds. ,2012). at 200.

② See Christopher Slobogin, *Risk Assessment*, in The Oxford Handbook of Sentencing and Corrections 196,203-205 (Joan Petersilia & Kevin R. Reitz eds. ,2012). at 204.

③ See Christopher Slobogin, *Risk Assessment*, in The Oxford Handbook of Sentencing and Corrections 196,203-205 (Joan Petersilia & Kevin R. Reitz eds. ,2012). at 200.

④ 参见《"智海-录问"法律大模型正式发布，行业首个法律大模型评估指标体系公开》，载微信公众号"浙江大学上海高等研究院"2023 年 8 月 22 日，https://mp. weixin. qq. com/s/LhXmh0_Q3s0gTruwNZ_kYQ。

⑤ 详见该模型在开放源代码社区中公布的相关内容，《ChatLaw-法律大模型》，载 GitHub 官网，https://github. com/PKU-YuanGroup/ChatLaw，最后访问日期：2023 年 9 月 13 日。

⑥ 参见《夫子·明察司法大模型》，载微信公众号"山东大学智慧法治大数据研究中心"2023 年 9 月 6 日，https://mp. weixin. qq. com/s/1C33jThXqnyczHy9nrMFnw。

务的出现。[①] 还有部分学者则没有这么乐观，在他们看来，由于目前能够获取的数据可能并不可靠、算法标准模糊且未达到公开透明程度，盲目信任法律人工智能会产生如隐性歧视等新问题、新冲突。[②] 一起由美国威斯康星州法院使用COMPAS系统智能量刑的案件裁判结果曾在美国社会引发激烈的讨论，其中的算法歧视问题引人深思。在威斯康星州诉卢米斯一案(Wisconsin v. Loomis)中，被告人埃里克·卢米斯(Eric Loomis)因偷窃枪击者抛弃的汽车而被警察误当作枪击者予以逮捕，鉴于其存在偷盗和拒捕行为，卢米斯最终被判有罪并服刑6年，这是因为COMPAS系统通过对卢米斯回答的一系列问题的测算，将其危险等级认定为"高风险"。卢米斯提起上诉，但威斯康星州最高法院支持了下级法院的裁决，认为COMPAS系统的算法具有中立性和客观性。[③] 2017年6月，美国联邦最高法院拒绝受理卢米斯的申诉要求，维持了威斯康星州最高法院支持原判决有效的裁决。[④]

在中国，法律人工智能特别是司法人工智能又呈现出何种景象，社会各界对其前景怀有怎样的希冀呢？从理论界来看，法律人工智能受到了广泛关注，学者们对其展开了研究与讨论，大致可分为以下几类：一是关注人工智能作为新兴工具给既有法学理论所带来的问题与挑战。例如，马长山从法理层面系统讨论了智能时代的法律变革问题，[⑤]张卫平讨论了民事诉讼领域智能化对民事诉讼法

---

① See David J. Walton, *Litigation and Trial Practice in the Era of Big Data*, 41 Litigation 55-58(2015).

② See Lyria Bennett Moses & Janet Chan, *Using Big Data for Legal and Law Enforcement Decisions: Testing the New Tools*, 37 University of New South Wales Law Journal 643-678(2014).

③ See Jeff Larson et al., *How We Analyzed the COMPAS Recidivism Algorithm*, ProPublica (May. 23, 2016), https://www.propublica.org/article/how-we-analyzed-the-compas-recidivism-algorithm.

④ See Michelle Liu, *Supreme Court Refuses to Hear Wisconsin Predictive Crime Assessment Case*, Milwaukee Journal Sentinel (Jun. 26, 2017), https://www.jsonline.com/story/news/crime/2017/06/26/supreme-court-refuses-hear-wisconsin-predictive-crime-assessment-case/428240001/.

⑤ 参见马长山：《智能互联网时代的法律变革》，《法学研究》2018年第4期。

理的挑战问题,[①]《法律科学(西北政法大学学报)》在2017年第5期集中刊发的5篇与法律人工智能相关的文章,就是这种研究的典型代表。[②] 值得注意的是,郑戈还展望了人工智能与法律的未来,认为"'现代'法律体系能否成功应对人工智能所带来的新的风险和不确定性,能否在人工智能时代继续维持秩序与变革、守护与创新、价值与事实之间的动态平衡,这是今天的法律人所必须面对的紧迫问题"。[③] 二是分析人工智能运用中所产生的信息公开和透明化问题。例如,胡凌对法律(主权权力)是否以及如何介入人工智能算法的运作,特别是在广泛影响大众利益的情形中,如何设计信息披露等监管机制、干预某类代码化规则的系统性歧视等展开了讨论。[④] 三是讨论人工智能在法律领域的运用,尤其是有关中国智慧法院建设的问题。例如,刘艳红认为,我国智慧法院建设已经产生了大量的智慧成果,但在可持续发展的制度化逻辑方面与既有实践成果之间尚未实现科学衔接,智慧法院建设还存在实践应用不充分、系统融贯性不畅和在线诉讼不足等问题。[⑤] 马长山认为,人工智能技术的司法应用开启了从"接近正义"迈向"可视正义"的历史进程,引发了司法运行机制的深刻变革,但司法人工智能亦有其内在限度。[⑥] 吴习彧认为,人工智能难以胜任知识覆盖面大、技术含量高的司法工作,更可行的做法应是打造一种人机结合的司法裁判智能化辅助系统。[⑦] 何帆则认为,现在谈机器人法官是无稽之谈,法官"需要的

---

① 参见张卫平:《民事诉讼智能化:挑战与法律应对》,《法商研究》2021年第4期。

② 分别是吴汉东:《人工智能时代的制度安排与法律规制》;易继明:《人工智能创作物是作品吗?》;王迁:《论人工智能生成的内容在著作权法中的定性》;梁志文:《论人工智能创造物的法律保护》;司晓、曹建峰:《论人工智能的民事责任:以自动驾驶汽车和智能机器人为切入点》。

③ 参见郑戈:《人工智能与法律的未来》,载《探索与争鸣》2017年第10期。

④ 参见胡凌:《人工智能的法律想象》,载《文化纵横》2017年第2期。

⑤ 参见刘艳红:《人工智能技术在智慧法院建设中实践运用与前景展望》,载《比较法研究》2022年第1期。

⑥ 参见马长山:《司法人工智能的重塑效应及其限度》,载《法学研究》2020年第4期。

⑦ 参见吴习彧:《司法人工智能化的可能性及问题》,载《浙江社会科学》2017年第4期。

智慧和智能,第一要务还是辅助和服务法官办案,而不是替代司法裁决、淘汰办案法官”[①]。李训虎对刑事司法人工智能存在的数据垄断、算法黑箱以及应用场景设置随意等问题进行了梳理,并提出引入技术赋权理念和技术正当程序,对刑事司法人工智能进行包容性规制。[②] 郑曦也对司法人工智能运用背景下的被告人质证权如何保障的问题做了系统研究,[③]同时,他还针对目前热议的生成式人工智能在司法中运用的前景、风险与规制进行探讨,并指出生成式人工智能在司法中的运用也会带来一些如信息真实性方面的缺陷、裁判方式方面的挑战和数据安全方面的风险等问题。[④]

概括而言,我国理论界有关法律人工智能(主要是司法人工智能)的研究仍处于开拓阶段,对司法人工智能运用现状与未来的深刻把握与思考尚不充分,至于所提出的关于司法人工智能如何运用的建议,也时常只是方向性的。

相较于理论界,实务界对司法人工智能可能有更多的期待,采取了很多实际行动。在政策层面,国务院于 2017 年 7 月发布《新一代人工智能发展规划》,确立了我国新一代人工智能发展“三步走”战略目标,力争到 2030 年人工智能理论、技术与应用总体达到世界领先水平,成为世界主要人工智能创新中心;[⑤]对于人工智能应用可能会产生的问题,国家层面也发布了相关的规制文件,例如 2021 年 9 月,国家新一代人工智能治理专业委员会发布《新一代人工智能伦理规范》,2022 年 3 月,中共中央办公厅、国务院办公厅印发《关于加强科技伦理治理的意见》,其中明确提出:科技伦理原则、伦理规范在很大程度上也能够为司法人工智能活动提供一定的规范指

① 何帆:《我们离“阿尔法法官”还有多远?》,载《浙江人大》2017 年第 5 期。

② 参见李训虎:《刑事司法人工智能的包容性规制》,载《中国社会科学》2021 年第 2 期。

③ 参见郑曦:《司法人工智能运用背景下的被告人质证权保障》,载《政法论坛》2022 年第 6 期。

④ 参见郑曦:《生成式人工智能在司法中的运用:前景、风险与规制》,载《中国应用法学》2023 年第 4 期。

⑤ 参见《国务院关于印发新一代人工智能发展规划的通知》,载中央人民政府网,http://www.gov.cn/zhengce/content/2017-07/20/content_5211996.htm。

引,对司法人工智能活动起到一定的规制作用。最高人民法院与最高人民检察院提出了“智慧法院”与“智慧检务”建设的行动规划;①特别是2022年12月8日,最高人民法院发布《关于规范和加强人工智能司法应用的意见》,推动司法审判模式和工作机制自我革命,为人工智能在司法审判中的规范应用和系统建设提供了指引;公安部与司法部也有类似大数据与信息化建设的指南。② 相应地,地方司法机关尤其地方法院的人工智能与“智慧法院”建设方兴未艾,北京、上海、浙江、江苏、广东、贵州等均推出了名称不同的人工智能法律工具,如北京法院的“睿法官”智能研判系统、上海法院的“206”刑事案件智能辅助办案系统,苏州法院还形成了“智慧审判苏州模式”。综观当前实践,法院系统在“智慧法院”建设中所使用的人工智能主要有以下几种形式:

一是信息的电子化、数据化,即通过技术手段,将语音、纸质化卷宗等非电子化信息转换为可复制、可转换的电子数据,从而减轻司法机关的工作负担,为人工智能的进一步应用打下基础。例如,最高人民法院、上海市高级人民法院、广州市中级人民法院、苏州市中级人民法院等超过100家法院应用了科大讯飞公司所研发的智慧法院庭审系统。又如,最高人民法院委托苏州市中级人民法院研发的庭审语音识别系统,可以将语音自动转化为文字,并能自动区

---

① 2017年6月,最高人民检察院通过了《检察机关大数据行动指南(2017—2020年)》。参见《最高检印发〈检察大数据行动指南(2017—2020年)〉》,http://news.jcrb.com/jxsw/201706/t20170612_1764805.html。2017年3月12日,时任最高人民法院院长周强在全国人大会议上做关于最高人民法院工作报告时提出,2017年人民法院将加快建设智慧法院,努力提供更多优质司法服务。《周强:加快建设智慧法院　努力提供更多优质司法服务》,http://legal.people.com.cn/n1/2017/0312/c42510-29139903.html。

② 2017年,时任公安部部长郭声琨在全国公安科技信息化工作会议上表示,要“积极适应大数据时代信息化发展新趋势,大力实施警务大数据战略,大力加强科技成果运用,强化顶层设计,避免重复建设,不断提高公安工作信息化、智能化、现代化水平,为公安事业发展进步提供有力的科技引领和信息支撑”。孟建柱指出,“要主动拥抱大数据、人工智能新时代,树立前瞻性的思维与眼光”。《全国公安科技信息化工作会议在京召开》,载《公安教育》2017年第7期。司法部在2017年8月联合科技部印发了《“十三五”全国司法行政科技创新规划》,对“十三五”时期司法行政科技创新作出部署。参见《司法部等部署“十三五”时期司法行政科技创新》,载搜狐网2017年8月7日,http://www.sohu.com/a/162786704_121220。

分庭审发言对象及发言内容，法官、当事人和其他参与人均能实时看见转录文字。[①] 在系统试用中，语音识别正确率在 90%以上，书记员只需进行少量修改即可实现庭审的完整记录。经对比测试，庭审时间平均缩短 20%—30%，复杂庭审时间缩短超过 50%，庭审笔录的完整度达到 100%。[②]

二是办案辅助系统的智能化，即通过智能化手段，实现裁判文书中如“当事人信息”“诉讼请求”等固定格式内容的一键生成，缩短起草文书时间，辅助法官提高办案质效。[③] 例如，河北省高级人民法院历时近一年组织研发了“智慧审判支持”系统，帮助法官对电子卷宗进行文档化编辑，并按法律要素实现结构化管理，自动引用、排列、归纳和分析全要素案件数据，辅助法官完成文书的撰写。截至 2017 年 5 月 31 日，河北 194 家法院 6961 名法官运用该系统，共处理案件 11.1 万件，辅助生成 78.4 万份文书。[④]

三是实体裁判的预测与监督。预测指的是人工智能系统对海量裁判文书进行情节特征的自动提取和判决结果的智能学习，建立具体案件裁判模型，根据法官点选的关键词或提供的事实、情节，自动统计、实时展示同类案件裁判情况，预测所审理案件的实体裁判，同时推送更为精准的相似案例，供法官参考。北京法院的“睿法官”系统便是依托北京三级法院统一的审判信息资源库，运用大数据与云计算充分挖掘分析数据资源，并依托法律规则库和语义分析模型，在法官办案过程中自动推送案情分析、法律条款、相似案例、判决参考等信息，为法官判案提供统一、全面的审理规范和办案指

① 参见《江苏“智慧法院”信息化建设升级》，载微信公众号“苏州市中级人民法院”2017 年 3 月 20 日，https://mp.weixin.qq.com/s/XsfK2m9UTrBHqnFD6UjszA。

② 参见《江苏“智慧法院”信息化建设升级》，载微信公众号“苏州市中级人民法院”2017 年 3 月 20 日，https://mp.weixin.qq.com/s/XsfK2m9UTrBHqnFD6UjszA。

③ 参见应雨轩、周国新：《为法官减负，裁判文书一键生成》，载《浙江法制报》2017 年 3 月 17 日，第 8 版。

④ 参见《先进技术深度融合审判执行工作推进审判体系和审判能力现代化 智慧法院给法院插上信息化翅膀》，载郑州市中原区人民法院 2016 年 12 月 8 日，https://zzzyfy.hncourt.gov.cn/public/detail.php?id=2680。

引。[①] 所谓监督，是指对于“同判度”较高的类案，基于预测性判断，如果法官制作的裁判文书判决结果与类案存在重大偏离，系统会自动预警，从而防止裁判尺度出现重大偏离。例如，苏州法院的人工智能系统不仅能够统计类案的裁判模式与结果，还能对当下案件根据历史裁判模型模拟裁判，如果法官制作的裁判文书与系统模拟裁判结果发生重大偏离，系统予以自动预警，方便院长、庭长行使审判监督管理职权。[②]

四是建立统一的、电子化的证据标准，即通过法律大数据总结案件办理经验，并将其内嵌于公检法三机关的数据化办案系统中，用以规范公检法机关及其人员的司法行为。[③] 例如，上海公检法机关从统一证据标准、制定证据规则、构建证据模型入手构建了刑事案件智能辅助办案系统。[④] 类似办案系统的目的在于规范司法行为，似乎还不能算完全的司法人工智能。

二、司法人工智能的现实困境

面对人工智能迅猛的发展趋势，很多人都认为它在法律领域有着广阔的应用前景，并将成为一种可以起到决定性作用的重要手段。但在笔者看来，司法人工智能在中短期内只可能是一种有限的辅助办案手段，难以应用于核心的司法工作——裁判。笔者的这一判断可以从以下三个方面论析：第一，法律领域的优质、海量法律数据资源不足；第二，法律界并未形成合适且高效的大数据算法；第三，法律领域缺乏优秀的法律与计算机人才。

---

① 参见罗书臻：《挖掘“富矿”“反哺”审判——运用裁判文书大数据促进司法公正的地方经验》，载《人民法院报》2017 年 9 月 1 日，第 1 版。

② 参见丁国锋：《八种“机器人”助力苏州法官判案》，载人民网 2017 年 4 月 15 日，http://it.people.com.cn/big5/n1/2017/0415/c1009-29212858.html。

③ 参见顾文剑：《司法大数据实践：30 岁法官达到 50 岁法官经验水准》，载第一财经 2017 年 8 月 28 日，http://www.yicai.com/news/5337226.html。

④ 参见《揭秘“206”：法院未来的人工智能图景——上海刑事案件智能辅助办案系统 154 天研发实录》，载微信公众号“上海高院”2017 年 7 月 10 日，https://mp.weixin.qq.com/s/f0oYAnrGQaHkgKklPBkmnw。

(一)法律数据匮乏且低质

毫无疑义,人工智能兴起的重要原因在于大数据爆炸式的增长,这为人工智能的发展提供了必需的“燃料”。其实,一切人工智能都必须基于充分的大数据,有数据方有人工智能。同理,法律领域的人工智能无论基于何种算法,其基础是有大量数据尤其是大量优质数据的“投喂”。那么,我们当下法律数据的质与量如何呢?笔者的基本判断是,我们处于数据严重匮乏的状态,且可能在中短期内依然如此。这也就意味着司法人工智能在我国可能缺乏必要的数据基础。

1. 法律数据不充分

在棋类世界,AlphaGo 及其后代虐遍围棋、国际象棋、日本将棋的人类高手,却并未听闻 AlphaGo 打败中国象棋高手。原因何在?一方面,AlphaGo 能够获得成功,很大程度上归功于其拥有一个存储了十几万份公开的人类 6—9 段职业棋手对弈棋谱的数据库,它实际上包括了人类迄今为止几乎所有质量上乘的棋谱,涵括了围棋世界几乎所有的历史与奥妙,悟懂便可参透,这为 AlphaGo 模仿人类常见的落子方式提供了很大方便。另一方面,中国象棋只有残局棋谱,没有全局棋谱,AlphaGo 不能获取充分的信息和数据。这个例子说明,充分的数据和充分的信息是人工智能有用武之地的基本前提。然而,中国目前并不存在这样的数据条件。众所周知,当下作为人工智能开发基础的法律数据基本来源于中国裁判文书网上的裁判文书,但观察近几年裁判文书上网的数量可以发现,“诉讼爆炸”已是不争的事实。① 在此现状下,部分研究者赖以进行法律研究的网络文书资源却表现出逐年减少的趋势。从近五年中国裁判文书网每年上传的文书数量来看,民事裁判文书的数量从 2018 年的 12,339,358 件减少到了 2022 年的 4,949,967 件,呈现出逐年递减的趋势;刑事裁判文书的数量从 2018 年的 1,426,417 件减少到了 2022 年的 177,254 件,基本呈现出逐年减少的样态;行政裁判文

---

① 参见左卫民:《通过诉前调解控制“诉讼爆炸”——区域经验的实证研究》,载《清华法学》2020 年第 4 期。

书亦然。威科先行法律信息库中的裁判文书数量的变化趋势与中国裁判文书网类似。[1] 若裁判文书上网制度改变,研究者便难以获取此类大数据资源。未来,裁判文书是否更为充分地上网甚至上网趋势有所放缓,还取决于诸多因素。另外,裁判文书事实上只记载了裁判结论,而反映裁判过程的决策信息并未体现在裁判文书中。这意味着基于裁判文书的人工智能获取的信息其实较为有限,也许最多10%。显然,依赖这些有限的裁判文书及其所记载的有限的信息提炼普遍的裁判模式,是相当危险的。

目前,部分法院开始建设不对外公开的自己的裁判文书全数据库,与全国性的裁判文书网上的数据相比,其数据更接近全样本、全数据,据此似乎可以构建仅适用于特定法院自身的司法人工智能系统。但问题在于,这些数据库只是最近几年开始建设的,并没有囊括所有案件的裁判文书。也就是说,所谓的裁判文书全数据库其实也只包括当下的数据。在只有当下数据而没有历史数据、只有近期数据而没有长期数据的情况下,即便基于司法机关现有的裁判文书全数据也难以充分发现和总结规律性的长期模式,更无法展开有效的信息分析与建模。

需要着重指出的是,除了对外公布的法律裁判文书,法律决策过程中的关键行为如形成决策的内部讨论往往是高度非文字化、非数据化的。无论是大陆法系国家的法律决策组织(如合议庭、审委会)的讨论、决策过程,还是英美法系国家的法官、陪审团审判的内部讨论、裁判过程,基本都是非公开或无记录甚至是不允许记录与公开的。这使我们对法律决策过程中的博弈过程、裁判目的、考虑条件、心证形成等影响决策最为关键的因素缺乏普遍、充分的记载与掌握。不仅如此,中国司法决策运行赖以存在的程序信息也不充分。一方面,“庭审笔录不是一种公开的法律证明文书”[2],其亦未实现充分的数据化;另一方面,大量的程序过程如警察的侦查过程、检察院的起诉过程、法院庭审前后的过程也缺乏公开的、正式或非

---

① 检索时间为2023年8月21日。

② 张卫平:《论庭审笔录的法定化》,载《中外法学》2015年第4期。

正式的文字记录。

总之,法律数据不充分是客观现象。虽然我们一直强调司法公开,但也仅限于庭审过程与裁判结果的公开,对包括审前程序、决策讨论、法官心证过程的公开是有限的。同时,部分法律信息也是未充分记录甚至是非记录化的。由于影响司法公开与法律信息记录的制度性因素与结构性条件将会长期存在,法律领域尤其是司法领域的数据信息在很长的时间内都将呈现出有限性、片段化的特征。因此,所谓的司法人工智能只可能在数据存在系统性缺失的条件下展开。这必然影响到司法人工智能基于充分性和高质性的大数据提炼出准确法律决策模式的可能性,从而也就难以据此建立起普遍适用且精确有效的司法人工智能模式。只有当法官的行为模式与决策信息被充分获得并数据化时,司法人工智能或许才会迎来灿烂曙光;在信息不充分的条件下,我们无法期待司法人工智能为我们稳定提供一个真实、全面的司法决策与行为的全息图景模式。

2. 法律数据不客观

尽管我们期望法律是客观的,能够代表社会公平正义,但由于法律主体的利益与主张的差异性,法律往往只能代表大多数人所认可的行为标准与模式。从本质上来说,法律是一种意识形态,既然是意识形态,那么作为法律适用结果的司法裁决也就不可避免地具有意识形态特征。这也就意味着司法判决以及判决的理由与依据都具有很强的主观性与主体性,任何司法裁判似乎都很难做到绝对客观。正是在这一意义上,弗兰克指出:“所谓实际发生的世俗化其实是经历了两次反应后的结果,第一次是经由证人的反应,第二次是经由那些必须‘认定’事实的人的反映。初审法官或陪审员对证词的反应充满着主观色彩。所以,认为初审法院‘认定’的事实是主观的一点也不过分。”①

在中国,这主要体现在“同案不同判”上。很多时候,不同层级、不同区域甚至同一法院的不同法官对于同一法律问题往往有不

① 参见[美]杰罗姆·弗兰克:《初审法院——美国司法中的神话与现实》,赵承寿译,中国政法大学出版社 2007 年版,第 8 页。

同的看法与见解。在一些疑难案件中,更是如此。诸如“许霆案”在刑法上如何定性、“快播案”是否真的触犯了刑法、老人摆射击摊是否属于非法持有枪支等案件,不仅需要精细的法律推理与法律解释,更涉及法官的主观意志与价值判断。很多时候,裁判结果不仅是法律技术的体现,更是法律观念、社会价值的映照。因此,法律适用具有主体性、主观性与变迁性,我们很难像获取围棋棋谱那样获得一个完全没有任何价值判断的客观化的法律信息数据,“自动售货机”式的裁判古今中外皆难以达致。从这一点来看,如何让人工智能理解当下的社会共识,理解时代共识下的观念差异并预判这一差异在未来的可能变化,是摆在所有司法人工智能面前的大难题。更为重要的是,由于裁判者众多且彼此在很多方面存在差异,司法人工智能如果不加区分的话,会提炼出何种裁判模式及其适用范围也是大问题。如同 AlphaGo 主要收集与分析顶级围棋高手的棋谱而非所有棋谱,是否、如何对千千万万的各种裁判信息收集、归纳、建模,也值得深思。我们似乎应当以一流法官的一流裁判为参数来展开此项工作,但目前并未如此。

总之,面对法律信息这一掺杂着主体性、主观性、变迁性的混合体,要想通过人工智能发现规律、提炼标准、形成模式,进而预测未来判决,是一项极具挑战性与困难性的工作。

3. 法律数据结构化不足

数据为人工智能所识别的重要前提是数据具备结构化特征。对于机器而言,识别自然语言已属不易,识别法律专业术语更是难上加难。尽管法律对裁判文书的法律要素如法律主体、案件事实、法律适用等有明确规定,但进一步细化到法律语词方面,却并未作出统一规定,在客观上也不可能作出这样的规定。以丧葬费案件为例,在起诉状中“丧葬”可能被称为“安葬”“殡葬”,“停尸”的其他表述有“拉尸”“抬尸”“存尸”“运尸”“收尸”,“保存尸体”的同义词有“冷冻尸体”“冷藏尸体”,等等。如此种种非结构化的数据表述给机器学习造成了极大的障碍。当面对法律这种非客观存在物时,人工智能领域的无监督学习效果不甚理想。人们必须通过人工方式对法律数据进行筛选、清洗与分类。因此,当下的司法人工智能严重依赖人类事先构建的知识图谱。这意味着,如果没有人类为数据"打标签",机器无法主动学习。这与我们熟悉的围棋领域的阿尔法元(AlphaGo Zero)式的无监督学习截然不同。由于法律文书并无定法,其实践表述各不相同,因此,"打标签"面临很大的困难。相应地,司法人工智能也就面临法律数据非结构化的障碍。或许当务之急是实现法律数据的结构化,让法律人在文书写作中尽可能使用统一的术语,方便机器识别、学习。然而,这又谈何容易呢?

(二)算法隐秘且低效

毫无疑义,在拥有"燃料"的同时,人工智能还需要强劲的"引擎"——算法作为重要支撑。在人工智能领域"监督学习"仍是主流方法的情况下,采用何种算法、由谁来执行算法以完成重要的标注"标签"的任务,是决定司法人工智能成败的重要环节。正所谓"巧妇难为无米之炊",即使有了米,还得有炊具,更得有巧妇。光有原材料而无炊具与厨师,无法烹制出一桌子珍馐盛宴。算法的要害在于正确认识、提炼、总结法律决策的规律,并据此归纳人类法律决策的模型尤其是成功模型,并用于预测未来裁判,为当下裁判提供参考。人工智能依赖机器学习展开分析预测,其与以回归分析为中心的统计方法不完全一致。机器学习不是分析假设,而是分析、训练数据,通过使用算法,确定连接输入数据与输出结果的"最佳"假设。机器学习本质上是通过对训练数据——输入算法中的例子(可能是从历史记录中提取出来的)的计算,学到潜在的预测关系。尽管机器学习由算法驱动,但没有人的参与、输入和假设,机器学习是不会发生的。①

在人工智能领域,算法主要可分为符号学派、联结学派、进化学派、贝叶斯学派与类推学派五种类型。② 需要指出的是,人工智能的发展是这五种派别各领风骚、起起伏伏的过程,每种派别的算法屡

① See Lyria Bennett Moses & Janet Chan, *Using Big Data for Legal and Law Enforcement Decisions: Testing the New Tools*, 37 University of New South Wales Law Journal 643-678(2014).

② 参见[美]佩德罗·多明戈斯:《终极算法:机器学习和人工智能如何重塑世界》,黄芳萍译,中信出版社 2017 年版,第 66 页。

屡在大热之时被强行与人工智能画上等号。数十年以来,在人工智能领域,属于联结学派的深度学习算法获得了重大突破,世人熟知的 AlphaGo 正是在结合了深度学习与强化学习之后一鸣惊人。因此,许多人误以为深度学习就是人工智能,这显然存在误解。每种算法派别针对的数据领域、数据特点各不相同,在一个领域获得突破的算法不见得就能适用于其他领域。

在中国的司法人工智能界,算法处于“云山雾罩”的状态,我们不清楚法院和法律科技公司到底采用了何种算法以及该算法的实际效果如何。很多时候,我们只能从只言片语的描述中获取极为有限的信息。其中,或者对算法的描述语焉不详,或者予以过高评价,使用“神经网络”“迁移学习”等往往令局外人一头雾水的话语,但算法究竟是什么以及效果怎样,我们难以得知。这当然有可理解的客观原因:一方面,出于对公司核心技术成果——算法的保密需要。在竞争激烈的市场条件下,任何法律科技公司都不会对外大肆宣扬其算法的主要内容,更不可能在公开的出版物上详细介绍其算法的运作方式。[①] 另一方面,出于宣传的需要。在商业利益的驱动下,法律科技公司往往将最先进的算法名词搬上自己的宣传手册,而无论这些算法是否真正被使用过。值得注意的是,使用这些司法人工智能产品的用户往往也不关心其背后的算法为何,更无动力去学习与研究,他们在乎的只是系统好不好用,能不能提高办案效率。当然,鉴于这些用户大多是法律专业出身,他们也无能力去研究那些复杂的代码与程式。这其实也在一定程度上使法律科技公司更易宣传其算法的先进性。

根据笔者的观察与访谈,在中国司法人工智能界特别是预测裁判方面,知识图谱+深度学习是话语层面的主流算法,几乎每家法律

---

① 这种做法还可能得到法律的支持。在美国的威斯康星州诉卢米斯一案中,被告人认为自己受到了算法的歧视,要求算法公开,但威斯康星州最高法院和美国联邦最高法院认定,初审法院所依据的 COMPAS 系统的算法具有中立性和客观性,没有要求公开算法细节。See Jeff Larson et al., *How We Analyzed the COMPAS Recidivism Algorithm*, ProPublica May. 23, https://www.propublica.org/article/how-we-analyzed-the-compas-recidivism-algorithm.

科技公司都宣称使用了“最先进”的“神经网络深度学习”算法。但在实践中,知识图谱可能才是法律界运用人工智能的主流做法。所谓知识图谱(Mapping Knowledge Domain)是显示知识发展进程与结构关系的一系列各种不同的图形,用可视化技术描述知识资源及其载体,挖掘、分析、构建、绘制和显示知识及它们之间的相互联系。具体来说,知识图谱是用可视化的图谱形象地把复杂的知识领域通过数据挖掘、信息处理、知识计量和图形绘制而显示出来。①

从实践来看,很多法律人和法律科技公司都在似懂非懂地使用知识图谱的话语来构建司法人工智能,并将其作为主流算法,即通过知识图谱实现知识的可视化,描摹出案件的主要构成要件和证据构成。然而,他们可能并未注意到,知识图谱对数据、模型的颗粒化程度要求较高,模型越精细,数据越详细,知识图谱的效果才越好。以酒驾类案件为例,尽管此类案件案由简单,数量庞大,但在知识图谱上的颗粒化程度仍然极高,需要考虑的因素也相当多。如果忽略这一点,以颗粒化程度低的知识图谱进行案件结果预测,则无法获得期望的效果。正是因为如此,实践中司法人工智能预测裁判的效果不佳,正确率较低。这不仅表明目前流行的算法存在某种技术上的缺陷,也说明算法本身的效率不高。

事实上,目前较为常见的关于法院的大数据分析报告,都是对特定种类案件中的某些较易区分的因素,如当事人地域、性别、年龄、是否构成犯罪、涉案金额大小、刑期长短、民事案件中哪方胜诉等内容进行标注与分析,从而得出一些较为基础、简单的结论,如民事案件中何种类型的当事人更易胜诉、刑事案件中量刑的区间、犯罪金额大小对出入罪的影响等。结合裁判文书的文本内容仔细、深入地挖掘、分析、标注信息,并构建模型、发现趋势的大数据分析乃至真正意义上的司法人工智能并不多见。之所以如此,除前述的法律数据方面的原因之外,更为重要的原因在于我们目前并未形成一套高效、成熟的算法,甚至对算法本身还缺乏准确、恰当的理解。在

① 参见秦长江、侯汉清:《知识图谱——信息管理与知识管理的新领域》,载《大学图书馆学报》2009年第1期。

这样的情况下,我们很难对司法人工智能的前景保持乐观的态度。

在理想状态下,司法人工智能或许是类推学派中的知识图谱与联结学派中的深度学习相结合的一种机器学习方法,知识图谱与深度学习结合的算法意味着需要将法律分解为一个个小的逻辑模型,在方便机器识别的同时,通过专业人员给各个数据打上标签而为深度学习提供训练数据集。从本质而言,这仍是一种监督学习算法,打标签费时费力,成本非常高。如果不考虑这一点,深度学习算法就完美地适用于法律领域的任何场合,因为深度学习是一个端到端(end to end)的过程。这意味着,机器学习对与错、是与非界限十分明晰,唯有如此,机器才能通过学习大量带有明确标签的数据内容,自动总结、形成模型,以预测未来结果。机器需要充分挖掘法律文本,仔细分析文本中有法律意义的话语,将它们标签化并在此基础上分析、建模。然而,单纯以案件结果的胜诉、败诉作为数据内容标签,可能无法充分反映法官的裁判思路与案件事实。很多时候,一个关键案件事实的不同会使案件的裁判结果迥然不同。因此,简单地以裁判文书的裁判结果为数据内容"喂养"开展深度学习的机器,获得的可能只是一个无法充分反映司法裁判决策的模型。此外,深度学习算法还存在非透明性与不可解释性的缺陷。正是因为如此,人们常常将其形容成一个"黑箱",即只能获得机器给出的答案,却无法了解答案得出的过程。然而,司法裁判的过程不仅是给出结论的过程,更是以一系列合乎逻辑的声明或通过引用相关的法源得出结论的过程,只有结果无法"服众"。就此而言,深度学习算法的"黑箱性"可能天然地与法律决策的"透明性"要求相冲突。正因如此,尽管当下大火的针对大数据的大模型算法的准确性在一定程度上让人刮目相看,但其难以彰显的算法推演与证明的过程,让其在处理疑难案件时面临过程与结果的双重挑战。[①] 这告诉我们,通过机器学习算法发现或者充分发现裁判规律是一个漫长而未知的过程,中国司法人工智能还有很长的路要走。

---

① 参见毕文轩:《生成式人工智能的风险规制困境及其化解:以 ChatGPT 的规制为视角》,载《比较法研究》2023 年第 3 期。

(三)人才稀缺

司法人工智能的发展,不仅取决于法律数据与具体算法,还要求有既懂技术又知晓法律的复合型人才作为支撑。从中国目前的情况来看,司法人工智能的人才培养与储备状况都难以为其发展提供充分的人力资源支持,甚至在未来很长一段时间内,司法人工智能的发展都可能受制于人才的匮乏。

1. 法律界对人工智能技术的疏离

首先,法律界对数据统计与分析技术比较陌生。在传统意义上的文科培养模式下训练出来的法律人更习惯从定性而非定量的视角看待法律问题。即使在近年实证研究逐渐兴起的背景下,定量研究仍然为数不多。少数实证研究也多采用描述性的统计方法,即通过百分比、增长率、图形描述等方法浅显地阐释客观世界,而缺乏如相关、回归、聚类等推断型统计方法。之所以如此,一个很重要同时也很现实的原因是我们的研究者自身对数据统计与分析的技术并不了解,更谈不上熟练运用。这一局限在大数据时代将被无限放大。大数据时代,数据量无法用传统意义上的百、千、万来指称,而是要用 GB、TB 等表述容量大小的标准来形容,转换成传统数字,或许是亿、千亿、万亿。面对如此海量的数据,别说法律人,即使是数据专家,亦有无从下手之感。以“e 租宝与钱宝案”为例,案件涉及的数据量早已超越了人工能够处理的极限,必须依赖机器分析方能办案。遗憾的是,法律人并不精通大数据,在面对海量数据时,时常要倚仗 BAT 等企业的数据专家才能找到自己需要的证据。

其次,法律界对大数据算法几乎完全外行。在“小数据”时代,法律人运用统计式“算法”,或称法律实证研究,或许尚可应对。但面对海量的数据流,这种传统的“算法”已经不可能准确把握法律现象与司法运行规律,法律人需要更为精细与技术化的算法。事实上,对于目前崛起的生成式人工智能所依据的大模型算法,法律人往往是困惑的。所以,现实是法律人对于是否以及如何应用算法来处理法律大数据在整体上属于外行,甚至不能真正大规模地实际运用算法来构建裁判模式,更遑论建构出成功的算法模型。

最后,法律界对人工智能缺乏客观的认识。在人工智能迅速发展的背景下，越来越多的法律人开始关注人工智能，也勤于学习、研究相关知识、技术，但目前仍缺乏对司法人工智能的客观认知。一些法律人甚至不关心人工智能，甘愿做一只埋头于沙子的鸵鸟，在与人工智能领域的专家对话时，有的还停留于过去的刻板印象，将人工智能所能做的预测与人类的推理画等号，有的沉迷于科幻小说的虚拟幻想，认为人工智能将彻底颠覆人类社会。这些脱离人工智能界的幻想甚至是臆想常常让人工智能领域的专家在惊诧之余丧失进一步对话的兴趣与勇气。

2. 人工智能界对法律行业重视不够

首先，人工智能界对法律行业的感知不深。许多程序员尽管编码技术极为高超，但限于之前从未接触过法律行业，因此对法律人所提出的产品需求无法理解。这使很多司法人工智能产品无法达到法律人的预期，实际作用较为有限，以至于在很多时候司法人工智能开发成了技术人员的自说自话。目前，司法人工智能的发展表面上轰轰烈烈，但真正了解、掌握人工智能技术、机器学习算法的人才其实寥寥可数，有些甚至并未投身于司法人工智能这一专业领域。

其次，人工智能界的投入有限。目前，很多法律科技公司虽然非常重视司法人工智能的开发，并投入了很多资源，但相对于其他领域人工智能的开发，司法领域的投入其实并不可观。事实上，目前中国热衷于司法人工智能的研究与运用的公司在规模、人才与资金方面都较为有限。即使有的大科技公司如科大讯飞介入司法人工智能，其核心技术也是通用型语音技术，而非专门针对法律开发的人工智能。当然，这种情况正在改变，例如 2023 年 8 月 15 日科大讯飞所发布的讯飞星火 2.0 便在生成式人工智能上着力颇深。

最后，人工智能界过于看重眼前收益。目前，我国的人工智能技术主要集中于金融、汽车、互联网等高收益、高薪酬的领域。这和国外情况较为类似。彭博社在 2017 年 12 月发文称，“人工智能将占领华尔街 99%的投资机构”；[①]在汽车业，特斯拉吸引了大量的人

---

① See Nishant Kumar, *How AI will Invade Every Corner of Wall Street*, Bloomberg (Dec. 5, 2017), https://www.bloombergquint.com/business/2017/12/05/how-ai-will-invade-every-corner-of-wall-street.

工智能人才。从高校毕业的许多人工智能人才，被百度、阿里巴巴、腾讯等互联网企业的高薪酬吸引，投身其中。相较于这些高收益的行业，法律行业吸引力明显不足，难以招揽高技术人才。这一局面或许在短期内无法改变。

显然，人才问题构成了司法人工智能发展与运用的最大现实障碍与瓶颈。我们既没有"人工"，又没有好"人工"，又怎么会生产出好的"人工智能"呢？特别是，当机器学习者被要求对新知数据进行分类时，分类设计会引入一些归纳偏见，即机器学习者在"清洗"数据、设计假设及验证是否合适的问题上会存在不可避免的偏差。如果法律领域的专业人士亲自完成或指导计算机行业的专业人士完成上述工作，或许可以将偏差降至最低；如果没有法律专业人士参与其中，偏差可能无法被控制在一个可接受的范围内。① 恰恰在此关键问题上，法律界似乎并未做好充分投入"法律人工"的准备，人工智能界尤其是科技企业界也没有做好这方面的准备。必须看到：我们缺少"人工"去收集、选择法律数据的大样本甚至是全样本；我们更缺少"好"的"人工"去筛选优秀的裁判文书，去分析正确的裁判推理、裁判结果，并在此之上思考判断、正确归纳相应的裁判模式。

三、中国应该如何运用司法人工智能

不管我们接受与否，在大数据时代，法律行业已经受到冲击并正在发生改变。正如维克托所言，法律大数据以一种前所未有的方式，通过对海量法律数据进行分析，对法律问题进行预判，获得拥有巨大价值的产品和服务，或者得出新的认知、深刻的观点和主张。② 它必然改变传统法律行业的工作方式与竞争形态，并进而引发法律思维与研究方法的革命性变革。当大数据进一步结合自然语言分

---

① See Lyria Bennett Moses & Janet Chan, *Using Big Data for Legal and Law Enforcement Decisions: Testing the New Tools*, 37 University of New South Wales Law Journal 643-678(2014).

② 参见《睿至大数据：以智能技术推进检务与数据深度融合》，载海峡法治在线2018年8月6日，http://news.hxfzzx.com/bwyc/2018/0806/121411.html。

析能力、机器学习技术之后，所谓的司法人工智能呼之欲出。从某种意义上讲，传统手工作业式法律行业走向现代的机器化作业似乎不可避免，法律作业方式的革命已经展开，并逐步向纵深发展。在此背景下，司法人工智能在中国的前景如何呢？中国应该如何迎接司法人工智能时代的到来呢？

（一）司法人工智能在中国的运用具有长期性与艰巨性

我们处在一个“巨头齐聚、资本介入、民众法律意识不断提高的时代”，①“大数据”与“互联网+”的结合使各路人马与多种资本纷纷进入法律行业。一时间法律大数据、司法人工智能成为热门话题，各种冠以类似名称的法律产品也充斥着市场，甚至部分产品已经进入法律服务领域和司法裁判活动中。在笔者看来，这些热闹的现象并不表明中国已经进入司法人工智能时代，更不意味着市场已经有了成熟的司法人工智能产品。恰恰相反，司法人工智能在中国的运用将是一个长期的过程，并将面临艰巨的挑战。这是由如下因素所决定的。

其一，社会是否接受“机器人法官”。必须指出，法律决策本质上属于一种人类专家决策，与依数据决策迥然不同，规律各异。法律经验经由开放的辩论与经年的累积而达成，并以当事人与社会可接受的方式表述。然而，人工智能是一种由机器（尽管人在其中操控）分析数据，基于数据关联性而构建的“另类”的客观化、科学化的决策模式。很多时候，机器归纳的裁判模式可能连操控主体也难以理解，就如人类时常无法理解 AlphaGo 的围棋招式一样。在法律专家系统与数据分析系统所得出的结果不一致时，人类是否选择相信机器，这是一个大问题。如果人类选择不相信，那么期待中的“阿尔法法官”不会降临。实际上，在中国，司法人工智能在长时间内可能只是一种辅助性、参考性的器物，为法官、检察官、律师等法律人提供行动参考。

其二，人类法官优秀经验的归纳总结尚待时日，更不要说司法

---

① 王振宇：《法律+互联网？少点套路，多点真诚（下）》，载微信公众号“icourt 法秀”2016 年 6 月 28 日，https://mp.weixin.qq.com/s/YO-vhwdM_KTZ5UrT_O3lyA。

人工智能可以超越人类法官了。从整体而言,目前没有非常成熟的算法与相对成功的机器裁判与预测模式。尚处于萌芽阶段的司法人工智能是一个长期且极耗费资源、需要更多既懂法律又懂人工智能的复合人才加入的领域与行业。目前的司法人工智能仍属一种统计型、经验型、材料准备型、文字模板型的弱人工智能,低效且适用范围窄。如果说类似于 AlphaGo 的强人工智能是以模仿人、超越人为目标,并已在诸如象棋、围棋、电子游戏、无人驾驶等领域实现了超越人类的目标的话,司法人工智能更像一个嗷嗷待哺的婴儿,期盼着优秀数据、优秀人才的加入与"投喂"。特别要指出,司法人工智能在算法上采取了知识图谱的半监督学习方式,这种方式的显著特点就是"有多少人工方有多少智能",只有在前期通过法律专家对法律规范以及法律案例的归纳、总结,将其转换为结点—边—节点的表示知识和事实的陈述语句时,司法人工智能方能实现某一法律要素式审判的突破。且不说法律专家对特别类型法律知识的审判要素与知识图谱的总结是否正确,单就应对法律领域在法律知识上越来越精细化划分的趋势而言,司法人工智能就需要大量的资源。可以说,数据化的法律规范、案例与相关知识正呈现爆炸式的增长态势,一夜之间新增数十件法律规范与数百件案例已是常态,更别提每一个细小的法律类型要素与法律知识图谱的背后各种法律法规、法院内部文件以及其他社会规范的叠加了。这种工作量用"案牍劳形"来形容一点也不为过,每一个法律知识图谱的构建、司法人工智能的每一步前进都需要付出难以想象的艰辛。

值得注意的是,目前市场上的绝大多数甚至可以说几乎所有人工智能产品的开发者都未能很好地解决如何表示法律、总结法律、阐释法律的难题。并且,在机器学习的对象、所被"喂养"的数据方面,也没有解决质量不佳的问题。现有的学习对象既不是质量优秀的判决书,也不是全部的法律判决书,既不是全样本,也不是部分样本中的优秀样本,既不代表法律数据的全体水平,也不代表法律数据中的高水平。就此而言,在当下技术开发者对人类法官经验的选择尚无力区分时,我们无法判别何为优秀的裁判文书、何为优秀的裁判标准。我们也无法期待在机器学习裁判文书基础上形成的裁判模型必然得出准确的结论。

需要指出的是，尽管人工智能被誉为新时期的“电”与“蒸汽机”，能够为旧产业提供新动力、新思路，但人工智能并非轻易能够为旧有行业的人们所掌握与使用。法律专家对人工智能技术掌握得不够，因此并不清楚如何在技术上用合适的方式表达、显示法律，甚至法律专家本身也没有基于裁判文书等信息充分地把握、认识法律的现状和规律性的裁判因素。从这个角度看，“多人工就多智能，少人工就少智能，没人工就没智能，优秀人工就有优秀智能，垃圾人工就有垃圾智能”确实已成为司法人工智能有效运用的基本操作前提，甚至“有了优秀人工也未必就有优秀智能”。然而，目前各界似乎并未意识到司法人工智能开发的长期性与艰巨性，他们只看到了司法人工智能的“钱景”，却对“前景”路上的重重荆棘或毫无防备或视而不见。当下，我们担心一哄而上向“钱”看的司法人工智能浪潮会“欲速则不达”，真正的司法人工智能产品的运用前景反而遭到破坏。

中国需要司法人工智能，更需要优秀的司法人工智能，而优秀的司法人工智能产品需要时间、资本、人力的投入，尤其需要既擅长人工智能技术（计算机科学、统计学）又精通法律知识的双栖人才长时间、专注地投入与坚持，绝非一朝一夕可就。

（二）明确司法人工智能可以运用的领域与条件

对于人工智能而言，像“法律人那样思考”已经不再是一种愿景，更不是一种奢望。确实，只要有足够的数据量，再加上深度的机器学习与超强的自然语言学习能力，司法人工智能可以高效地处理各种复杂的法律事务，甚至能够得出与优秀法律人一样的判断。尽管如此，在笔者看来，这并不表明司法人工智能就能不分领域与场合适用于处理所有法律事务，司法人工智能同样存在适用范围的限制。

其一，司法人工智能的定位是辅助法律人决策的助手与“参谋”。这既是由人类（包括法律人与公众）对法律职业的认知所决定的，也是由人工智能自身的不足所决定的。从根本上讲，人工智能尚未在法律的核心领域显示其高于人类的能力，尽管它在某些领域（如犯罪风险评估）似乎有超过人类之处。因此，它适宜作为法官裁判的助手而非完全替代法官。从提高工作效率的角度看，未来应更多地将人工智能运用于处理技术性、辅助性的工作，如法庭记录、材料搜索与推送、裁判文书的制作等。即使如此，也不要低估司法人工智能做好辅助性事务工作的难度，如在多人说话、方言表述的庭审中，精确地转换语言仍然是一项很复杂的工作，至今都未取得实质性突破。

其二，司法人工智能的运用与否可以更多地尊重私主体的意愿。在法律事务中，司法人工智能的运用与否由公民个人、公司或其律师决定更为适宜，如当事人借助司法人工智能选择律师，律所主任借助司法人工智能进行律所管理，律师借助司法人工智能起草与审查合同、预测案件结果，等等。之所以强调司法人工智能的运用决定应由私主体作出，首先是因为法律事务的结果好坏影响当事人，必须充分保障其意思自治。如果由公权力决定是否运用司法人工智能，一旦出现争议或与当事人预期不符，很可能会引发进一步的冲突。其次，公权力的行使要求一定的透明性，而司法人工智能的算法具有相当的“黑箱性”，可能因为深度学习算法的运用而无法言明计算的过程与内容，也可能由于算法商业机密与知识产权的考虑而不对外公开，这天然地与公权力行使的透明性与规则的公开性相悖。

其三，限制司法人工智能直接适用于法官裁判。人工智能应多运用于非裁判性事务。人工智能应更多运用于诸如合同的审查、起草等非诉事务，较少被用于预测裁判等诉讼事务。这是因为，相对于非诉讼事务而言，诉讼是一个开放的过程，信息众多繁杂且真假难辨，在这样一种多方博弈、信息互有隐瞒的场景中，呈现于法庭之上的案件事实只是真实客观事实的一角，法官需要通过残缺的信息作出判断、决策。同时，法官的判决结果还会受到多方面的影响，有时甚至是社会性、情感性因素的影响。因此，在这种开放的裁判场合下，信息时时流动且变化，与围棋不同，这是一种信息非充分条件下的博弈。人类选手在信息不充分的星际争霸游戏中以 4∶0 的比分横扫人工智能的事例，[①]也从侧面证明在信息不充分的场合可能

① 参见《面对 AI，人类玩家在围棋上输了，但在星际争霸上赢了！》，载搜狐网 2017 年 11 月 2 日，http://www.sohu.com/a/201852729_608451。

并不适合人工智能“施展拳脚”。

其四,在司法人工智能预测或辅助裁判方面,应该注意以下几点:首先,司法人工智能应适用于简单、明确的案件。如同阿法狗适用于围棋这样规则清楚、边界明确、信息充分的场域,却至今未能击败信息不完全条件下人机互动的电脑游戏高手一样,司法人工智能的运用领域应当是信息客观性强、事实清楚、证据形式客观真实的简单案件,而对复杂、模糊案件的裁判仍需倚重法官们的专业智慧。具体而言,在民事案件中,像保险类纠纷、网络支付纠纷、网上金融交易纠纷、小额借贷纠纷、劳动争议纠纷、交通事故纠纷、婚姻继承纠纷等案情相对简单、证据形式较为客观的纠纷,人工智能有较好的运用前景;在刑事案件中,盗窃、抢劫、醉驾等简单的案件较适合运用人工智能,由于职务犯罪、杀人与故意伤害等恶性案件需要对证据进行更为仔细的甄别,再加上每个案件都有其特殊性,对人工智能的运用需要谨慎;在行政案件中,司法人工智能可以适用于事实清楚、争议不大、可以适用简易程序审理的案件,如应当以不属于行政诉讼受案范围、不具有原告主体资格、超过法定起诉期限以及不符合其他受理条件等理由裁定驳回起诉的案件。其次,运用司法人工智能的民商事案件应多于刑事、行政案件。司法人工智能可能更适合参与民商事法律纠纷的处理。这是因为民商事案件的信息资源更为丰富、充分、准确与真实,尤其是在诉讼两造的激烈对抗下,法律信息往往可以得到充分披露与展现,而刑事以及行政诉讼呈现出“弱对抗”甚至“无对抗”的状态,人工智能的运用可能无法保障法律信息的充分性,其真实性也可能存疑。

(三)需要在司法人工智能开发的技术层面推进改革

如前所述,目前中国人工智能的开发与运用在技术层面还存在不少问题,尤其是算法和人才的问题可能构成司法人工智能在中国发展与运用的最大现实障碍与瓶颈。有鉴于此,在中国推进司法人工智能,除要明确上述两个认知层面的问题之外,还需要在技术层面采取针对性的完善措施。

第一,算法的改进。对于算法问题,首先要考虑提高算法的准确性与科学性,探索契合中国法律实践的算法。对于任何人工智能而言,算法都处于异常关键的位置,司法人工智能同样如此。一方面,应注意算法的准确性。如果在实践中贸然使用准确性欠佳的算法,我们最终很有可能只是发现一个"未拟合"即不正确的决策模型。这样的人工智能不仅毫无意义,还会干扰正常的司法决策。另一方面,我们还需要注意算法的科学性。有时候,准确性并不意味着一切,太过准确甚至是一种变相的错误,即我们还会发现一个"过拟合"的司法决策模型。也就是说,我们通过机器学习发现的司法规律可能比法律专家所熟悉的规则更为复杂,它们将包含不同的元素,它们的相关性可能不会立即显现出来。① 其次,注意算法使用的透明性。从当前所使用的主流算法看,深度学习无法做到算法透明。即使公布深度学习的所有代码与程式,也无法预知算法如何以及为何得出相应的结果,因此,未来需要在对现有算法进一步开源的基础上,探索与运用更契合中国实践需要的新算法。同样,在司法领域,主要针对文本大数据的大模型也要不断调整与发展。此外,算法的透明还需要从基础数据做起,即从对法律裁判文书中简单要素的标注向疑难、复杂要素的标注迈进。最后,注意算法的歧视性。算法带有歧视性,这已是不争的事实,比如有犯罪前科的主体在面对算法预测量刑时会陷入更为不利的境地。对过去有偏见的数据未经仔细考虑的算法系统,有可能重新创造甚至加剧过去决策过程中出现的歧视。② 因此,应当注意算法中可能存在的偏见及其潜在危害。这就要求我们认识到人工智能得出的判断可能存在错误,需要人的理性判断与解读。

第二,人才的培养与融合。从某种意义上讲,法律人与技术人的结合程度决定司法人工智能的运用深度。未来我们不仅要从司法人工智能的角度系统培养相关的专门人才,还要推动法律人士与

---

① See Lyria Bennett Moses & Janet Chan, *Using Big Data for Legal and Law Enforcement Decisions: Testing the New Tools*, 37 University of New South Wales Law Journal 643-678(2014).

② See Edwards et al., *Slave to the Algorithm? Why a "Right to an Explanation" is Probably Not the Remedy You are Looking For*, 23 Duke Law & Technology Review 16-18 (2017).

技术人士在知识结构上的深度融合。

第二节　中国司法人工智能的“冷热”悖论

随着人工智能技术的发展和进步,关于人工智能的讨论在世界范围愈来愈热。2018 年 6 月 18 日,美国国际商业机器公司旗下的人工智能“辩论家项目”(Project Debater)与以色列辩论冠军奥瓦迪亚以及另一名辩论员扎福瑞尔,分别就“政府应资助外层空间探索”和“人类应使用远程医疗”问题展开了两场辩论。[①] 在辩论过程中,“辩论家项目”通过云端技术搜集报纸、学术论文等资料并将其转化为论述,同时分析对手的演讲并提出反驳。虽然“辩论家项目”在第一场比赛中落败,但第二场辩论结果显示,机器人以 9 票优势领先人类辩手。同年 6 月 29 日,美国人工智能研究公司开放人工智能(Open AI)宣布,在多塔 Dota2 游戏五对五的规则下,人工智能击败业余人类玩家,并准备对专业玩家团队发起挑战。而在一年前,人工智能还只是在一对一的规则下击败人类玩家。[②] 2022 年 11 月,美国人工智能研究公司开放人工智能发布的聊天生成预训练转换器(ChatGPT)轰动全球,并且引发了世界范围内对生成式人工智能的关注与研发热潮。种种迹象表明,人工智能已经并将继续“侵入”人类已经存在的各种领域,那么法律界尤其是中国法律界做好相关的准备了吗?

一、热与冷:司法人工智能界的悖论现象

(一)话语与实践的冷热差异

1. 政策层面之“热”

面对来势汹汹的人工智能“革命”,中国政府对人工智能的支

---

① 参见李忠东:《人工智能“辩论员”登台亮相》,载《检察风云》2018 年第 15 期。

② 参见杨吉:《机器人还不会有“普鲁斯特记忆”》,载《上海证券报》2018 年 8 月 29 日,第 8 版。

持力度空前。综观世界,可以说尚未有一个国家像中国这样通过顶层设计来支持司法和公共安全领域大规模地运用人工智能技术。2017年3月5日,时任国务院总理李克强在第十二届全国人民代表大会第五次会议上所作的政府工作报告中明确指出支持人工智能发展,强调"加快新材料、人工智能、集成电路、生物制药、第五代移动通信等技术研发和转化,做大做强产业集群"[①]。这是中国向世界发出的鲜明信号——中国将成为人工智能技术的先锋。同年7月8日,国务院印发了《新一代人工智能发展规划》,提出"构筑我国人工智能发展的先发优势,加快建设创新型国家和世界科技强国"[②],力图在新一轮国际科技竞争中掌握主导权。[③] 2022年12月8日,最高人民法院发布《关于规范和加强人工智能司法应用的意见》,着力推动司法审判模式和工作机制的智能化革命。另外,以科技部专门设立国家重点研发计划"公共安全风险防控与应急技术装备"重点专项"公正司法与司法为民关键技术研究与应用示范"专题研究任务(科技部国家重点研发计划"司法专题任务")为例,截至2021年,已发布5批次招标项目,投入了大量资金专门开展司法数字化相关技术与装备的研究,特别是在线诉讼、法院管理、诉讼服务、裁判预测、类案智能推送系统等数字化、智能化的智慧法院技术和装备。

在司法领域,人工智能的运用尝试更是如火如荼。2016年11月17日,在第三届世界互联网大会智慧法院暨网络法治论坛上,时任最高人民法院院长周强指出:"将积极推动人工智能在司法领域的应用。"[④]在地方层面,科技公司开始不断与各地法院联手,大力推进司法领域的人工智能应用。例如,科大讯飞与三省一市(江、

---

① 李克强:《政府工作报告——2017年3月5日在第十二届全国人民代表大会第五次会议上》,载中国政府网,https://www.gov.cn/premier/2017-03/16/content_5177940.htm。

② 《国务院关于印发新一代人工智能发展规划的通知》,载中国政府网,http://www.gov.cn/zhengce/content/2017-07/20/content_5211996.htm。

③ 参见李克强:《政府工作报告》,载《人民日报》2017年3月17日,第1版。

④ 邓恒:《人工智能技术运用与司法创新》,载《人民法院报》2017年12月14日,第2版。

浙、沪、皖)高级人民法院签署了《推进长三角地区三省一市“人工智能+法院”深度战略合作协议》,共同推进“人工智能+法院”在长三角地区的应用。[①] 此外,由上海市高级人民法院研发的“上海刑事案件智能辅助办案系统”成为一项标志工程。[②]

2. 学术研究层面之“热”

受司法实务界的影响,法学界对法律人工智能特别是司法人工智能的关注和研究热度也与日俱增。在中国知网上以“法律”“人工智能”为关键词搜索文献,截至 2023 年 9 月 11 日可以发现,2016 年前,每年相关主题的文献仅为 10~15 篇,很多年份甚至是个位数。进入 2016 年,文献数量猛增至 66 篇,2017 年为 134 篇,2018 年猛增至 599 篇,2019 年、2020 年这两年数量达到顶峰,均为 1000 余篇,2021 年以后虽有回落,但依然保持每年 800 篇之多,法律人工智能的专著或专题研究类成果也与日俱增。[③] 其中不乏高质量的研究成果。此外,近年来国家重点研发计划、国家社科基金等重大科研项目中法律人工智能选题的增多也预示了未来相关研究的方向。通过对现有文献的梳理,笔者发现,目前关于法律人工智能的研究主要集中于以下几个方面:一是探讨人工智能对整个法律体系、法律制度的影响。[④] 二是探讨人工智能所涉及的法律主体资格的问题,例如是否应当将法律主体资格延伸至人工智能上。[⑤] 三是探讨人工智能对部门法的可能影响,例如人工智能时代侵财犯罪的刑法

---

① 参见汪永安:《讯飞携手长三角法院共同推进“人工智能+法院”》,载新华网,http://m.xinhuanet.com/2018-06/07/c_1122949446.htm。

② 参见严剑漪:《揭秘“206”:法院未来的人工智能图景——上海刑事案件智能辅助办案系统 164 天研发实录》,载《人民法治》2018 年第 2 期。

③ 例如,乔路、白雪:《人工智能的法律未来》,知识产权出版社 2018 年版。[美]瑞恩·卡洛、[美]迈克尔·弗鲁姆金、[加拿大]伊恩·克尔编:《人工智能与法律的对话》,陈吉栋、董惠敏、杭颖颖译,上海人民出版社 2018 年版。

④ 例如,有学者指出,在人工智能时代,法律功能的独特性面临着丧失的危险。法律的规范性期望被认知性期望取代,法律被代码/算法取代。参见余成峰:《法律的“死亡”:人工智能时代的法律功能危机》,载《华东政法大学学报》2018 年第 2 期;参见李晟:《略论人工智能语境下的法律转型》,载《法学评论》2018 年第 1 期。

⑤ 参见吴习彧:《人工智能的法理与司法应用——论人工智能的法律主体资格》,载《浙江社会科学》2018 年第 6 期。

适用、人工智能担任公司独立董事的法律问题[①]以及智能机器人的刑罚体系[②]等。与此同时，与法律人工智能相关的研讨会逐渐增多。一时间，法学领域的人工智能研究蓬勃发展。

3. 司法实践运用效果之“冷”

尽管在话语层面，我们不断宣扬人工智能已经成功在司法领域开疆拓土，其中的典型代表如上海的206系统、江苏的智慧审判系统等。但这并不意味着司法领域的人工智能运用已经获得了实质性的突破。事实上，中国司法系统斥巨资力推的大数据及司法人工智能技术在司法实践中的运用效果似乎并不理想，一些司法产品甚至被长期搁置。笔者在S省C市有关法院调研类案类判系统时曾了解到，一些法官表示法院提供的类案类判系统存在明显问题：首先，无法提供精准的类案。其次，类案范围不够广泛，仅局限于河南、山东等省份。最后，类案的时间不延续，往往集中于若干年份，其他年份缺失。这就使类案类判系统无法真正起到参考作用，很多法官不得不寻求一些企业搜索平台的帮助。[③] 与此同时，笔者了解到，江苏智慧审判系统的应用情况似乎也不太理想，江苏基层法院的部分法官甚至表示并未使用该系统。上海的智能辅助办案系统也并非“完美”。对此，刘品新曾评价道，上海政法系统研制的“刑事案件智能辅助办案”系统主要着眼于证据的合法性自动审查，侧重于形式审查方面，而“在实质审查方面还有一些障碍”。[④] 上述事实表明，在实践层面，法律领域的人工智能运用尚与司法机关主导的“话语热”存在落差。

---

① 参见林少伟：《人工智能对公司法的影响：挑战与应对》，载《华东政法大学学报》2018年第3期；参见江必新、郑礼华：《互联网、大数据、人工智能与科学立法》，载《法学杂志》2018年第5期；参见吴允锋：《人工智能时代侵财犯罪刑法适用的困境与出路》，载《法学》2018年第5期。

② 对于智能机器人的刑罚体系，有论者认为必须坚持罪刑相适应原则、以刑罚目的为导向原则以及刑罚节俭性原则。适用于智能机器人的刑罚可以有3种，即删除数据、修改程序、永久销毁。参见刘宪权：《人工智能时代刑事责任与刑罚体系的重构》，载《政治与法律》2018年第3期。

③ 参见左卫民：《如何通过人工智能实现类案类判？》，载《中国法律评论》2018年第2期。

④ 参见刘品新：《大数据司法的学术观察》，载《人民检察》2017年第23期。

(二)域内与域外的"冷热"

中国在顶层设计方面对人工智能的重视程度远超世界其他各国。但涉及具体的、深度的运用,却又"上热下冷","冰火两重天"。而在域外,尽管政府层面的支持力度及辐射规模似乎远不及中国,但地方实践可圈可点。例如,美国一些州的法院已经有规模地将司法人工智能技术应用于审前保释或判后假释的风险评估之中。① 但是,这种做法引起了争议,由此还产生了著名案例,威斯康星州诉卢米斯一案(Wisconsin v. Loomis)即是这方面的典型。该案中,卢米斯认为美国威斯康星州法院使用COMPAS智能量刑系统将其再犯可能性危险等级认定为"高风险"有违客观性与中立性,要求美国联邦最高法院对此作出裁决。然而,2017年6月,美国联邦最高法院却拒绝受理该案件。② 笔者推测,美国联邦最高法院之所以拒绝受理该案,或许是因为美国联邦最高法院的"九人"对人工智能是否能够应用于司法实践尚无足够的信心,对人工智能在司法实践中运用的程度及范围尚缺乏把握。

除了上文提到的COMPAS之外,美国的一些州也使用一些司法人工智能工具来确定被告人的刑期长短。这种"风险评估工具"是在参考了数十年的量刑案例后所设计的一种算法。③ 该算法设置了所在居住地、受教育水平、关系亲密人群的犯罪状况、中学前是否有过乘坐飞机旅行的经历等权重模块,以此来评估被告人在一定时期内重新犯罪的可能性。④ 有人通过机器学习的方法研究了新奥尔良地检署1988—1998年十年间145,000名被告人的280,000起案

---

① See Christopher Slobogin, *Risk Assessment*, in The Oxford Handbook of Sentencing and Corrections 196,203-205 (Joan Petersilia & Kevin R. Reitz eds. ,2012). at 200.

② See Michelle Liu, *Supreme Court Refuses to Hear Wisconsin Predictive Crime Assessment Case*, milwaukee journal sentinel (Jun. 26,2017), https://www.jsonline.com/story/news/crime/2017/06/26/supreme-court-refuses-hear-wisconsin-predictive-crime-assessment-case/428240001/.

③ 参见左卫民:《关于法律人工智能在中国运用前景的若干思考》,载《清华法学》2018年第12期。

④ 参见左卫民:《关于法律人工智能在中国运用前景的若干思考》,载《清华法学》2018年第12期。

件，建立了被告人的再犯可能性模型，分析何种案件、哪样的人会得到法院的减刑与保释。[①] 在《通过算法测算被告人的再逮捕率与人类检察官大不相同，算法还识别出了干扰因素》一文中，论者即提出，如果算法得当，使用该模型可以降低 5%—9% 的再犯危险，[②]并有效区别出人类检察官所带有的主观因素。在此意义上，司法人工智能可以作为一个基本的分析工具。其算法比检察官的主观判断更加客观、公正。

康奈尔、哈佛、芝加哥、斯坦福大学的乔恩·克莱因伯格(Jon Kleinberg)、希马比都·拉卡拉胡立尔(Himabindu LakkarajuJure)、莱斯科韦茨(Leskovec)、塞德希尔·穆来纳森(Sendhil Mullainathan)利用决策树、迭代算法等机器学习算法分析了美国 15 万余份重罪案件的法官保释或假释决定，[③]研究美国法官在对嫌疑人作出保释决定时究竟考虑了何种因素、哪种因素最为关键、哪些因素为人类法官所过度考虑以及保释决定是否正确等问题。最后，该团队发现：独立的机器学习算法的预测成绩要优于人类法官的判断，当法官不当运用“不具有观察性”的因素的情况下尤其如此。研究团队进而提出，如果推广基于机器学习预测的释放规则，能使美国在犯罪率没有任何增加的前提下，将监禁人数减少 25%，或在不改变监禁人数的前提下，将犯罪率减少 20%，这相当于增加了 2 万多人的警力。[④]

此外，美国的法律人工智能还被广泛地应用于审查商业合同文

---

① See Amaranto et al. , *Algorithms As Prosecutors: Lowering Rearrest Rates Without Disparate Impacts and Identifying Defendant Characteristics “Noisy” to Human Decision-Makers*, ResearchGate (Jun. 25, 2017), https://www.researchgate.net/publication/318390028_Algorithms_As_Prosecutors_Lowering_Rearrest_Rates_Without_Disparate_Impacts_and_Identifying_Defendant_Characteristics_Noisyy_to_Human_Decision-Makers.

② See Amaranto et al. , *Algorithms As Prosecutors: Lowering Rearrest Rates Without Disparate Impacts and Identifying Defendant Characteristics “Noisy” to Human Decision-Makers*, ResearchGate (Jun. 25, 2017), https://www.researchgate.net/publication/318390028_Algorithms_As_Prosecutors_Lowering_Rearrest_Rates_Without_Disparate_Impacts_and_Identifying_Defendant_Characteristics_Noisyy_to_Human_Decision-Makers.

③ See Kleinberg et al. , *Human Decisions and Machine Predictions* (*Feb.* 2017), NBER Working Paper No. w23180.

④ See Kleinberg et al. , *Human Decisions and Machine Predictions* (*Feb.* 2017), NBER Working Paper No. w23180.

本。例如,法律人工智能平台即刻法律(LawGeex)与斯坦福大学法学院、杜克大学法学院和南加州大学的法学教授合作,让法律人工智能程序就4小时审查5项保密协议(NDA)与20名有经验的律师展开竞争,主要考察仲裁、关系保密和赔偿准确界定问题。实验发现,在准确性方面,即刻法律以95%的准确率完胜人类律师(准确率85%)。在速度方面,法律人工智能完成任务仅需26秒,而人类律师则需92分钟。[①] 英国的博闻律师事务所(Berwin Leighton Paisner)在特定的产权纠纷案件上使用人工智能系统,该系统从英国土地注册局出具的所有权契据中提取数据并核查细节,从而在房地产案件中准确提供关于产权所有人的法律提示。[②] 加拿大科技公司开发的罗斯法律人工智能项目利用美国国际商业机器公司沃森系统[③]的平台进行技术开发与升级,能够识别用户自然语言问题(如公司破产之后是否能够继续经营)并精准、快速回答。截至2016年4月,罗斯获得了超过20个客户,包括贝克豪思和瑞生等全球知名律师事务所,并且开始向国际领域扩展。

从上文分析可以看出,国内外在法律人工智能特别是司法人工智能的话语—实践、设计—应用领域呈现出“倒挂”现象。在中国,我们注重顶层设计,但对司法一线人员在司法人工智能方面的真正需求却知之不多,实践中真正有用并投入常态化运营的司法人工智能系统并不普遍。事实上,我国司法人工智能还需进一步落地生根,我们需要能够实现裁判预测功能的司法人工智能系统与工具。

---

① Monica Chin, *An AI Just Beat Top Lawyers at Their Own Game*, Mashable (Feb. 26,2018), https://mashable. com/2018/02/26/ai - beats - humans - at - contracts/? from = singlemessage&isappinstalled = 0#NQSAXAlXWkqd.

② 参见《英媒:人工智能正在取代初级律师》,载新华网,http://www. xinhuanet. com/world/2017-09/20/c_129708856. htm。

③ 美国IBM公司开发的Watson是能够使用自然语言来回答问题的人工智能系统。2011年Watson一鸣惊人,在一档问答类综艺节目《危险边缘》中打败了人类选手。其后,IBM将Watson平台向各研发主体开放,用以在各垂直领域(如医疗、法律等)开展研究。多个法律人工智能机器人平台都是在Watson的基础上进一步开发的。如今,Watson已经被运用到超过35个国家的17个产业领域。

二、冷与热：原因何在

上文分析表明，同域外国家相比，中国法律领域的人工智能存在令人惊讶的“倒挂”现象。那么，在对待与运用司法人工智能的态度与实践中，为何呈现出明显的“冷热不同”？进一步而言，影响司法人工智能话语与实践冷热的因素究竟为何？

（一）话语层面为何“冷热不同”

笔者认为，上述现象产生的主要原因在于中国与域外国家在人工智能上的认识差异。可以说，在司法人工智能顶层设计方面域内域外所体现出来的冷热不均是域内外在对待人工智能态度问题上的直接传导。尽管域内域外均将人工智能视为下一个社会变革与经济增长的引擎，但在对待人工智能的态度上仍有明显区别。比较而言，西方国家对人工智能更为警惕，总体上呈现出一种“保守倾向”。而中国更加积极，呈现出一种乐观主义倾向。事实上，在域外，早在人工智能萌芽阶段即20世纪四五十年代，计算机与自动化曙光初现时，人们就开始担心人与机器的相互关系问题。而当AlphaGo开始在围棋界大杀四方，这种忧虑再次被传递到社会的各个角落，人们开始担心自身的地位以及未来是否会被机器取代的问题。斯坦福大学人工智能与伦理学教授杰瑞·卡普兰甚至指出，除了体力劳动者，银行职员、文员、记者、会计、律师都要承受被取代的风险。[①] 史蒂芬·霍金、埃隆·马斯克等反人工智能派也再三强调，要警惕人工智能的风险。霍金称：人工智能在不遥远的未来，可能会成为人类的一个真正威胁。[②] 马斯克更明确表示，我们需要十分小心人工智能，它可能比核武器更危险。[③]《未来简史》的作者尤瓦尔·赫拉利预测，人类将失去其神圣地位，成为机器人圈养的动物，

---

① 参见杰瑞·卡普兰：《人工智能即将颠覆这8大行业》，载《科技中国》2016年第6期。

② 参见牛禄青：《人工智能将引发“无用阶层”？》，载《新经济导刊》2017年第12期。

③ 参见江晓原：《人工智能：威胁人类文明的科技之火》，载《探索与争鸣》2017年第10期。

并可能被机器人随意屠宰。① 西方国家的民众普遍将人工智能与《终结者》等科幻电影中的邪恶形象联系在一起，因此对人工智能有着天然的警惕。所以，尽管在实践层面西方国家正在不断扩大法律人工智能特别是司法人工智能的运用范围，提升其运用深度，但他们在国家的顶层设计方面却慎重得多。西方法治发达国家的权利意识也是对人工智能运用保持警惕态度的重要原因之一。由于担心人工智能的运用会引发一系列的侵权行为以及当下作为权利维护手段的法律所无法解决的问题，西方国家普遍对人工智能尤其是数据的利用设置了较多限制。例如，2018 年 6 月 22 日，美国最高法院以五对四的投票支持对公民移动电话隐私权的保护，认为执法单位长时段地掌握公民个人手机位置信息的行为应受到《美国宪法第四修正案》的规制。②

相反，我国不少人对于人工智能并未怀有如此之深的恐惧，民众普遍将人工智能技术视为“为我所用”的工具，而对其不利的一面持乐观心态。当前中国司法人工智能在实践中遇冷，某种程度上是技术而非观念所致。而在国家的顶层设计上，中国更是将人工智能视为下一个赶超西方发达国家的重要途径，因此在推动上不遗余力，从而进一步增加了人工智能在话语层面的热度。另外，在法律规制方面，中国对人工智能所设置的进入门槛较低，相应限制也较少，虽然正在对人工智能的伦理进行研究推进，但一定的滞后性反而为人工智能的政策选择与发展战略提供了有利条件。

（二）实践层面为何“冷热不同”

1. 前期准备条件不同

中国在建设人工智能方面没有“历史包袱”，也正因如此，中国在人工智能技术、人才团队、资金投入上的前期准备不足。西方国家研究法律人工智能技术的历史已达数十年之久，中国在这

---

① See Yuval Noah Harari, *Homo Deus: A Brief History of Tomorrow*, Harper Collins Publishers Ine, 2016, p. 318-321.

② 参见卢莹：《美国刑事司法中手机定位信息保护的新发展》，载《人民法院报》2021 年 3 月 19 日，第 8 版。

方面则刚刚起步。美国成立了专门的法律人工智能协会研究“法律+人工智能”的问题,在人才资源方面,美国的谷歌(Google)、深思(Deepmind)等人工智能团队在大规模资金的支持下迅速成长,以年甚至月为周期推动人工智能行业不断突破。我国法律人工智能更像一个“新生儿”,大多数人接触法律人工智能几乎都始于围棋比赛中 AlphaGo 取得对人类的碾压性胜利之后。虽然逐渐兴起对法律人工智能的关注和研究,但是研究进路仍基本依循传统的研究范式,即思考如何以其身处的部门法规制人工智能,而非以透彻地了解人工智能技术的基本原理及特征为目的,更遑论成立专门研究法律人工智能的协会了。此外,在人才团队建设上,由于资本的作用,法律领域很难吸引专业的人工智能人才入行。优秀的人工智能人才往往优先考虑互联网企业或金融行业,投身于法律人工智能行业的人才,真正兴趣使然的则少之又少。

2. 研究方法上的差异

首先,在研究方法上,中国的法律人工智能研究相对落后。从研究传统看,域外国家更重视法律实证研究,对于法律与科技的交叉研究有着长期的学术传统和坚实的研究基础。中国的社会科学尤其是法律界的主流研究方法仍然具有诸多人文化、抽象化、思辨化的特征,而缺少实证化、技术化的研究特征。可以说,中国的法律界尚缺乏运用科学技术方法手段模拟法律、运用法律的思维,在资金上和技术上也缺乏对人工智能的投入,中国相对缺乏法律人工智能研究的土壤。

尽管在媒体与学术会议上,我们不断地讨论、推广与运用法律人工智能特别是司法人工智能,但仔细审视就会发现,我们主要探讨的仍然是如何规制人工智能这一新事物,而不是从技术逻辑切入当下人工智能的最新发展以及人工智能的核心——算法方面讨论人工智能对旧有法律制度、体系所形成的冲击。申言之,我们的知识路径依然停留在法学圈子内,真正了解、熟悉人工智能发展现状与趋势的人并不多,也缺少从人工智能角度来阐释法律未来发展方向的相关作品和思考。

其次,中国的法学家在研究工具上相对落后。受制于学科训练背景,法学家通常既不熟悉统计学的相关知识,又对最新的机器学习方面的相关知识所知甚少。而在域外,统计学的方法几乎是一项基本的研究技能。笔者在参加欧洲第二届法律实证研究年会时发现,相关学术会议在正式开始之前,会用一天的时间对与会人员进行会前培训,其主要目的就是提升参会者用统计学的方法进行实证研究的能力。培训会议上分布着各个年龄段的学者,既有年长的老教授,也有摩拳擦掌的学术新人,他们都有意愿与需求学习统计学的方法。这说明,国外法学界的研究范式正在发生根本性的改变——法学教授开始努力学习数学、统计学、机器学习、数据科学等基本方法,这些工具构成了域外学者进行法律实证研究的基础。

法律实证研究已经开始在域外的学术界结出一定的学术成果,其学术影响力在不断扩散。除了一些典型的论文成果,国外的法学期刊越来越接受那些通过标准的统计学方法进行法学定量实证研究的文章。然而,这种类型的论文在国内尚难以被主流的法学期刊接受。由此可见,我们缺少基础性的工具与思想支撑。在中国,目前我们尚未看到基于先进算法的法律研究文章,甚至连通过统计学方法进行法学研究的论文也数量寥寥。有的即使使用了统计学方法,也只是简单地使用了描述性统计学的方法,而缺少采用回归等分析性统计方法的文章。如果我们新一代的学者们既不懂统计学的相关知识,也不了解人工智能中的机器学习算法,我们也就无法在研究中撰写相关文章,也就有可能在最新的国际学术竞争中落于下风。

因此,法学界迫切地需要一场法学知识的范式革命,不仅需要将法学研究由书斋法学向实证法学推进,更要将法学研究由文本法学向数据法学转变,如果法学的知识范式没有革命性的变化,那么司法人工智能在很大程度上就不可能获得成功。

3. 法律数据的充分性不同

司法人工智能在司法领域的逐步推进是一个漫长而艰巨的过程。现阶段,域外国家在司法实践中所使用的预测性司法人工智能也有范围的限制,如美国学者主要通过人工智能机器学习算法研究,预测美国最高法院而不是美国全部法院的判决结果。这一现象的出现有其背后缘由。美国法院分为联邦与州两级法院系统,不同州之间的法律体系差异很大,许多州在法律数据的公开方面并不完善,很多时候甚至没有记录完整的庭审过程。能够做到全程记录法庭庭审过程的法院是美国最高法院,这也就解释了为何美国司法人工智能对审判结果的预测首先围绕美国最高法院展开。近年来,随着司法人工智能的发展,判决结果预测也开始不断向联邦最高法院之外的联邦法院扩展,比如知名的预测平台预感(Premonition)。

域外法律人工智能的另一主要战场是商业合同文本的审查环节。法律人工智能之所以能够在这一领域大显身手,是因为商业合同文本在数据方面具有独特优势。商业合同文本在社会中的使用量巨大,并且合同文本的内容呈现出一种半结构化甚至全结构化的样态,很多时候要么是合同模板,要么是在合同模板的基础上进行一定修改,但基本的结构并未改变。因此,这种规则清晰、数据巨大、结构稳定的文本天然具有应用人工智能的优势。

综上,法律人工智能特别是深度机器学习在域外司法实践中的运用具有相当的潜力,并且在有些方面已经展现出接近甚至开始超越法律人的表现。当然,这一切的前提是充分、准确的司法数据支撑,即无论是司法大数据还是司法小数据,都需要通过深厚、扎实的实证研究获得,以确保数据的代表性与精确度。唯有如此,我们才能通过司法数据"喂养"司法人工智能,进而"生产"出正确的司法结论。或许这是未来司法人工智能在某些领域超越人类法官的可能之道。

与域外相比,我国在司法人工智能与大数据研究特别是基于大数据的法律人工智能应用方面虽然较为有限,但在司法数据方面却略胜一筹。虽然,我国当前的法律数据尚不充分,但我国司法机关的司法数据至少在总量上比域外法院多。更为关键的是,中国的裁判文书网业已成为全球最大的裁判文书公开平台,每天都有源源不断更新的司法裁判文书上网公开,这为我们提供了极为重要的司法数据来源。并且,这些数据是最新且一手的。这甚至吸引了全世界范围内研究司法制度学者的目光。根据统计,有"超过 17.5 亿的访问量来自海外,访问范围覆盖全球210多个国家和地区”。[①] 此外,中国法院还在不断地将法院的历史裁判文件档案电子化,通过自动化的扫描手段将近几十年的法院纸质裁判文书转化为PDF格式保存。笔者之前在由科技部牵头的司法技术项目评标会上也发现,有项目提出,可以将纸质文件转化为PDF时对图片内容的识别准确率提升80%以上。因此,中国法院正在不断地将旧有的司法裁判文件数据化,并且还在努力提高裁判文书上网的数量,可以说,中国的司法数据将日益丰富。当然,未来是否依然保持高比例的上网率特别是如何上网,可能还取决于不断变化的各种因素与考虑,例如当事人的隐私与安全、国家安全等。

而在域外,欧洲法院一般不将法院的裁判文书上网,也就不可能具有像中国裁判文书网这样大的数据库。此外,欧盟通过的《通用数据保护条例》(GDPR)对数据使用作了相当大的限制,这也在一定程度上阻碍了司法的网上公开。而在美国,以刑事诉讼为例,多年来,美国在州和联邦两级刑事重罪案件中至少有90%是通过辩诉交易解决的。[②] 这些案件的司法数据自然无法最终被跟踪、使用。即使剩下的10%左右的案件进入最终的庭审环节,英美对抗式的审判模式也决定了,在陪审团制度下,相关的事实认定与证据使用只涉及支持或不支持,而没有一个裁判说理的过程,也决定了在庭审中难以为人工智能系统提供历史性的决策数据。

尽管中国在裁判文书网建设方面效果突出,甚至许多域外学者通过中国的裁判文书网研究相关司法问题,[③]但是中国在司法大数据运用方面依然存在许多问题。首先是司法数据过于依赖裁判文书网。尤其值得注意的是,裁判文书网上的有些案件(如醉驾类)

---

① 《中国裁判文书网总访问量突破百亿》,载最高人民法院2017年8月24日,http://www.court.gov.cn/zixun-xiangqing-57042.html。

② 参见王禄生:《美国司法体制的数据观察》,法律出版社2018年版,第183~186页。

③ 例如,哥伦比亚大学法学院的教授李本通过裁判文书网上河南法院的相关数据研究了中国刑法中的宽大与严惩问题。See Benjamin L. Liebman, *Leniency in Chinese Criminal Law? Everyday Justice in Henan*, 33 Berkeley Journal of International Law 153-222 (2015).

的文书公开程度较为充分，但有些案件类型特别是职务犯罪类案件、行政诉讼类案件的上网比例依然不足，整体上呈现出一种结构性缺失。如果过分依赖裁判文书网，可能导致我们基于裁判文书网所建的裁判模式出现系统性偏差。而一旦上网的决策有所调整，数据范围本身也会发生变化。其次，特别需要指出的是，裁判文书所记载的判决信息并非中国司法决策过程中的关键信息，只是审判过程中信息含量很少的一部分。很多时候，合议庭、审委会中法官的讨论过程、法官判决后所撰写的审判报告记载了判决形成的决定性信息。很显然这些文件、信息都尚未上网公开，难以为学者所研究利用。最后，还需要辨明裁判文书所载的表面信息与案件判决中的实质信息的差异。我们从裁判文书网获得的裁判文书上的公开信息往往只是文字化的表面信息，至于其背后的实质信息为何，隐藏了多少其他的政治、社会因素考量，我们不得而知。因此，在数据具有结构性缺陷、数据并非关键数据、数据与真实情况有差别的情况下，仅仅依靠裁判文书网上的大数据或其他有限公开渠道上的信息来谋求对中国法律运行真实情况的充分认识，显然是不客观、不科学且具有局限性的。对于司法大数据及以此为基础搭建的司法人工智能，我们应当保持充分的冷静与警醒。

4. 司法人工智能的技术瓶颈

尽管各个领域的学者对何为人工智能见解不同。有些未来学的学者甚至简单地将科幻电影中的人工智能与现实中的人工智能等同起来，但就其本质而言，人工智能是通过算法所搭建的一种预测模型。因此，人工智能的本质问题是围绕数据、算法、模型展开的技术问题，人工智能科学更多地应被归入以统计学方法为基础的数据科学中。

因此，需要追问的问题是：通用领域的人工智能技术真的能被用于法律的独特场景吗？这些技术还面临怎样的瓶颈？目前，中国的法律人工智能界并没有成体系地为“法律”“司法”量身定制一整套专有技术。目前市面上所采用的技术绝大多数是一种通用的共性技术，而没有充分考虑法律行业的特殊性。更进一步，部分法律场景专有人工智能技术研发尝试也普遍面临瓶颈。以知识图谱构建为例，普遍采用自顶向下的人工构建方式，而自底向上的自动化构建方式并未取得实质进展。①

总之，中国司法人工智能在话语层面的"热"往往是一种"虚热"，而实践层面的"冷"基本是一种"真冷"。中国的司法人工智能在研究思维与实际的运用能力及相关资金投入、技术支撑上还远远不够，这也是中国在司法人工智能实践中遇"冷"的根本原因。然而，值得庆幸的是，中国对司法人工智能抱有更加乐观、积极的态度与期望，并且，相对于西方国家在司法数据上非记录化、非公开化的趋向，中国在司法大数据的收集、保存、分析与运用上具有较大的优势，中国法院对司法数据的公开也持更为开放的态度。或许当下中国的司法人工智能运用还不够成熟，但与西方有限的应用领域相比，未来中国将具备在更多领域超越西方的潜力。

在司法人工智能领域，"冷与热"背后映射出深刻的社会、法律、思想上的问题。在未来，中国的司法人工智能要由冷转热，由热转实，持续强化其实践能力。与此同时，我们需要对司法人工智能的局限性有清醒的认识与判断，认识到不可能使司法人工智能的所有领域都由冷变热，由热变实。司法人工智能到底是什么，到底做了什么，未来到底怎么做，朝哪个方向前进，这些问题需要长久探索。因此，中国的司法人工智能依然有漫长的道路需要跋涉。在四川大学，笔者已开始提倡引入统计学、计算机科学的人才，以便从根本上改变法学院的"DNA"，并通过开设法律大数据、司法人工智能等相关课程，实现真正的跨学科互动与交流。唯有如此，我们才可能真正迎来大数据和人工智能在中国法律界光辉灿烂的未来。

---

① 关于法律知识图谱构建的技术瓶颈，可参见王禄生：《司法大数据与人工智能开发的技术障碍》，载《中国法律评论》2018年第2期。

第八章　司法人工智能的未来展望

第一节　司法人工智能技术从通用化走向专门化

近年来,随着大数据、人工智能技术的兴起与发展,人类社会仿佛一夜之间进入一个崭新的"智能纪元",中国法律界似乎也紧紧跟上了这股人工智能风潮。2019年世界互联网法治论坛,笔者与来自多国的司法官员、专家学者就司法(法律)人工智能的应用问题进行交流时,①亲身感受了这场人工智能技术风暴如何席卷全球法律界。与此相关,司法(法律)人工智能成为中国法学理论界和实务界的热门话题。一方面,理论界围绕人工智能这一新兴事物展开一场新兴技术与传统理论的大讨论。②

---

① 本书所指司法为广义的司法概念,所以公安机关运用的人脸识别等人工智能也在本章探讨的司法人工智能之列。另外,需要指出的是法律人工智能是一个更广泛的概念,但在司法领域中的法律人工智能使用司法人工智能来指称更适宜。

② 理论界对于人工智能的探讨热度从"中国知网"相关文献的数量及其增长情况便可见一斑。2023年9月27日,以"人工智能+法律"为主题进行文献检索,可以发现,2016年之前各年度的相关文献数量均在80篇之下,2017年则突破了200篇,2018年爆炸式增长到814篇,而2019年更是增长到了1591篇,2020~2022年,各年度的相关文献数量均超过了1400篇,可见人工智能与法律的结合成为近几年广泛关注的话题。

例如,人工智能给既有法学理论带来的问题与挑战、人工智能运用中产生的信息公开和透明化等法律问题、[①]人工智能在法律领域的运用等现实问题。[②] 另一方面,实务界也迎上了这股风潮,甚至在某种程度上走在了理论界的前头。在党的十九大报告[③]、国务院政府工作报告以及《新一代人工智能发展规划》[④]等有关文件的支持下,智慧警务、智慧检务、智慧法院等规划方案纷纷出台,在司法人工智能的探索之路上跃马扬鞭。

但是实践中也许隐含着司法人工智能研究的空泛化、泡沫化。我们似乎应当警惕逐利者迅速涌入又迅速抽身离去后的一地鸡毛。笔者认为,审慎、理性的法律行业更需要克制,应当对司法人工智能的现状有足够清醒的认识,客观地开展评估。有鉴于此,本书拟初步探求在司法实践中,何种人工智能发挥了怎样的作用?在哪些方面不尽如人意?进而分析造成此种差异的原因,并在此基础上展望未来司法人工智能的发展运用。

一、个别开花:司法人工智能的应用现状

纵观应用实践,笔者的整体看法是:到目前为止,司法人工智能在实践中取得了一定成效,但其应用现状仍不理想,至少大部分的实际应用并未达到开发者或使用者先前所期待的功效,故而只能被称作"个别开花"。

应当肯定的是,司法人工智能目前已取得一定效果。这种成效

---

① 胡凌指出所有软件/算法都可能朝向自动收集数据、作出决定或判断的趋势,由于算法的复杂性,算法带来的结果可能无法预测,并在更大范围内带来系统性的不利后果。参见胡凌:《人工智能的法律想象》,载《文化纵横》2017 年第 2 期。

② 吴习彧对人工智能进行司法裁判的相关问题提出了见解,参见吴习彧:《司法人工智能化的可能性及问题》,载《浙江社会科学》2017 年第 4 期。笔者就法律人工智能在中国的话语层面热度高涨却在司法实践运用层面遇冷的悖论现象进行了分析,参见左卫民:《热与冷:中国法律人工智能的再思考》,载《环球法律评论》2019 年第 2 期。

③ 党的十九大报告中提出要"推动互联网、大数据、人工智能和实体经济深度融合",参见《习近平在中国共产党第十九次全国代表大会上的报告》,载人民网,http://cpc.people.com.cn/n1/2017/1028/c64094-29613660.html。

④ 参见《国务院关于印发新一代人工智能发展规划的通知》,载中央人民政府网,http://www.gov.cn/zhengce/content/2017-07/20/content_5211996.htm。

主要集中在两个领域：

第一，警务活动中的较好运用。典型运用如人脸识别技术，被广泛布置于机场、车站、广场等人员密集区域，能自动捕获、抓取动态人脸图像，并与公安机关数据库中的图像进行比对、核实。人脸识别技术已在公安机关的侦查活动中发挥重要作用，成为公安机关追捕逃犯的得力助手。[①] 尽管人脸识别技术引发了一些隐私权方面的争议，[②]但应用实效毋庸置疑，其在实践中的运用也相当广泛。

第二，司法辅助活动中的相对有限运用。典型运用如"智慧法院"建设中推出的庭审智能语音识别、电子卷宗生成、类案推送、量刑辅助、法律问答机器人等，这些运用似乎在某种程度上满足了当事人的需求，减轻了法官的工作量，在司法活动中也开始发挥提高效率、节约司法资源的作用；但其效果似乎相当有限，在司法实践中并未如预期般得到普遍运用。更重要的是，其中一部分技术虽被冠以"智能"的称谓，但其是否属于真正意义上的人工智能可能还存在争议，其是否体现出像人类一般的自主思考能力这一人工智能最为核心的"拟人性"特征更值得商榷。具体而言，在以下运用实例中有所反映：

其一，电子卷宗生成、网上办案平台、在线庭审等技术。[③] 其核心仍是一种电子化的信息处理方式，旨在实现法院办案方式由纸质

---

① 例如，2018 年接连出现利用人脸识别技术在演唱会上抓获逃犯的新闻。参见郑博超：《张学友能"神助攻"，世界杯也行》，载《检察日报》2018 年 6 月 13 日，第 4 版。

② 参见张晔：《依法守护我们的"面子"处罚与预防需并行》，载《科技日报》2022 年 1 月 14 日，第 5 版；参见张凯伦、王倩：《"刷脸"的风险，你知道多少?》，载《检察日报》2019 年 4 月 17 日，第 5 版。

③ 关于电子卷宗生成技术的运用，例如上海市高级人民法院于 2017 年 10 月在全市法院全面推广电子卷宗随案同步生成和深度应用工作，在立案、审理、执行等各个流程阶段和各个诉讼环节所产生的诉讼文件、所实施的诉讼活动，都要同步转化为电子数据，纳入案件办理系统。参见李姝徵：《上海法院将全面推进电子卷宗随案同步生成和深度应用》，载中国新闻网 2017 年 10 月 31 日，https://www.chinanews.com.cn/gn/2017/10-31/8364984.shtml。关于网上办案平台与在线庭审技术的运用，以浙江移动微法院小程序应用为例，浙江全省法院当事人和律师打开手机微信浙江移动微法院小程序，可进行网上立案、在线调解、在线庭审、申请执行。参见孟焕良、余建华：《从立案到执行全流程在线流转 浙江移动微法院 4.0 版全省上线》，载最高人民法院 2018 年 9 月 11 日，https://www.court.gov.cn/zixun-xiangqing-117841.html。

向电子、由线下向线上的转变,其间并未体现计算机自主思考后进行加工的“额外知识”,仍需由人进行操作(尽管这种操作手段可能进行了更新)。简言之,其运用模式是“人+电子化”,[①]或者说是数字化、在线化。

其二,庭审语音识别、卷宗 OCR 识别。[②] 其属于典型的感知智能技术,与传统录音、扫描等信息技术相比,感知智能技术在智能化程度上有了相当程度的提升,但是其并非专门针对司法活动开发的人工智能,未能将通用的感知智能技术转换和发展为专用的司法感知智能技术,也未能解决复杂的法律场景难题(如法庭审判中多方互动及争论场景),所以在当下的审判实践中也未获得普遍运用。[③]

其三,类案推送系统。其在主动推送类案层面看似具备了些许智能化的因素,但在实践中的运用并不如预期般有效。一方面,开发群体过多导致类案标准混乱,除了最高人民法院开发的类案推送系统,多个地区的高级法院也开发了类似的系统,而各自的系统又

---

① 法院的信息化建设是 AI 运用的基础,但并不等于 AI 运用本身。在国外,AI 的运用也被看作深化法院信息化建设内容,是在线纠纷解决的一种发展方向。See Amy J. Schmitz, *Expanding Access to Remedies Through E-court Initiatives*, 67 Buff. L. Rev. 89 (2019).

② 浙江省高级人民法院自 2016 年 3 月开始启动智能语音识别项目的研发工作,并将智能语音识别系统在全省法院推广。智能语音识别系统专门针对法院工作场景开发,主要为庭审、调解、合议、听证、审判委员会讨论、制作文书、文书校对、12368 诉讼服务热线等办案环节提供语音转写服务。参见孟焕良:《浙江法院智能语音识别系统全面上线》,载《人民法院报》2016 年 9 月 19 日,第 1 版。北京海淀法院以 OCR 技术为基础,将高扫仪生成的电子材料自动回填至审判系统,实现图片内容到文本信息的转换,参见林挚:《北京海淀法院上线“一键归档”》,载《人民法院报》2019 年 9 月 22 日,第 4 版。

③ 例如,上海市第二中级人民法院的法官指出庭审语音识别技术也存在使用率不高、易用性不足的问题,除个别法庭使用较好外,民事庭、刑事庭等法庭的适用率均未超过 30%。参见朱川、孙咏、玄玉宝、沈俊、卢腾达:《庭审语音识别转写系统优益与配套机制研究》,载《人民司法》2018 年第 19 期。也有研究者从技术开发的角度,指出当前类案识别准确率偏低,原因在于技术上的瓶颈和一线开发的技术人员往往未能准确定位一线法官对类案推荐的实际需求。参见王禄生:《司法大数据与人工智能开发的技术障碍》,载《中国法律评论》2018 年第 2 期。

分别由不同的法律科技公司设计、研发,其检索结果不一致。[①] 另一方面,智能化程度有限使检索推送案例不精确、案由覆盖率不足,无法满足法官实际需要。[②]

其四,法律问答机器人。其似乎更近似于一般认知中的人工智能想象,但就实际运用而言,所谓的问答,大多要以点击相应问题的固定模式或采用相对专业的提问模式进行。这是由于法律问答机器人的信息库相对封闭,无法自主产生额外信息,如当事人与法官面对面沟通般不固定、自如的问答模式无法完全实现,其实质上更类似于一台诉讼信息汇总的计算机。这种信息在信息爆炸、网络技术高度发达的当下,通过查询书籍、网络等方式同样不难获取,[③]所以问答机器人只是便捷程度的有限提升,而非理念、方式的全面升级。

虽然以上运用集中于较浅层面,但探索的正面意义仍值得肯定。不过在肯定之余更需要警醒的是,无论是在警务活动还是司法辅助性活动中,这种运用只能算作基础性的浅层探索,当下的司法人工智能整体上仍然与理想中的强人工智能尚存很大差距,更遑论超人工智能了。所以,当前司法人工智能的繁荣实际上是一种人工

---

① 例如,除了最高人民法院的类案智能推送系统,还出现了贵州省高级人民法院的类案裁判标准数据库,北京市高级人民法院的睿法官系统,重庆市高级人民法院的类案智能专审平台,等等。参见郑通斌:《类案检索运行现状及完善路径》,载《人民司法(应用)》2018 年第 31 期。

② 例如,有法官指出类案推送的案例常常不区分地域、不区分效力层级、不区分是否为裁判文书原文,而统一采用要素匹配的方式进行推送,混乱显而易见。参见朱彬彬、祝兴栋:《类案推送的精细化:问题、成因与改进——以刑事类案推送为例》,载《法律适用(司法案例)》2018 年第 20 期。有研究者经过实证调研发现目前的类案推送系统存在检索推送案例不精确,推送案例的范围过窄、来源不明、层级不清,以及地方各司法机关检索系统不统一、检索结果不一致等问题。参见左卫民:《如何通过人工智能实现类案类判》,载《中国法律评论》2018 年第 2 期。

③ 例如,延安市中级人民法院的法律服务机器人"圣地小法"的功能包括法律咨询、智能问答、法律法规查询、案例推送等,主要目的在于帮助当事人了解案件流程,掌握相关法律规定,以及根据案情作出初步判断。参见惠兴文:《延安中院"圣地小法"正式上岗》,载《人民法院报》2017 年 10 月 11 日,第 4 版。再如北京市第一中级人民法院的法律服务机器人"小法",其功能也是帮助当事人查询法条、诉讼程序,以及同类案件的审判情况等。参见《法律机器人进驻北京法院提供智慧诉讼服务》,载中国网,http://www.china.com.cn/news/2017-10/12/content_41722556.htm。

智能的初级繁荣，其“含金量”还有待大幅提升。同时，由于发展不成熟，市场上还充斥着大量的“伪人工智能”。有学者指出，人工智能的自主性与机械自动化的混淆现象，将一些典型的自动化技术与人工智能技术混为一谈。[①] 这种混淆，可能源于法律界对人工智能技术的误解，也可能是由于追逐学术热点而主动强加的概念，对于后者，尤应警醒。

综上所述，就现状而言，当前司法人工智能的实际运用在深度和广度上都相当有限。在深度上，目前司法人工智能在实践中仍限于充当辅助法律人决策的角色。人工智能尚未在司法的核心领域显示其高于人类的能力，其适宜作为法官裁判的助手而非完全替代法官。从提高工作效率的角度而言，其可能更适宜处理技术性、辅助性的工作。在广度上，司法人工智能被集中运用在警务活动及司法活动的少部分环节，在通用技术相当成熟的如人脸识别、语音转换领域比较成功。同时，在技术要求不特别高、已有适当投入并成功克服难题的领域（如数据的电子化），其运用也相对成功。但在关涉效率与公正等司法决策的真正疑难问题上，司法人工智能的应用仍是浅尝辄止，存在应用不多、不具体、实效不够等问题。

二、何以如此：通用化的成熟与专门化的缺失

为何出现上述小范围开花、大范围失意的鲜明对比？笔者认为，主要有以下几点因素：

第一，司法人工智能小范围的成功源于成熟人工智能技术的普遍适用。目前发挥较大作用的司法人工智能运用如人脸识别技术、语音识别等感知智能技术。一方面，这些技术是先在商用、民用领域研发并使用的通用技术，这些技术经过长期的广泛实践运用与反复改进已趋于完善。另一方面，这些技术在司法活动中的运用场景与普通的商用、民用的运用场景在本质上是一致的，其实质是通用技术在司法领域的直接复制。例如，警务活动中使用人脸识别追逃

① 参见刘艳红：《人工智能法学研究的反智化批判》，载《东方法学》2019 年第 5 期。

与商业公司使用人脸识别抓取数据依赖同一种技术逻辑。再如,语音识别(转换)技术,无论是在庭审中运用,抑或在商务会谈、学术会议中运用,虽然运用场景有所不同,其核心需求均是将语音转换为文字,虽然司法活动(尤其是庭审活动)的特殊性导致语音的识别具有一些额外的要求,但这仅体现为技术难度上的区别而非技术逻辑上的相异。归根结底,司法人工智能的部分成功运用是由于成熟技术本身的无障碍,而对于其他司法活动而言,技术需求便不仅限于这些通用技术,而是需要为司法运用"定制"一套专门技术,其间必然涉及需求部门与技术部门的有效沟通、人工智能知识与司法知识的深度融合以及研发技术的高度成熟,专门技术开发无疑是"另起炉灶",且难度往往高于通用技术。当没有成熟的"专用化"的人工智能技术应对司法活动的大部分问题时,目前小范围开花的尴尬局面也就顺理成章。

第二,司法人工智能产品的现有技术未能克服司法实践难题,也未适应司法规律与特征。技术开发没有真正掌握司法活动的"痛点",而是将人工智能技术往司法活动上"硬套",其结果是在一些外围式、边缘式活动中有成效,但在主要、核心的活动中却难以配套。当然,也应当承认人工智能技术与司法活动的有效结合存在一些客观困难。司法活动有其独特性,是凝结了法律人智慧的判断性活动,因此人工智能要想在司法活动中真正发挥作用,需要理解司法活动的特殊性,并不断模拟和练习法律人的思维。而法律人思维的模拟并非易事。一是需要足够的模拟基础即数据。目前,我国的司法数据公开取得了长足的进步,裁判文书网成为全球最大的司法文书公开官方网站,在"量"的层面差强人意,但是在"质"的层面仍需要提升。详言之,尽管裁判文书网上传文书数目巨大,但是并不能刻画出审判活动的"全貌",因为仍有数量众多的文书未上传,在已上传的文书中,要想排除文书信息不真实、不客观的干扰,想要进行有效的数据模拟,仍需要经过数据清洗、数据标注等多重加工步骤。二是人工智能需要有适配于司法领域的算法。与通用领域相比,司法领域尤其强调逻辑性和论证说理。在此影响下,司法领域人工智能算法的把握力与可解释性就显得更为重要。以量刑辅助的人工智能研发为例,在模型训练过程中,研发主体可以依托神经网络、决策树等不同算法。每种算法的准确性和可解释性有所不同。在司法人工智能的开发中,除了考虑算法结果的准确性外,选择具有可解释性的算法并进行领域优化至关重要。[①]

第三,所投入的资金、人才资源不足与投入模式不佳。当然,首先应当承认的是,我们对司法人工智能的投入在绝对数量上并不比其他人文社科领域少,并且仍在逐步增加之中,只是相对于人工智能领域所需要的投入量而言,目前的投入仍显得相当有限。一方面,国家层面的投入有限,由于法律归属于传统的人文社科,其研究经费投入本身难以与需要搭建实验室的理工科相提并论。司法人工智能显然已经难以再归属到传统意义上的人文社科当中,对其研究也需要更多的资金投入,甚至也需要建设研发司法人工智能的"实验室"。[②] 因此,从国家层面而言,不能将法学一概视为传统人文社科的视域,应从国家研究经费方面给予司法人工智能领域更多的资金和人才支持。另一方面,或许更为重要的是,社会层面的投入亦远远不够。当然,这或许与司法领域无高回报率有关,就连与法律行业合作密切的公司,其部分利润可能也源于政府补贴。[③] 科技公司不愿投入过多资源开发仅在法律领域应用而无法普遍应用的产品,而法律领域的消费者"购买力"有限,往往无法独自承担定制法律专用人工智能产品高昂的研发成本。因此,也就形成了目前司法人工智能开发多是某些地区甚至某个司法机关与科技公司单独合作的"小打小闹"局面,这样缺乏统一规划、个别化的投入模式使投入产出率不高,其结果往往是投入的资金和人力未能得到充分

---

① 参见王禄生:《司法大数据与人工智能技术应用的风险及伦理规制》,载《法商研究》2019 年第 2 期。

② 实际上,已经有科研机构建设了类似的实验室,例如北京大学法律人工智能实验室。参见《北京大学法律人工智能实验室、北京大学法律人工智能研究中心成立仪式暨第一届北京大学法律与人工智能论坛举行》,载北京大学新闻网 2018 年 1 月 4 日,https://news.pku.edu.cn/xwzh/129-300916.htm。

③ 在科大讯飞 2018 年年报中,科大讯飞获得政府补助总额 2.85 亿元,占净利的 52.58%,意味着半数净利所得,离不开政府补助。参见《科大讯飞年报出炉:2018 日赚 148 万元　53%是政府补助》,载新浪财经,http://finance.sina.com.cn/stock/s/2019-04-19/doc-ihvhiqax3905503.shtml。

使用,产出的人工智能产品也无法有效运用。

三、未来展望:从通用化走向专门化

针对上述问题,未来的司法人工智能到底路在何方?笔者认为可从以下五个方面努力:

第一,降低对司法人工智能的盲目期待。尽管人工智能技术的发展一次次打破人类的传统技术认知界限,但也要警惕人工智能万能论,即无论在何种领域,人工智能都能完美替代人类。司法活动尤其是审判活动应当如此吗?近年来,智慧司法建设如火如荼地展开,人工智能似乎大有替代法律人之势。但是细想之下,司法活动本身凝聚着人类的智慧,虽然用AI法官来替代人类法官的愿景美好,但这种期待高估了当下人工智能的发展程度,即使在人工智能技术领先的美国也未研制出能在审判活动中完全替代人类法官的人工智能产品。这种期待也低估了人类法官在司法活动中独特的审判智慧,审判活动从古代神明裁判发展到当下的证据裁判,是一种非理性到理性的演变过程,这个过程无疑彰显着诸多审判智慧,即"从长期审判实践的经验和丰富的观察中获得的可靠而周密的判断力和裁决力"。[①] 早在中国古代,便出现了五听断狱的审判技巧,即通过表情、气色、声音等方面来综合定案。再如将审判和调解相结合的马锡五审判方式对人情事理的精妙把握,是冰冷屏幕中的AI法官所不具备的。有研究者甚至认为:"人工智能对审判经验的吸收和设计者对经验的标准化和规范化总结仅是审判所需经验的很小一部分,人工智能仅是对智性部分模仿的初级阶段。"[②]因此,如何正确、理性看待司法人工智能?正如笔者已经提到过的:我们应当充分认识到法律人工智能的运用是一个长期、艰巨的过程,并将面临艰巨挑战。热闹的现象并不表明中国已经进入法律人工智

---

① [英]弗里德里希·冯·哈耶克:《经济、科学与政治——哈耶克论文演讲集》,冯克利译,江苏人民出版社2003年版,第584页。

② 潘庸鲁:《人工智能介入司法领域路径分析》,载《东方法学》2018年第3期。

能时代，更不意味着市场已经有了成熟的法律人工智能产品。①

第二，研发重心从通用领域转向司法专用领域。当下通用领域的人工智能应用已经取得了一定的进展，但需要清醒认识到：在司法领域中通用技术的使用似乎已经快要触及"瓶颈"，其技术已经难以满足司法的独特需求。因此，对于今后司法人工智能技术的发展方向，应当明确的是，要立足于司法活动的专业特性，尤其要着眼于审判等核心活动的技术需求进行深耕，挖掘司法实践对人工智能的真正需求点。② 如果继续运用通用技术展开外围性研发，将始终无法触及司法活动的核心需求，收益将会边际递减，也慢慢消耗着司法实践者的期待和耐心。

第三，司法人工智能的投入从地方、部门主要参与转为统一规划，投入重点从通用技术转向司法专门领域。毋庸讳言的是，司法人工智能的开发需要成规模的资金投入，业内俗语"有多少人工便有多少智能"道出了其中的奥秘，需要投入的量级并非过往司法机关进行技术设备升级的投入可以相提并论。而地方司法机关如法院、检察院的资金源于财政给付，任何一项支出均需要制作详细的预算，进行司法人工智能研发所需要的大规模投入显然是有限财政投入难以独立支撑的。若不从投入来源考虑，而盲目要求加大投入，无疑是隔靴搔痒。笔者认为，继续加大对于司法人工智能的投入需要从根本上转变投入模式：从目前的地方、部门参与转变为国

① 参见左卫民：《关于法律人工智能在中国运用前景的若干思考》，载《清华法学》2018 年第 2 期。

② 例如，域外法院开始利用 AI 对案件结果进行预测、对专家证词进行判断等，我国可以结合中国实际开发相应的产品。有关民事审判案件中，AI 对案件结果预测之运用，可参见 Richard C. Kraus, *Artificial Intelligence Invades Appellate Practice*: *The Here*, *The Near and The OhMyDear*, A. B. A. (Feb. 5, 2019), https://www.americanbar.org/groups/judicial/publications/appellate_issues/2019/winter/artificial-intelligence-invades-appellate-practice-the-here-the-near-and-the-oh-my-dear/。有关 AI 辅助专家证词之采信问题，可参见 Pamela S. Katz, *Expert Robot*: *Using Artificial Intelligence to Assist Judges in Admitting Scientific Expert Testimony*, 24 ALB. L. J. SCI. & TECH. 1, 41 (2014)。

家统一规划,[①]并且资源投入的重点要向专门化的司法人工智能倾斜。虽然地方、部门投入具有充分利用本地、部门资源,针对本地、部门需求开发等优势,但其弊端也显而易见。一是缺乏统一的技术标准。这导致开发的司法人工智能适用范围极为有限,甚至只能在本地、本部门适用,大大限缩了技术的广泛性。全国各地的司法人工智能到处开花,却又花开各异。二是投入的规模有限。以当下司法人工智能领域的研发经费与人工智能研发所需的巨额投入相比仍是杯水车薪。全球知名科技公司对 AI 的研发投入以十亿甚至百亿计。[②] 这种投入的规模显然是地方财政无法承担的,而投入资金的有限性阻碍了技术的成熟程度,最后研发出的司法人工智能产品往往由于技术的缺陷而难以在实践中有效运用。三是投入的持续性不足,单个司法机关的独立投入可能难以长期持续,并且希冀于中短期内能有相应"成果",而这可能与高科技研发的规律背道而驰。科技公司对 AI 的研发投入往往是"烧钱"进行试错,然而地方、部门一旦长时间无法研发出产品,可能难以承担如此高昂的成本。来自顶层设计的统一规划具有相当大的优势:首先,司法权本质是一种中央事权,将司法领域运用人工智能技术的主导权牢牢抓在顶层手中是最为稳妥的。其次,顶层设计对司法人工智能技术运用的规划更具整体性、统一性和权威性。与各地司法机关的单兵作战相比,顶层设计的统一规划无疑会使司法人工智能的开发更具目的性与前瞻性,在某种程度上降低地方部门的试错率。最后,来自顶层设计的主导能提供更大规模、持续性的开发投入,不仅包括资

---

① 值得关注的是,目前,我国已经在规划并启动相关的研发项目,如科技部 2018 年发布的国家重点研发计划"公共安全风险防控与技术装备重点专项"(司法专题任务),第一批投入 4.5 亿元(总投入达 9 亿元),专门研究司法领域的科技问题。参见王禄生:《司法大数据与人工智能开发的技术障碍》,载《中国法律评论》2018 年第 2 期。

② 2018 年的全球研发投入排名中,谷歌母公司 Alphabet 以 133.88 亿欧元排名第二,微软以 122.79 亿欧元的研发投入位居世界第四。而在具体针对 AI 的研发投入中,IBM 已经在 Watson 平台上投资 150 多亿美元,美国科技大亨伊隆·马斯克(Elon Musk)斥资 10 亿美元支持成立 AI 研究公司 OpenAI,谷歌花费 4 亿英镑收购了研发出 AlphaGo 的 DeepMind 公司。参见《2018 全球企业研发投资排名:华为 113 亿欧元排名第五》,载新浪科技,https://tech.sina.com.cn/it/2019-01-01/doc-ihqfskcn3196887.shtml。

金投入,也包括政策支持、人员投入。

第四,研究范式转向实证研究。本节伊始便提到,当下司法人工智能是理论界的研究热题,但是对于这一研究热题的回应却是“新瓶装旧酒”,中国法学理论界对于司法人工智能的研究仍局限在话语层面,反复讨论司法人工智能的可能性、风险性等通用、概括的问题,[①]而对“司法人工智能具体运用”研究甚少。实际上,理论界对实际运用问题的关注,也会在一定程度上推动司法人工智能的实践运用。以统计学为重要根基的人工智能,似乎与传统法学难以“相融”。传统的法学以理论分析见长,对于数理统计分析涉及甚少。近年来,在一批学者的倡导之下,“以数据说话”的实证研究方法在法学领域逐步有了一席之地,但仍属小众。[②] 而在域外,情况则有所不同。例如,在美国法学界,实证研究已经成为主流研究范式。基于长期实证研究训练得以成就的统计分析能力,又成为与人工智能跨界合作的关键性助手。于是我们得见域外的司法人工智能产品研发中总是伴随着理论界的身影。例如,美国法律人工智能平台即刻法律与斯坦福大学法学院、杜克大学法学院和南加州大学的法学院教授开展合作,设计人工智能程序就 4 小时审查 5 项保密协议与 20 名有经验的人类律师展开竞争,主要考察仲裁、关系保密和赔偿的准确界定问题。康奈尔大学、哈佛大学、斯坦福大学等高校的一批学者利用决策树、迭代算法等机器学习算法,分析了美国法院 15 万余份重罪案件的承办法官所作的保释或假释决定,研究美国法官在作出嫌疑人保释或假释决定时究竟考虑了何种因素。[③] 以上

① 参见左卫民:《热与冷:中国法律人工智能的再思考》,载《环球法律评论》2019 年第 2 期。

② 中国法律实证研究最早在刑事诉讼领域展开,一批刑事诉讼学者掀起了实证研究的学术风潮。例如,白建军早在 1999 年便开始使用实证研究方法,参见白建军:《刑事学体系的一个侧面:定量分析》,载《中外法学》1999 年第 5 期。白建军:《犯罪轻重的量化分析》,载《中国社会科学》2003 年第 6 期。笔者多年来也围绕刑事诉讼运行与司法改革进行了多项实证研究。参见左卫民:《地方法院庭审实质化改革实证研究》,载《中国社会科学》2018 年第 6 期。左卫民、张潋瀚:《刑事辩护率:差异化及其经济因素分析——以四川省 2015—2016 年一审判决书为样本》,载《法学研究》2019 年第 3 期。

③ 参见左卫民:《关于法律人工智能在中国运用前景的若干思考》,载《清华法学》2018 年第 2 期。

研究均具备一个共通性：对数据的收集、整理与分析、运用，并且都着眼于司法人工智能的某一专门领域，而这恰恰是实证研究的擅长之地。平心而论，中国裁判文书网给广大的中国法律研究者提供了一个研究富矿，然而大多数人却对这片研究的“蓝海”不够重视，却又希望在司法人工智能的研究中占得一席之地，不得不说有本末倒置之嫌。此外，法学研究紧紧围绕事实认定与法律适用中的智能化发展方向也是拉动司法实践发展和回应司法需求的重要一环。例如，当前如何进一步强化人工智能背景下的证据与证明理论研究就是十分重要的命题。

第五，大力培养既懂法律又懂技术的复合型人才。针对司法活动核心需求的研发，必须由司法人员以及其他法律从业人员与技术人员深度合作，而非技术人员不懂需求、司法人员不懂技术的自说自话式合作。由于既往教育体制的因素，多数法律人对数学、统计学等学科高度疏离，无法与技术人员在技术层面进行充分地对话与沟通，造成法律人在司法人工智能设计中参与有限，这种参与的有限性影响了司法人工智能产品效果的发挥。为了解决司法人工智能产品设计生产中的“沟通”难题，一方面，团队参与模式应该继续推行，因为既擅长人工智能技术（计算机科学、统计学）又精通法律知识的复合人才的培养需要长时间、多投入的坚持，绝非一朝一夕可完成。另一方面，需要逐步提高法律人在司法人工智能产品开发和使用中的参与度，根本的解决之道在于培养法律和技术的复合型人才。这就涉及培养体制层面的变革，需要彻底扭转当前将法学视为纯粹人文社科的旧观念，将交叉学科培养理念引入法学培养体系当中。已有院校对此展开尝试。例如，西南政法大学成立人工智能法学院，清华大学法学院设立计算法学研究生项目。笔者强调并一直努力践行把数学、统计学、计算机科学等与人工智能密切相关的专业引入法学教学培养体系中，通过引进统计学、计算机科学的人才并开设法律大数据、法律人工智能、计算机等相关课程，使法律人在接触法律之初便能同时培养多学科尤其是数据思维。

第二节　如何通过人工智能实现类案类判

在法律大数据与人工智能技术助力掀起的中国司法“技术革命”中，通过人工智能实现类案类判已被视作贴近一线法官需要的重要内容。类案类判意味着相同或者类似案件能够得到相同或类似判决结果，其机制在于通过被动或主动的方式，为法官寻找与手头正在处理案件的相似甚至相同案件，以达到启发、拓展法官判决思路以及帮助法官正确裁判之目的。整体上，类案类判不仅可以提供关于疑难案件的新的解决途径，也能够统一司法裁判尺度、避免司法裁判不公。特别是在司法责任制改革背景下，伴随着审判权力下沉至一线法官，类案类判有望成为控制裁判偏离度的“纠偏机制”，制约着法官的办案质量。在此意义上类案类判可以成为一种新型的司法控制手段与审判管理技术。可以说，类案类判是当前法律大数据与人工智能在司法领域最为热门的实践运用，司法实务部门对类案类判持有很大的需求与期待。

类案类判在实践中的运用情况究竟如何？存在何种问题？中国的类案类判前景如何？对于上述问题，目前尚缺乏清晰的答案与充分的学术探讨。有鉴于此，考察类案类判在中国司法实践中的运用，并在此基础上展开理论阐释显得尤为必要。

一、类案类判制度的实际考察

在中央层面，2018 年 1 月 5 日，最高人民法院正式上线运行了“类案智能推送系统”①，期冀以类案的快速查询和智能推送，来辅助量刑决策、规范裁判尺度、统一法律适用，并进一步提升审判质效，促进司法为民、公正司法。据介绍，该系统“从案件性质、案情特征、争议焦点、法律适用”4 个方面，覆盖 1330 个全部案由，通过机器

① 参见罗书臻：《“智慧法院导航系统”和“类案智能推送系统”上线运行　周强强调认真学习贯彻党的十九大精神　深入推进智慧法院建设》，载《人民法院报》2018 年 1 月 6 日，第 1 版。

自动学习构建出超过10万个维度的特征体系；在精准度方面，做到全案由文书数据整体搜索推送准确率达到63.7%，民事、刑事Top10类型的准确率达到85.5%，其中检索全案由整体准确率61.6%，热门类型案由整体准确率81.8%。[①]

在地方层面，地方法院先后分别开发了各自的类案类判系统。例如，安徽省高级人民法院与安徽富驰信息技术有限公司合作开展了"类案指引项目"，该项目旨在"以大数据挖掘分析为前提"开展同类案件分析研究，为法官提供"多维度、多案件的分析场景"，"实现了涵盖离婚纠纷、民间借贷纠纷、机动车交通事故责任纠纷、盗窃罪、诈骗罪以及交通肇事罪六大案由的软件试用版功能设计与开发"。[②] 又如，重庆市江北区人民法院自2017年4月运行了金融案件"类案智能专审平台"，利用该平台"自动向法官推送相似度较高的案例，并对法官拟作出的裁判进行智能评析"。[③] 再如，贵州省高级人民法院"以大数据挖掘分析为前提，建立类案裁判标准数据库，建立类案及关联案件强制检索机制，为法官提供多维度、多层面的分析场景，通过自动检索、类案推送、裁判文书语义分析、对比分析等大数据方法避免类案非类判现象"[④]。

不过，实践中普遍、真实的情况究竟如何呢？笔者实地考察了S省有关法院的类案类判制度实践，同时对J省类案类判制度相关设计人员进行访谈了解，发现类案类判在实践中主要有两种形态。第一种是被动推送式。所谓被动推送式，是指技术人员先依托裁判文书网司法案例建立数据库，在此基础上对相关案例进行人工"贴标签"，将一个具体的司法案例结构化为数十个法律标签。例如，在

---

① 参见熊群力：《类案智能推送系统上线，为"智慧法院"建设保驾护航》，载微信公众号"中国电科"2018年1月8日，https://mp.weixin.qq.com/s/EYMEi2kPOM1DEN-jDkhHQQ。

② 参见李忠好、姜浩：《安徽研发类案指引项目并试用》，载《人民法院报》2016年6月21日，第1版。

③ 刘贤：《重庆法院金融审判引入人工智能　审理时间平均缩短超27天》，载中国新闻网2017年8月18日，http://news.163.com/17/0818/14/CS4KD93400018AOP.html。

④ 参见《案例18贵州省高级人民法院——探索"类案类判"机制　确保法律适用统一》，载《人民法院报》2018年1月26日，第4版。

刑事案件中,将主动投案交代罪行的行为标注为“自首”标签,将多次犯罪的行为标注为“累犯”标签。之后,将电子化后的起诉书接入该系统,系统将自动生成该起诉书的一整套标签,再将这些标签与系统中的标签进行对比,最终推送标签最为类似或相近的案例。第二种是主动搜索式。所谓主动搜索式,是指当法官对系统自动推送的案例不满意时,自主选取系统中事先罗列出的一些法律标签,并且在此基础上输入一些关键词,通过这一整套的菜单式标签选取与自主搜索,在数据库中比对类似标签,最终获取类案。

详言之,法官可先在系统事先设置的各种刑事案件罪名或各类民事案件案由栏中自由选取与手头正在裁判的案件类似的罪名或案由,然后再在搜索栏中输入与本案相关的关键词,并且为了缩小搜索范围,增强搜索精度,法官还可以选择关键词在裁判文书中出现的位置,例如,可将搜索范围限定在裁判文书的“法院认为”部分。点击“搜索”按钮后,法官会看到系统推送的三种案例类型,分别是“典型案例”“本院及上级法院案例”“其他案例”,每种案例类型的数量在10个以下。笔者的搜索过程显示,“典型案例”有些是高级法院的案例,有些则是一些不明来源、据笔者推测或许是公报案例,该类案例仅显示了裁判要点、判决结果、推荐意见。“本院及上级法院案例”主要是该地及其上级法院近年来的案例,但时间上往往集中于某些具体的年份,而非大跨度的时间范围。另外,上级法院的案例也较为稀少。“其他案例”则十分庞杂,全国各地、各审级法院的类似案例均在其中,且是集中于特定年份以及特定省份的案例。法官可以直接点击系统推送的案例并查看具体情况。

类案类判制度的效果如何呢?笔者发现,类案类判制度在司法实践中并未受到法官们的广泛欢迎。有的地方法院没有建立起类案类判制度;有的即使建立了,所推送的类案也并不符合法官的要求,法官通过法院内部智能辅助系统搜索也无法获得理想的可参考的案例,许多法官甚至需要求助于一些商业公司开发的案例检索系统。在访谈过程中,有法院院长坦言,现阶段使用法律智能科技手段的法官数量不多,且主要集中于年轻法官群体,上了年纪的法官接受新法律科技手段的意愿普遍不强。在愿意使用智能办案系统的法官群体中,许多也不是冲着类案类判系统去的,在他们看来,类案类判系统显然不及“裁判文书自动生成工具”实用。原因很简单,“裁判文书自动生成工具”自动识别、提取起诉书中的要素,自动生成裁判文书草稿的功能实实在在地减轻了法官的工作负担。相比之下,类案类判系统不仅操作复杂、检索耗时,推送结果也不尽如人意,极大地降低了法官的用户体验。在调研中,许多法官反映,类案类判系统对法官办案“帮助不大”“作用很小”。一些法官甚至坦言,“真正要用的时候还是要用商业公司开发的案例检索系统去搜”。

可以说,类案类判在实践中的运用并不普遍,有限的实践也存在这样或那样的问题,归结起来主要有以下几点:

其一,检索推送案例不精确,无法满足法官实际的需要。笔者在考察中发现,有些类案推送系统在推送案例时对案例的数量进行了一定的限定(如 10 个),但这些案例并未做到“同案”,有时甚至连“类案”的标准也未达到。而在主动搜索时,法官往往会搜索出上万个司法案例,尽管改进检索方法可以将案例数量限缩至 100 个以内,但法官需要参考的案例仍面临着过量的问题。如此一来,类案推送系统实际上并未很好地契合法官的办案需求。事实上,很多时候,困扰法官的仅仅是案件中的若干技术细节或法律难点。遇到这种情况,法官急切地想参考其他法官的判案思路与做法,至于案情是否类似、是否相同则是法官次要考虑的内容。因此,仅仅通过大规模的法律标签比对去寻找类似的案件,即便标签相同,倘若在核心法律技术细节上没有获得法官预期的检索结果,对于法官而言,就没有类案的参考价值。从这个角度而言,现有的类案推送系统太过粗糙,无法解决业务核心难点。

其二,推送案例的范围过窄、来源不明、层级不清。笔者发现,现实中的类案类判往往集中于若干年份,许多案例在某一年份大量涌现,在接下来的年份却销声匿迹。同时,法院的诉讼档案电子化进展的迟缓发展会拖累类案类判系统,系统无法推送未完成诉讼档案电子化的司法案例。与此同时,类案类判系统所推送的案例在来源上没有清晰注明,许多案例只给出了裁判要点、评析,至于文书制作者是何人,基于何种立场与目的所作的评析也不甚明晰。此外,当前类案类判系统所推送的案例既有判决书又有裁定书,一审法院所作的判决结果是否在二审过程中发生了变化,一审判决的效力是否仍然存在等均未予以标明,导致检索结果的混乱性,检索案例的参考价值也处于一种不确定状态。

其三,地方类案类判实践差异显著。当前,类案类判在地方各司法机关还存在系统不一、检索结果不一致的问题。这主要体现在,各地的类案类判系统是与各家法律科技公司合作的,并无一个统一的顶层规划与设计。四川的法院会使用河北的法律科技公司提供的类案类判系统,而江苏的法院则会使用其本地法律科技公司开发的系统。也就是说,各地法院的类案类判系统是各自独立的,其所提供的类似案例推送、搜索服务千差万别。

二、类案类判问题的原因分析

上文梳理了当前类案类判在实践中的运用情况,指出了当前类案类判(实质上是类案推送)运用存在类案推送效果欠佳以及不适应法官需求等问题。在笔者看来,上述问题的出现,与当前的类案推送技术、类案检索范围以及支持类案类判的配套机制缺乏等紧密相关。

(一)技术无突破

这主要体现在两方面:一方面,被动推送式的类案推送技术尚无法准确识别出案件的核心区别点,尽管通过大量标签的匹配来寻找类案确实可以在一定程度上找到相似的类案,但是推送的类案数量过多,法官无法甄别出具体哪个案件包含了自己需要解决的法律难点,因此,法官需要花费很大的时间成本去逐一查看、分析所推送的数量较大的案件。对法官而言,与其花费很高的时间成本逐一查看,不如直接请教其他经验丰富的法官或者查询相关法条。此外,由于现有的人工贴“标签”技术过于粗糙,对法律事实的归纳存在疏漏,很多法律细节未被标签化或未被准确地标签化。类案推送系统是以大量标签化、结构化的法律数据为支撑的,需要大量的人力成本投入基础性的“贴标签”工作中。然而,在中国的司法人工智能界,我们既缺少海量翔实的标签化法律数据,也缺少既懂法律又懂技术的跨界人才,更缺少有意愿、有热情投身到这项繁杂、艰难却又意义深远的工作中去的年轻人。这就造成了在推送类案时法官觉得所推送的案件“类似而无用”,进而导致法官不愿意使用类案推送系统。另一方面,主动搜索式的类案推送技术与谷歌、百度等搜索引擎所使用的技术差别不大,都是通过多个关键词叠加并一定程度上限定搜索范围的方法进行检索。在某种意义上,法院内部自主(联合)研发的智能辅助系统很多时候在语义库、词向量算法方面甚至不如谷歌、百度等搜索引擎。

(二)数据不全面

类案类判制度真正发挥作用,有赖于较大规模的裁判文书数据。然而遗憾的是,裁判文书数据在中国的法院实践中尚不足。首先,从时间上看,直到 2013 年,最高人民法院才建立中国裁判文书网,构建裁判文书的统一集中上网渠道。在此之后,生效裁判文书开始大量、集中上传至这一平台。在此之前,各级法院主要依托自身的门户网站选择性公布部分裁判文书。这就意味着,当前的类案类判事实上缺乏足够的、历史的“数据储备”。可能会有人质疑,我们不是已经公布了 1 亿份裁判文书吗?但需注意,这些裁判文书主要是近些年的,类案参考价值有限。如果不进行大规模的案卷诉讼资料电子化工作(13 年之前),类案类判所依托的数据库都将面临某种限制性。其次,从近年上传的文书情况来看,裁判文书网也面临较大的“数据漏洞”。例如,2006 年,有研究曾指出,“经济发达省份的公开文书量不仅超过经济落后省份,公开比例也相对更高”①,而这二者之间的差距很大,有些省份如浙江、陕西、安徽可以达到 60%甚至 70%以上,而有些省份如黑龙江、西藏要低于 20%。② 由此可知,我国裁判文书上网存在明显的地域差异,尽管这种差异可能在当前有所缩小,但诚如本书第八章第一节所提到的,部分学者赖

① 马超、于晓虹、何海波:《大数据分析:中国司法裁判文书上网公开报告》,载《中国法律评论》2016 年第 4 期。

② 参见马超、于晓虹、何海波:《大数据分析:中国司法裁判文书上网公开报告》,载《中国法律评论》2016 年第 4 期。

以进行法学研究的裁判文书数量仍呈现出逐年减少的趋势。

概言之,中国地方法院裁判数据在时间与结构上的不足导致类案类判制度在实践中推进缓慢。不难想象,一个只能推送特定时间段以及特定区域内案件的系统为法官裁判案件带来的帮助有限。也不难想象,时空受限且权威不足的类案推送结果无法满足法官预期。

(三)制度不健全

2017年7月25日,最高人民法院印发《最高人民法院司法责任制实施意见(试行)》。该实施意见指出,"承办法官在审理案件时,均应依托办案平台、档案系统、中国裁判文书网、法信、智审等,对本院已审结或正在审理的类案和关联案件进行全面检索,制作类案与关联案件检索报告"。值得一提的是,该实施意见还对检索后的情形作了具体划分,当拟作出的裁判结果与之前的裁判尺度不同时,将会受到更严格的审查。

然而问题是,该实施意见并未对法官如何进行类案检索作出具体的规定,我们无法确知类案检索的范围、层级与效力。首先,类案检索缺乏有效的时间指引,是10年内的案件、5年内的案件抑或3年内的案件?在司法不断面临新情况、新类型案件不断涌现的背景下,缺乏时间范围规定的类案检索与推送制度显然不合时宜。其次,类案检索在地域范围上有所阙如。地方法院法官是否要优先参考上级法院法官所作的判决?是否需要参考其他省份法院法官所作的判决?外省法院、同级法院的类似案件对正在办理的案件有何具体影响,是否应当遵从?再次,该实施意见并未明确类案检索的效力问题。例如,哪些法官判的案子属于质量高的案例?二审案件判决的质量就一定比一审案件判决的质量高吗?如果出现不同省市、不同审级法院就同一法律问题适用上的冲突,是否就一定以高审级法院的判决为准?谁来评价,何人确定检索出来的案例的效力?如果没有一整套操作标准,那么法官所选择适用的案例可能只是迎合法官"胃口"的案例,而非真正的"类案"。如此一来,一些裁判质量不高的案例可能会因为法官的固有前见而不当地进入类案"篮子",选择性适用检索案例就此出现。最后,案例检索缺少具体的操作规程。在何种情况下法官可以寻求类案检索与推送，是否有一定的条件、标准、案件性质、类型或范围的规定？类案检索与推送是否是一种强制性的活动？检索或推送后，法官是否还需要针对所参考适用的案例进行某种说明抑或回应，尤其是当裁判结果与其他类案结果有出入时，应以何种方式回应，如何回应？诸如此类都有待司法解释进一步明确与规范。

三、类案类判背后的司法逻辑之争

事实上，类案类判制度所要解决的根本性问题，是中国法院长期存在的同案不同判或者类案不类判的问题。事实相同的案件在不同法院甚至同一个法院的不同法官中可能出现不同判决，由此导致的裁判不统一现象损害了法律权威，这成为当代中国司法实践亟待解决的重要问题。[①] 例如，在某些刑事案件中，某些罪行在甲地仅作拘役处理，在乙地却会被科以有期徒刑。又如，在某些民事案件中，丙地法院可能会支持原告的诉讼请求，丁地法院却会判决被告胜诉。这些现象与审判技术、审判理念的滞后性与保守性等密切相关。

长期以来，中国司法活动主要通过制定司法解释或规范性文件、召开审判业务会议、组织法官培训等形式来弥补法律漏洞，以解决法律适用过程中所面临的司法难题，达到统一司法尺度、维护司法公正的目的。然而，上述措施未取得预期效果，中国法院在此基础上又开始研究设立案例指导制度。

《人民法院第二个五年改革纲要（2004—2008）》明确提出了要建立和完善案例指导制度。2010 年 4 月，中央政法委协调公检法召开会议，要求推行案例指导制度并在年内公布一批指导性案例。同年 11 月，《最高人民法院关于案例指导工作的规定》出台。2011 年年底，最高人民法院发布了第一批指导性案例。截至 2022 年，最高人民法院共发布了 37 批 211 个指导案例。此外，还有各种如婚姻

---

① 参见四川省高级人民法院、四川大学联合课题组、陈明国、左卫民：《中国特色案例指导制度的发展与完善》，载《中国法学》2013 年第 3 期。

家庭纠纷、打击危害食品与药品安全违法犯罪、合同纠纷、未成年人审判等典型案例与最高人民法院公报案例。

因此，在使用类案类判系统之前，我们首先应当思考以下问题：其一，弥补法律漏洞，是通过司法案例还是规范性法律文件的形式为佳？其二，现有的指导性案例、典型案例、公报案例满足了我们通过司法案例实现上述目的的需求了吗？有必要再使用在权威性上有所缺失、仅在细节性上更胜一筹的“类案”吗？其三，如果使用“类案”，是使用一种指导性的“类案”还是参考性的“类案”？期望获得多大程度的指导、多大程度的参考？

笔者认为，类案类判制度或许被不当赋予过高的地位与期望，司法解释或最高人民法院的指导性案例应当并且可以肩负起统一司法裁判尺度、维护司法权威公正的使命。在实践中，中国法院应当更多地通过司法解释、规范性法律文件，同时辅以指导性案例、法院内部的法官会议以及极少数案件的审委会讨论，克服同案同判的功能性障碍。或许更悲观一点，类案类判很难成为司法人工智能的下一个突破口。原因在于，类案类判制度所能够提供的司法产品的质量水平有限。中国法院正在使用的类案类判系统所提供的“类案”更多的是一种质量不佳、缺乏权威、指导意义有限的案件。类案确实是一种已有的判决，但未必是一种好的判决，更未必是具有创新性的判决。法官所接收或搜索出的类案很多是散落于全国各地基层法院的一审案件，本身的质量、典型性与指导意义尚值得怀疑。不同于指导性案例被层层选拔，次次挑选，经历了明确的淘汰机制与程序，类案仅经过了“搜索”“推送”工序，筛选不太严格，质量令人担忧。

指导性案例、典型案例、公报案例之外的“类案”不应具有指导性，仅应具有有限的“参考性”。法官或许应更多地注重类案裁判中的思维进路、思考方式，以拓宽自身在裁判中的思路，而不应被他人类案的裁判结果所禁锢。我们甚至可以鼓励法官基于法律与事实作出与之前“类案”不同的裁判结果。

四、类案类判将向何处发展

从小处看,类案类判制度可以起到拓宽裁判思路、发散裁判思维的作用。从大处看,类案类判制度具有一定的发展前景,未来也可能成为确保司法统一适用、维护司法公正、避免司法不公的手段,或许还能成为一种新型司法判决质量控制机制。然而,基于目前在类案类判制度上有限的人、财、物力投入,匹配精度准、推送质量高、案例权威强的类案类判时代尚未到来。笔者认为,需要从以下四个方面改进类案类判制度:

第一,制度的进步离不开技术的发展。单纯依赖传统搜索方式的类案搜索在时间成本与效率成本上均受到极大的限制,不仅数量过多,精度也不准确。未来需要由案例搜索向案例推送转型,向法官精准推送其所需要的类案。这不仅依赖现有人工智能领域算法的新突破,还需要努力思考如何将人工智能领域先进的算法与法律行业的特性结合起来。未来,类案类判尤其是类案推送有赖于多种算法相结合的新尝试,而不是单一算法的突进。

第二,需要建立真正的法律案例大数据库。没有法律案例数据,试图建立类案类判系统无疑是沙上堡垒。笔者认为,首先应当推进全国法院历史裁判档案的电子化、数据化工作,将能够信息化的裁判文书年份向前推进。其次,应当进一步加强裁判文书公开上网工作,让能上网公开的裁判文书尽可能公开。通过各种方式督促文书公开工作落后的地方法院转变思路,推动完成基础信息化工作。

第三,加强“类案”本身的建设与管理。其一,需要进一步提升类案“标签化”“结构化”工作的精细化水平。在现有的环境下,有多少人工就有多少智能。我们需要更多的经验丰富的法律工作者加入基础性的数据标签工作中来,需要具备深厚法律学识素养的法学专家为纷繁复杂的法律事实界定更为清晰明确的法律标签。唯有如此,类案推送系统方能寻求更佳的数据匹配。其二,需要明确标示类案系统的案例来源、级别与质量。首先,应当标示清楚案例类型,案例库中的案例是属于指导性案例、公报案例、典型案例还是一般的案例？案例的地域来源、审判流程、是否上诉、效力状况、是否改判等情况应当标注明确。其次，应当参考性地标注案例的质量高低，供法官参考。当然，这部分工作需要法学研究者联合投入。

第四，确立国家层面类案类判的管理机制与标准流程。尽管最高人民法院业已开发了在全国范围内铺开的“类案智能推送系统”，但何时能够真正让全国的每个法官都能用上类案推送系统仍未明确。因此，当务之急是统一全国范围内驳杂的类案类判系统，摆脱各地法院各开发一套系统、各自为战的局面，至少让法官在检索类案时获得相同的案例，而不是在各地法院各自法律数据库基础上检索出案件。如果摆在法官案头的所谓“类案”都不尽相同，我们将很难达成统一司法裁判尺度的目标。

应当确立一套类案类判、类案推送、类案检索的国家标准。笔者以为，可以从以下几个方面着手：首先，明确类案检索机制的启动标准。笔者认为，不应设立强制性标准，是否检索类案应当以法官的实际办案需要为标准，设立一套强制性的标准只会人为增加法官的工作负担。其次，通过技术手段明确案例库中案例的权威性与质量差别。最后，要建立一套类案机制的记录和监督模式，如果法官通过类案系统发现手头正在裁判的案件结果与多数法院相似案件的判决结果出入太大，系统应当及时提醒、记录并跟踪，必要时可以集体讨论案件。

总之，类案类判是人类对法律的美好憧憬与希冀，在司法人工智能与法律大数据飞速发展的今天，我们似乎看到了实现这一夙愿的曙光。然而，路漫漫其修远兮，类案类判制度的落地仍面临重重阻碍，其中不仅有技术壁垒的原因，还有法官理念的原因。不止一次，我们听闻法官对法律科技手段的拒绝与排斥，这当然有产品用户体验不佳的原因，但更多让人黯然神伤的说辞是法官认为现有的手段即可解决案件，没有必要使用自己不熟悉、可能用不好的新工具。司法人工智能的发展壮大绝非一朝一夕之事，我们现阶段缺少的法律语料库、法律语义词，也许在法官每天的敲击键盘声中，在当事人无数次庭上的语音转换过程中默默增长，孕育着无穷的希望。

使用法律科技工具,或许未来成功的希望很小,但不使用法律科技工具,将永远没有成功的希望。

第三节　AI 法官的时代会到来吗

对于热情拥抱人工智能的中国法律人而言,在 AlphaGo 连续战胜李世石、柯洁之后,一个挥之不去的梦魇抑或梦想便是:有朝一日,AI 法官将取代人类法官坐堂问案! 这一想法并非始于今日,自计算机技术问世之时,有研究者便开始讨论法律推理是否可由机器进行。[①] 20 世纪 70 年代,安东尼·阿马托提出人类法官是否应被机器法官取代,以消除法律的不确定性问题。[②] 此后,与此相关的讨论持续不绝,并最终上升到了哲学层面。反对者史密斯认为,"电脑可以/应该替代法官"的见解是基于笛卡尔的"灵体二元论"和"莱布尼茨的谬误",其犯了智力可以独立于人体而存在的错误。[③] 现今美国刑事司法实践中对 COMPAS 等风险评估软件的大量应用意味着这场辩论仍在延续,且在技术与价值等不同的维度不断深入。在中国,AI 法官亦在业界的呼吁中迅猛发展。2021 年 4 月 14 日,中国社科院法学研究所、社会科学文献出版社联合发布"法治蓝皮书——《中国法院信息化发展报告 No. 5(2021)》"。该报告明确指出人工智能发展会带来新一轮司法裁判制度改革,将重塑传统司法模式。[④]

相关软件运用的算法在技术上以大数据、人工智能等统计概率型前沿技术为依托,在功能上辅助甚至取代法官决策这一核心职

---

① See Bruce G. Buchanand & Thomas E. Headrickr, *Some Speculation about Artificial Intelligence and Legal Reasoning*, 23 Stan. L. Rev. 40-62(1970).

② See Anthony D. Amato, *Can/Should Computers Replace Judges*, 11 Ga. L. Rev. 1277 (1977).

③ See J. C. Smith, *Machine Intelligence and Legal Reasoning*, 73 Chi. -Kent L. Rev. 277 (1997-1998).

④ 参见中国社科院法学研究所:《法院信息化蓝皮书:机器人极有可能取代法官撰写判决书》,载澎湃新闻 2021 年 4 月 14 日,https://www. sohu. com/a/460788725_260616。

能,某种程度上可以被视为AI法官的雏形。实践中,法官常常会接受算法的结论,从而使算法本身成为“实质上的法官”。算法兴起似乎预示着司法人工智能的未来已来?当然,我们也注意到,在这种热闹场景的反面,法律人工智能的先驱——罗斯(Ross)公司破产的新闻似乎又将这种美好的愿景拉回现实。[①] 司法人工智能的未来究竟如何?需要一番全面的审视。本书将对AI法官在以美国为典型代表的域外实践和理论研究进行重点关注,并对其在中国的实践状况和理论空间进行初步探讨,以就教于同人。

一、AI法官:现状如何

司法人工智能产品迅猛发展,部分学者对其使用前景持相对乐观的态度,他们认为在算法进一步优化、计算机硬件进一步升级的背景下,[②]司法人工智能在未来将获得更广泛的运用。这些人士不仅主张在案情简单、事实清楚的案件中运用AI法官裁判,也开始主张运用AI法官对复杂案件的裁判进行预测性评估分析。例如,通过对一国最高法院既往裁判数据的分析来预测其未来裁判,从而为当事人、律师做好诉讼准备提供帮助(尽管他们认为人工智能并不能代替法官或律师)。乐观主义者认为在司法公正等价值层面,AI法官比人类法官更具优势。一方面,法庭时常面临传统媒体和社交媒体施加的压力,而AI法官可以无视媒体或公众的期待,而将公众压力排除在决策考虑因素之外。同时,AI法官没有职务晋升或经济报酬的激励或压力,可以无偏见、无情感地运行。另一方面,AI法官不知疲倦,具备更高的效率,而效率与司法公正在某种程度上

---

① 罗斯公司破产源于法律科技巨头汤森路透向罗斯公司提起的一场诉讼,汤森路透在起诉书中认为,罗斯公司在没有授权的情况下,通过第三方平台窃取了自家旗下产品Westlaw中的数据。在2020年12月,罗斯公司正式宣布停业。不仅罗斯公司代表的法律AI,实际上整个AI行业均面临生存危机。例如研发出AlphaGo的人工智能企业DeepMind 2019年财报显示亏损达4.77亿英镑,相比2018年的4.70亿英镑亏损,增长了1.5%。参见法律先生:《研发出第一款AI律师后,这家著名法律科技公司倒闭了》,载澎湃新闻网2020年12月18日,https://www.thepaper.cn/newsDetail_forward_10443426。

② See Walton & David J., *Litigation and Trial Practice in the Era of Big Data*, 41 Litigation 55(2014-2015).

密切相关。

然而,需要回答的问题是,AI 法官的运用现状与乐观主义者的预期是否吻合?就目前而言,AI 法官在有限的实践中呈现出什么样的特征?取得了怎样的效果?本书认为,可以从域外与中国两个方面进行初步的勾勒。

(一)域外的现状

迄今为止域外一些国家和地区已初见 AI 法官的身影。例如,荷兰一家私人化的在线法院自 2011 年起开始在债务追收诉讼中尝试 AI 独立裁判,AI 法官根据算法工程师在分析界定债务追收诉讼中的关键性裁判要素之后建立的裁判模型作出判决。[①] 爱沙尼亚则从国家层面着手设计 AI 法官,试图将其运用于标的低于 7000 欧元的小额索赔诉讼裁判,以解决案件积压问题。双方当事人将各自的案卷材料输入裁判数据库之后,AI 法官会对相关材料进行分析并作出判决,当事人对 AI 法官所作判决不服的可上诉至人类法官。[②] 除此之外,广义上的裁判型人工智能技术在英美法系一些国家开始找到了用武之地。晚近 10 余年,在美国刑事司法中,风险算法预测运用不断扩大,覆盖刑事诉讼中保释、量刑、假释等多个阶段。尽管美国刑事司法中广泛应用的再犯罪风险评估工具已经具备“准”AI 法官的特点,[③]但在美国,完全取代人类法官的 AI 法官还未出现,梅根·史蒂文森(Megan T. Stevenson)和珍妮弗·多利亚克(Jennifer L. Doleac)在研究中指出,弗吉尼亚法院从 2000 年开始在非暴力重罪和性犯罪案件的量刑裁判中使用再犯罪风险评估技术;[④]在过去

① Henriette Nakad-Westrate et al., *Digitally Produced Judgements in Modern Court Proceedings*, 6 International Journal of Digital Society 1102-1112(2015).

② Joe Pinkstone, *Estonia Creating AI Powered Judge*, Daily Mail Online, 26 March 2019, https://www.dailymail.co.uk/sciencetech/article-6851525/Estonia-creating-AI-powered-JUDGE.html.

③ 所谓再犯罪风险评估,就是应用算法,通过统计分析法院和警察记录,找出影响再犯与否的主要因素,进而预测、评判哪些人有较高再犯风险,最后给出裁判建议,法官据此裁判。其目的是使整个刑事司法系统能够在不增加监禁的情况下降低犯罪率。

④ See Megan T. Stevenson & Jennifer L. Doleac, *Algorithmic Risk Assessment in the Hands of Humans*, Social Science Electronic Publishing 2(2021).

的5~10年中,美国有28个州在刑事判决中使用了再犯罪风险评估工具;另外至少还有7个州的一些县在刑事判决中也使用了这一技术。从这种再犯罪风险评估技术及以其为基础的裁判型人工智能实践中,大致可以看出AI法官实践的几个特征。

1. AI法官在司法实质决策领域得到初步运用

AI法官开始在司法尤其是刑事司法的实质性决策领域,特别是有关量刑和保释裁判中被应用。[①] 这种实际应用可以说是司法人工智能从理论到实践迈出的重要一步。似乎大多数国家仍停留于理论探讨或产品的初步设计、尝试适用阶段,还没有大范围的智能裁判实践。例如,法国有研究者在2016年、2017年试图推动法国采用美国式的预测性司法,建议两个上诉法院在确定解雇案件计算解雇补偿数额时试点运用预测性司法模式,以消除法国司法中普遍存在的地区差异、随意性及不可预测性,但这一建议被法国司法部拒绝。[②]

需要注意的是,即便在智能风险评估工具被广泛应用的美国,最为关键的裁判领域——定罪或决定诉讼请求的支持与否事项并未交给AI法官。在笔者看来,AI能够适用于量刑、小额诉讼等领域既是因为该领域的风险评估具有客观化的数据基础,也是因为基于算法的风险评估技术具有相当的定量性、科学性特征,算法可以胜任并帮助提高量刑效率和一致性,使量刑结果具备可信赖性。而AI不适用于定罪,是因为这类事项涉及被告人刑事责任的具体承担或人身权利的剥夺,在传统上一直是法官裁判权力的核心内容。AI不适用于定罪等核心事项的裁判:一方面是因为此类决策一般由陪审团决定,往往涉及难以动摇的政治哲学支撑和公众的支持,AI法官难以发挥用武之地;另一方面,在刑事案件"排除合理怀疑"

---

① 当然,民事领域也有少数国家试图展开尝试,但民事领域的尝试并非本书关注的重点,一方面基于笔者对刑事领域的研究旨趣,另一方面,更为重要的是,基于实践的一种国际共识——民事案件中采用AI的难度较之刑事案件略低,这是由于民事案件奉行当事人处分主义,当事人可以在法律框架内自行处分自己的权利,事实认定、法律适用都有较大的灵活性。因此,AI的运用也面临较少的法律障碍。

② Dorottya Papp, Bernadett Kraus & Z. Franciska Zsófia Gyuranecz, *The AI is Now in Session-The Impact of Digitalization on Courts*, 7 Cybersecurity and Law 279(2022).

的定罪证明标准下,内心确信的要求难以通过数字精准量化,并且在无法排除合理怀疑的情况下需要适用无罪推定原则,AI 法官难以满足此种高度主观性的证明过程要求。一言以蔽之,AI 法官已经成为美国刑事司法的角色之一,但还未成为美国刑事司法的关键主角。

2. AI 法官源于定量实证方式的方法论革新

AI 法官究竟如何运行?行内人惯用“算法”等标签性词语来阐释这一问题,但这时常让外行人望而却步。对算法进行抽丝剥茧可以发现,其基本方式是统计学的线性模型,乃至包括机器学习式的算法应用。[①] 以前述荷兰电子私人法院为例,软件工程师通过开发机器学习应用程序识别裁判决策的关键参数,从而对收债案件进行建模,这些参数包括三个不同领域:索赔(索赔额、到期日、到期日利息、与索赔额有关的百分比和比例、当事方的个人数据),收债成本(传票令状的成本、私人和公共法院的诉讼费、在法庭上的代理费用)及诉讼程序(法院的权限、被告就即将进行的法院程序得到适当通知的权利、援引公共法院的权限、遵守法院的仲裁规则、被告是否出庭以及请求权是否因违法或不合理而被拒绝等)。[②] 这些参数构成了考量是否裁判以及如何裁判的关键性因素。

目前美国刑事司法实践中使用的几乎所有风险评估工具均是在传统的量刑指南和相关量表基础上发展起来的。众所周知,美国的量刑指南制度要求法官根据几乎定量化的各种因素来确定被定罪被告人的具体刑期,甚至因此被批评为机械化量刑。[③] 因循这一传统,量刑中的风险评估采用“加权检查表”的形式,根据输入值与未来违法行为的统计相关性(通过再次逮捕或再次定罪衡量)打

---

① 通过向学习算法投喂大量的训练样本来建立 AI 模式,这一程序便被称为机器学习。参见[英]凯伦·杨、[英]马丁·洛奇编:《驯服算法:数字歧视与算法规制》,林少伟、唐林垚译,上海人民出版社 2020 年版。

② See Henriette Nakad-Westrate, Ton Jongbloed et al., *Digitally Produced Judgements in Modern Court Proceedings*, 6 International Journal of Digital Society 1102-1112(2015).

③ 参见彭文华:《美国联邦量刑指南的历史、现状与量刑改革新动向》,载《比较法研究》2015 年第 6 期。

分,风险分数便是这些分数的总和。这种简单模型仿效了量刑指南指引下的量刑量表,将带有数据化特征的量刑量表这一裁判辅助工具用到极致。但促使风险评估工具获得重要发展的实际上是统计方法的介入。具体而言,根据评估使用的统计方法又可分为简单的风险评估和复杂的风险评估两大类。简单的风险评估技术并未利用非线性或交互关系,但具有整数权值和少量输入的简单统计评估工具便可以在不少领域与复杂预测模型的精确度相匹敌。梅根·史蒂文森和珍妮弗·多利亚克的研究发现,仅考虑被告人年龄和先前未能出庭这两个特征的简单风险评估规则得出的再犯罪风险预测结果,与包含所有 64 个可用特征的机器学习模型(随机森林和 lasso 回归)运算结果几乎完全相同。而复杂的风险评估技术,如 COMPAS(其可以包括 136 个输入变量),主要通过标准回归模型运行,但它结合了更先进的机器学习模型。总之,以美国刑事司法实践中被广泛应用的再犯风险评估工具为代表的 AI 法官是对人类法官决策实践的收集、总结和模式化。换言之,AI 法官基本模型是经验式的,基于司法大数据,以对量刑实践数据的收集、分析、建模为运作前提。所以,分析、使用数据以作出决策的风险评估工具本质上是较为简单或复杂的实证方式。现在美国学者分析风险评估工具时所用的研究工具往往是机器学习的方式。这是否意味着未来风险评估工具的改进、发展也会更加复杂化呢?这值得进一步观察。

3. AI 法官是基于数据分析的认识论转型

AI 法官的算法形成依赖于海量数据的“投喂”,这必然要求建立一个以数据分析为中心的 AI 法官认识论体系。以美国弗吉尼亚州为例,该州曾制定了将 25% 的非暴力罪犯从监狱转移出来的目标。风险评估被视作达成这一目标的重要方法,弗吉尼亚刑事量刑委员会(VCSC)在 20 世纪 90 年代末为非暴力罪犯开发并试验出风险评估工具。该工具通过对 1500 名判处非监禁刑以及刚释放的非暴力罪犯的相关数据随机抽样分析,预测哪些罪犯可能会在回归社会后 3 年内再次被判处重罪,它的输入值包括定罪指控的内容、有无其他违法行为、性别、年龄、就业和婚姻状况、最近的逮捕、监禁以及重罪前科等记录。[①] 这些数据都存在于既往的裁判资料中，VCSC 所做的便是收集、转换、分析这些资料中的数据。所以，以既往的司法实践为基础，观察、提取数据，总结既有决策的模式，以此作为未来 AI 法官决策的基本依据，是所谓算法裁判的根本前提。

需要指出，上述算法并非一蹴而就，而是经过实践试错，不断改进。在弗吉尼亚州，这种算法从 1998 年到 2002 年经 VCSC 在 6 个巡回法庭的试点，不断修订和完善，最终于 2002 年 7 月 1 日在全州范围内推广并一直使用到 2013 年，之后又做了几次修改。[②] 修订工作表明了算法本身需要根据实践不断发展。

还要明确的是，算法也有多种形态。在美国刑事司法的再犯风险评估实践中，不同的科技公司开发了不同的算法，只有 4—5 个州在使用 COMPAS，[③]其他州也有类似的算法。这些系统的原理近似于中国尝试过的计算机量刑，在明确量刑规则之后由计算机计算量刑结果，实际上也可以被视为信息化的量刑规范化改革。

4. AI 法官是“自动化司法”的呈现

AI 法官体现的是一种“自动售货机”式的决策模式。在将司法决策经验用统计学的方式抽象、建模后，法官及其助手所要做的是发现、确定与案件裁判相关的关键因素，然后让算法一一打分，最后由 AI 法官算出总分并将其分成不同等级，得出是否以及如何处理的建议。事实上，法官并未参与结论的形成过程，且一般采纳算法的结果。目前美国已有 35 个州或多或少地将类似的再犯风险评估

---

① See Megan T. Stevenson & Jennifer L. Doleac, *Algorithmic Risk Assessment in the Hands of Humans*, Social Science Electronic Publishing 2(2021).

② See Megan T. Stevenson & Jennifer L. Doleac, *Algorithmic Risk Assessment in the Hands of Humans*, Social Science Electronic Publishing 2(2021).

③ 作为最为有名的风险评估算法，COMPAS 是指筛选、记录关于被告人的信息，并向被告人提出问题。包括：家庭犯罪记录、同伙（犯罪、吸毒等团伙成员）、药物滥用、住所/稳定性、社区的社会环境、教育、工作、休闲/娱乐，以及关于社会隔离、犯罪人格、愤怒和犯罪态度的价值陈述。COMPAS 模型输出的原始分值从 1~10（最高风险），分为低（1~4）、中（5~7）和高（8~10），包括累犯、未出现累犯和暴力累犯的风险评分。总体上，COMPAS 收集有关被告人的一系列资料包括 1 份包含 100 多个问题的问卷。然后利用这些信息生成累犯风险评分，该评分代表被告人成为累犯的风险。法官和其他官员则利用这些分数作出与被告人有关的重要决定，包括他们的审前释放条件和保释金数额。

算法应用于刑事司法尤其是量刑实践中。可以认为,实现韦伯构想的“自动售货机”式司法似乎看到了一线曙光。

除了使用算法进行司法决策的直接性运用外,依靠人工智能进行裁判预测的间接性运用也开始出现。裁判预测主要根据既有裁判结果对法官的裁判模式进行建模,据此预测当下和未来的裁判可能。例如,弗吉尼亚理工大学发现分析中心的研究人员通过数据驱动结构的机器学习,对美国联邦最高法院的历史裁判进行分析,以此预测联邦最高法院的未来判决。算法通过仔细分析裁判文本,计算每个与争点相关的话语,评估其权重,分析不同法官对其关注程度,然后参照其表决,判断文字表述的实际意义。最终,AI 可以发现不同法官的裁判立场与观点,评估其未来态度。甚至有国外学者认为,人工智能在预测案件判决结果上已经超越了人类专家。[①] 当然,由于这些预测性裁判在相当程度上只是一种“智力游戏”,并非直接的司法实践,所以其说服力始终不如直接的 AI 法官实践,我们还是需要将关注点放在实践中的算法上。

基于上述种种,实践中所谓的 AI 法官裁判机制尤其是类似的风险评估算法效果究竟如何?对此,基于对美国刑事司法实践的文献考察,笔者认为:

其一,风险评估工具使用有限。例如,梅根·史蒂文森和珍妮弗·多利亚克对弗吉尼亚州法官使用风险评估结果的研究发现:在非暴力案件中有近一半(44%)的法官遵从分流建议,但依然有不少时候未使用风险评估算法。如何判断法官是否使用了风险评估工具?两位研究者的主要方法是观察风险评估中得分高于或低于临界值是否会引发不同的量刑建议。通过使用断点回归方法,他们发现,风险得分恰好低于临界值的非暴力犯罪者(几乎没有接受分流建议)被监禁的可能性降低了6%,刑期比那些风险得分高于临界值的犯罪者短了约23%。风险得分刚好高于相关临界值的性犯罪者(没有扩展量刑建议的上限)被监禁的可能性提高了6%,刑期比风

---

① See Aletras N, Tsarapatsanis D et al., *Predicting Judicial Decisions of the European Court of Human Rights: A Natural Language Processing Perspective*, 2(10) Peerj Computer Science 93(2016).

险评估分数低的被告人要长 34%。[①] 据此可以合理认定法官采用了风险评估算法的结果,否则,难以解释风险评分临界值上下波动时量刑的差异。

其二,风险评估工具效果有限。风险评估是否会对一些重要问题的处理产生显著影响?整体而言,研究结果显示有所差异,但差异程度不一。仍以梅根·史蒂文森和珍妮弗·多利亚克的研究为例,通过重点分析年龄和种族因素对非暴力罪犯风险评估的影响问题,两位研究者发现,即使考虑到量刑建议时的随机误差,年轻被告人的风险得分也比年长被告人高得多,黑人被告人的风险得分比非黑人被告人高得多。因此,可以说,风险评估工具的使用在某些方面会导致差异。例如,风险评估的使用对年轻人产生了不利影响。使用“三重差分法”研究设计,他们发现风险评估使年轻被告人(相对于年长被告人)的入狱概率增加了几个百分点,而刑期长度则相对增加了 10%左右。不过,如果将这种增长与法官完全遵守与该算法相关的量刑建议后发生的情况进行比较,研究者发现这种差异似乎没有想象中那么大。因为完全依从算法建议会导致年龄差距更大:监禁的可能性相对增加 15%,刑期相对延长。[②] 这说明法官们利用自己的自由裁量权从轻判处了年轻被告人,从而减少了对年轻人的不利影响。此外,尽管标准误差不能排除对部分黑人被告人(相对于白人)适用更长刑期的可能性,但没有直接证据表明风险评估的使用大大加剧了全州范围内的种族差异。

基于上述分析,在一定程度上可以认为 AI 法官在美国刑事司法实践中已经出现,但扮演的更多是一种补充式的角色,其获得主角地位为时尚早。

(二)我国的现状

纵观中国司法实践,与美国等域外国家有所不同,中国在 AI 法

---

① See Megan T. Stevenson & Jennifer L. Doleac, *Algorithmic Risk Assessment in the Hands of Humans*, Social Science Electronic Publishing 2(2021).

② See Megan T. Stevenson & Jennifer L. Doleac, *Algorithmic Risk Assessment in the Hands of Humans*, Social Science Electronic Publishing 2(2021).

官方面的实践在某种程度上可以视为一种“弱形式”的 AI 法官应用,具体来看呈现出以下几个特点:

1. AI 法官尚未在实质性审判领域应用

在我国,人工智能并未在审判决策的重要环节(更具体来说是在量刑环节)发挥实质性作用,但在非关键性的环节中已经出现。例如,作为完整的刑事智能辅助办案系统的上海 206 系统、有智能量刑辅助功能的北京市高级人民法院睿法官系统。尽管在整体上这些应用没有常态化、规模化,但“智慧法院”建设在一些关键性的决策事项上进行了裁判智能化尝试,如对实体裁判的预测。因此,在某种程度上可以将其视为一种“弱形式”的 AI 法官应用。

实体裁判预测是指人工智能系统对海量裁判文书进行情节特征的自动提取和判决结果的智能学习,建立具体案件裁判模型,根据法官点选的关键词或提供的事实、情节,预测正在审理案件的实体裁判。这似乎可以被视作“弱”意义上的裁判智能,尽管该预测对法官决策没有拘束力,但仍有可能对法官的裁判决策产生一定的影响。同时,人工智能系统在预测的同时还会自动统计、实时展示同类案件裁判情况,推送更为精准的相似案例,供法官参考,同样可能影响法官的决策。所以,所谓的类案类判推送系统也可以被视为广义上的 AI 法官,因为它作了案件间的比较并提出了含蓄的处理建议。

2. AI 法官基于知识图谱式算法而非定量实证的方法论革新

与美国等域外国家 AI 法官更多基于定量实证的方法论革新不同,我国法律人、法律科技公司在谈及 AI 法官时,往往将其与知识图谱式[①]的算法相联系,基本上未使用以统计学为基础且时常扩展到机器学习的算法。即便在一些 AI 法官系统的算法生成过程中使用了数据进行训练,这种意义上的数据使用也不同于域外利用统计

① 所谓知识图谱是显示知识发展进程与结构关系的一系列各种不同的图形,用可视化技术描述知识资源及其载体,挖掘、分析、构建、绘制和显示知识及它们之间的相互联系。具体来说,知识图谱是用可视化的图谱形象地把复杂的知识领域通过数据挖掘、信息处理、知识计量和图形绘制而显示出来。参见秦长江、侯汉清:《知识图谱——信息管理与知识管理的新领域》,载《大学图书馆学报》2009 年第 1 期。

学、数学的原理对数据加以分析后的实证方法的运用,而是完全服务于知识图谱生成、训练的工作需要,本质上只是生成知识图谱的工具而已。所以,中外在理解、使用 AI 法官的基本工作机制上迥然相异,从而导致几乎完全不同的研制机制和实践状态。实际上,区分中外 AI 法官的重要标志便是有没有使用统计学基础上的机器学习尤其是最新的深度学习算法。在此意义上,与深度学习算法相关的神经网络同所谓的知识图谱应用有完全不同的效果。顺带要指出的是,AlphaGo 的成功很大程度上归因于神经网络,而相较之下知识图谱是有本质缺陷的,中国大部分司法人工智能均为知识图谱式的,难以据此打造能在实践中充分应用的 AI 法官。

3. AI 法官是规范取向而非经验模式

我国研制的 AI 法官的基本模型一般是规范取向的,它着眼于使用知识图谱对立法、司法解释等规则进行提取和分析,构建一种规范式而非经验式的裁判模式。换言之,AI 法官的"训练集"并非行动中的"案例集",而是书本上的"规则集"。最终产出的不是实践理性的 AI 法官,而是"被规训了的"AI 法官。规范取向的后果便是 AI 法官很可能不适合丰富、多样的实践决策模式,从而无法得到实践者的认同。

从效果来看,上述努力、尝试并不意味着中国司法领域的人工智能运用已经获得了实质性的突破。事实上,一些司法人工智能产品或效果不理想,或被长期搁置以至于难觅踪迹。笔者前文提及的对成都市有关法院的调研及江苏智慧审判系统应用情况的介绍是很好的例证,此处不再赘述。

二、AI 法官:障碍为何

整体而言,无论是域外还是国内,AI 法官都未得到广泛应用,特别是难以在关键性裁判决策中得到应用,而且在中短期内或许都是如此。笔者认为正是下述三点障碍使中短期内 AI 法官在关键性裁判决策中很难被普遍实际应用。

(一)社会认同障碍

是否接受"AI 法官"? 这本质上是一个社会认同问题。而当下的状况是AI法官仍缺乏社会认同的基础，并且中短期甚至长期也难以达成共识。为何出现此种境况？这源于审判的历史传统。观察历史变迁，由谁来承担裁判职责是人类社会在长期演变进程中逐渐自然选择的结果，其经历了一个由“非人裁判”到“人类裁判”的演变过程。1000多年前，罗马教皇召集主教会议，决定废除“神明裁判”，实行“法定证据裁判”，自此之后，审判等法律决策活动一直是特定人群——行政长官或者法官的专属权力。裁判权从“神”到“人”并获得人类社会认同经历了漫长的时间，是人类认识、改造世界能力进步，政治、经济、文化发展等各种主客观因素交融的结果。而是否可以、可能将裁判权由“人”还“机(审)”？从某种意义上讲，当人们对人工智能高度信任之后，是不是返祖到了神明裁判时代，只不过是“技术神”替代了宗教神？裁判制度再次重大变革的“未来”是否“已来”，取决于人类特别是法律人、当事人是否选择相信智能机器。长期以来，法律经验经由人类开放的辩论与长久的累积而形成，并以当事人与社会可接受的方式表述。然而，人工智能是一种由智能机器（尽管人类在其中深度介入）分析数据、基于数据关联性而构建的“另类”客观化的决策模式。这种模式需要法律人、当事人乃至公众的认同。虽然短期而言，算法不透明只为少数专业人士所认知，但一旦这一问题为公众所了解，AI法官要获得公众的认同将很困难。

（二）技术发展障碍

就目前人工智能技术发展程度来看，短期内AI法官仍难以与人类法官的智慧相匹敌。主要原因体现在两方面：一方面，人类法官处理案件的过程蕴含着AI法官难以习得的情感与智慧，特别在一些必须对人性复杂性进行考量的案件中，人类法官对人性的思考、权衡、把握过程对于案件裁判结论的形成起着至关重要的作用，但这些思考、权衡、把握却难以形成文字并记载在裁判文书——AI法官据以学习的基础数据材料当中，即使记载了，同样因为人性复杂，不同的法官个体对人性的思考和判断也远不如他们对法律文本、原则、精神的理解那样存在大致的群体接近性。在漫长的法制史中，许许多多的优秀法官之所以青史留名，在很大程度上不是因为他们对法律本身的理解如何精深,而是因为他们对人性的把握独到。例如,传说中的所罗门王曾设计与评判过“二妇争孩案”,[①]面对此类案件,AI 法官是否能和人类法官一样情理并用? 目前,对于人类法官审判智慧与经验的归纳尚待时日,需要经验数据来“喂养”的 AI 法官短期之内更难言超越。尚处于萌芽阶段的司法人工智能是一个长期且极为耗费资源的工程,既需要更多既懂法律又懂人工智能的复合型人才加入,也需要能够供 AI 法官深度学习人类法官裁判过程中对情感、价值、态度把握所需的海量数据与资料。目前以再犯风险评估技术为代表的司法人工智能模式仍然只是一种统计型、经验型的弱人工智能,而中国当下的司法人工智能偏向有着天然缺陷的知识图谱式,更属于材料准备型、文字模板型的弱人工智能,效果有限、低效且适用范围窄。

另一方面,AI 学习模式的滞后性难以适应人类思维方式的变化。众所周知,人类的思维与认知是不断发展变化的,对法律的认知亦不例外。而 AI 的学习模式以模仿为基础。申言之,司法人工智能像是一个嗷嗷待哺的婴儿,期盼着优秀数据、成熟算法的“喂养”。中国司法人工智能的学习模式面临着两个突出的问题:其一,在学习模式上,几乎没有成熟的算法模式,即使是采取了知识图谱的半监督学习方式,在实际展开程度与产品成熟程度上还处于较为“低幼”的状态,此种方式的显著特点是“有多少人工方有多少智能”:[②]通过优秀专家归纳、总结法律规范、法律案例,将其转换为节点—边—节点的表示知识和事实的陈述语句,在此基础上应用统计学方法包括机器学习归纳、总结司法实践中的数据,并构建现实的裁判模型。可以说,我国市场上大多数人工智能产品的开发者都未能很好地解决如何表示、总结、阐释裁判模式的难题。其二,在学习

①　在该案中,两名妇女为了争夺一孩子发生了争吵。所罗门为了判别孩子的归属,假意要将孩子劈为两半,二妇女各执其一。听闻此法后,孩子的亲生母亲表示为了孩子的性命宁愿不要孩子,而另一名妇女则大喜过望。所罗门王据此立即判断出了孩子的亲生母亲。

②　参见左卫民:《从通用化走向专门化:反思中国司法人工智能的运用》,载《法学论坛》2020 年第 2 期。

基础上,缺乏优质的数据供给,司法人工智能产品既没有基于全样本,也没有重点研究优秀样本,这意味着作为基础的数据既不能代表平均值,也无法推断最优值。我们甚至无法确定会不会出现人工智能经典的“垃圾(数据)进,垃圾(算法)出”的问题。在此基础上,以学习和模仿为基础的人工智能无法同步,更遑论超越人类的思维发展。一言以蔽之,即使AI法官具备了较强的学习能力,面对学习对象的动态变化也可能束手无策。有学者便指出:“法律的特征是深度不学习,在难以彻底还原事实真相时,仍需要由法官采取不学习的态度对案件作出终局裁决。”[①]从这个意义上讲,法律的特性便与人工智能深度学习的发展模式相悖。

（三）司法伦理障碍

其一,算法黑箱与司法的程序性、公开性理念背离。人类法官决策是以一整套理性化、程序化、公开化的机制作为载体的,法官的裁判依赖当事人双方的举证、质证、辩论。程序正义是法官决策的基础,程序的公开、透明则是程序正义的基本要求之一。目前所有的AI法官似乎均缺乏一整套科学、公开、标准的程序机制。如果由一个缺乏正当性的AI法官裁判,得出的裁判结论必然导致说服力不足、缺乏社会认同。同时,相对于人类法官裁判而言,AI法官裁判的实践在程序、机制、结果等方面既缺乏程序公正性,也没有显示出明显更优的实体公正性。实际上,谁来输入案件信息、输入什么信息,如何进行信息的分析,如何与人类法官一样裁判,甚至作出更好的判决,这些在AI法官运用于司法裁判之前需要明确的问题都还没有得到有说服力的回应。实践中展开的所谓预测性裁判或建议性裁判似乎只展示了一个简单的结论,而非一个有论证过程的理性证明。相反,诸如使用了何种算法,其运算逻辑如何,往往成为开发裁判智能产品的科技公司的保密知识产权,被拒绝公开。[②]同时,

---

① 余成峰:《法律的“死亡”:人工智能时代的法律功能危机》,载《华东政法大学学报》2018年第2期。

② 有研究甚至认为,即使这些算法向公众披露,对普通人而言也毫无意义,即便是专业人士,仅凭对代码的校验,也很难对算法行为进行预测。See Kroll J. A. et al., *Accountable Algorithms*, 165(3) University of Pennsylvania Law Review 633-706(2017).

许多时候机器归纳的裁判模式、裁判标准可能连操控主体也难以理解,宛如“算法黑箱”,就如人类时常无法理解“AlphaGo”的围棋招式一样。最为关键的是,此种“算法黑箱”在现有技术条件下,难以通过可视化、可理解的方式予以应对,致使这一问题成为司法上的“死结”。

其二,算法歧视与司法的公正性理念背离。人们普遍认为,未来行为的最佳预测者是过去的行为,而作为 AI 法官技术基础的算法,正是对过去行为作出的判断,那么使用这种算法是否公正呢?[①]一种较为普遍的观点认为:虽然算法可能比人类决策者更高效,更精准,但算法被广泛运用所具有的不透明性可能引发算法不平等。[②]事实确实如此吗?拉奈·贾布里(Ranae Jabri)通过对刑事司法制度中使用的 COMPAS 风险评估工具的研究发现,算法决策的可靠性或许被高估,而其附带的歧视问题则往往被忽视。他指出,算法预测能力和群体间平等待遇之间存在冲突并可能导致将被告人社区变量纳入考量范围,结果只会略微增加整体预测能力,相反代价却是群体风险评分的差异大幅增加。[③] 具体而言,拉奈·贾布里使用 2013 年到 2016 年来自佛罗里达州布劳沃德郡的新数据集等,发现风险评估中被告人的社区固定效应几乎无益于提高预测能力,但会产生不平等的预测并扩大种族和贫困状况之间的风险评分差异。而邻域变量在预测累犯方面的总体能力可以忽略不计。然而,这些变量扩大了风险评估的巨大群体差异。如果不使用这些变量,不同种族和贫困状况之间的分数差异将显著缩小。最后,人口普查区域变量对被告人的种族和贫困状况有不同的预测结论:人口普查区域变量增加了对黑人和贫困被告人的过度预测,但减少了对白人和非

---

① See Beyond Intent, *Establishing Discriminatory Purpose in Algorithmic Risk Assessment*, 134 Havard Law Review 1760–1781(2021).

② See Jeff Larson, Surya Mattu et al., *How We Analyzed the COMPAS Recidivism Algorithm*, ProPublica (May. 23, 2016), https://www.propublica.org/article/how-we-analyzed-the-compas-recidivism-algorithm.

③ See Megan T. Stevenson & Jennifer L. Doleac, *Algorithmic Risk Assessment in the Hands of Humans*, Social Science Electronic Publishing 2(2021).

贫困被告人的过度预测。[1] 因此，根据 COMPAS 累犯评分来预测是否再次逮捕，可能产生带有种族偏见的结果。基于数据的预测似乎并不能充分保障决策的公正性。这些研究有助于理解一个更大的问题，即数据驱动的算法如何强化和恶化社会中业已存在的不平等。

约翰·莫纳汉（John Monahan）等学者的研究进一步指出：算法本身的"公平"可能还需要提升。学者们在美国招募了约 300 名法官并将他们随机分为 4 组。每一组法官会看到大致相同的案情并依此判决嫌疑人是否需要服刑。差异在于嫌疑人的社会经济状况好坏程度不一以及是否使用了算法结果。研究发现，算法使法官对贫富差距的观感发生了"倒转"。在不展示算法的情况下，法官倾向于轻判社会经济状况较差的嫌疑人；在展示算法场景下，法官则倾向于重判社会经济状况较差的嫌疑人。研究认为，未使用算法时，法官侧重于嫌疑人的可责性；使用算法后，法官的关注点相应转移到算法强调的"再犯风险"上。这一裁判思维的转移，客观上可能加剧阶层间的不平等。[2]

综上所述，司法公正是现代社会对法庭程序永恒的期望。在公正性方面，人类法官基于自己的人生阅历，有着不尽一致的思维，这种差异难免反映在他们的司法决策上。AI 法官能比人类法官更客观地发挥作用吗？鉴于人工智能裁判所依据的数据基础往往可存在偏见等问题，这一点难以判断。[3] 更重要的是，我们一般期待法庭判决能够经过详细的推理，这恰好是 AI 法官的短板，"法律黑匣子"由人发送输入指令，然后通过一个未知过程得到输出，即只是给出一个类似陪审团裁判的是或否的结论，而非一个信息多样的判决书，就如同 AlphaGo 只下棋，不解释一样（某种程度上甚至不如

---

① See Megan T. Stevenson & Jennifer L. Doleac, *Algorithmic Risk Assessment in the Hands of Humans*, Social Science Electronic Publishing 2(2021).

② See Skeem, Jennifer et al., *Impact of Risk Assessment on Judges' Fairness in Sentencing Relatively Poor Defendants*, 44 Law and Human Behavior 51-59 (2020).

③ 参见马长山：《司法人工智能的重塑效应及其限度》，载《法学研究》2020 年第 4 期。

AlphaGo,因为机器棋手也会显示其每一步的胜率)。而这种“黑匣子”意味着受决策影响的个体难以知晓决策的形成根据,也剥夺了个体表达意见或反驳决策的机会,而在常规的人类法官决策中,在受到质疑时,决策者至少可以清楚地陈述作出决策的理由。[①] 所以,有些研究者甚至认为机器推理只不过是“用代数方法处理先前获得的知识以回答一个新问题”。[②] 然而,社会一定会要求未来的自动裁判系统作出“决定的解释”,涉及特定结果的原因或合理性应该为人类所能理解,使人类能够洞察哪些输入对输出具有决定性或影响力。自动裁判系统应该包括决策的主要因素,并提供两个相似的案例并提供具有不同解决方案的原因。[③] 显然,这对人工智能系统而言是一个尚需解决的重大技术难题。

三、AI 法官:路在何方

展望未来,司法领域还可能打造并使用优秀的司法人工智能吗?笔者认为,无论是在我国,抑或域外,AI 法官均难以在中短期内得到普遍的运用。

在域外,以美国为例,由于科技基础等因素,司法人工智能的研发进展较为前沿,也出现了诸如前文所提及的司法人工智能产品。但为何尖端科技并未实现广泛应用?这或许反映出客观性因素并非起决定性作用,AI 法官难以大规模被运用更多源于理念性因素,即将人工智能运用于裁判活动的一种主观性反对。申言之,在域外国家的司法传统观念中,司法活动的公正性、专业性是人类法官所独有的能力,技术的发展并不必然带来司法公正性与专业性的提升,算法黑箱等不透明因素反而会使司法公正性因素大打折扣。正如域外学者总结,基于正当程序标准与技术的审视,需要谨慎面对

---

① See Veale M. & Edwards L. Clarity, *Surprises and Further Question in the Article 29 Working Party Draft Guidance on Automated Decision - Making and Profiling*, 34 Computer Law & Security Review 398(2018).

② See Bottou, L., *From Machine Learning to Machine Reasoning*, Cornell University (May. 4, 2020), https://arxiv.org/abs/1102.1808.

③ See Doshi - Velez et al., *Accountability of AI Under the Law: The Role of Explanation*, Cornell University (May. 4, 2020), https://arxiv.org/abs/1711.01134.

机器人取代人类法官并满足我们对可解释性和公平性期望的结论。①

而在我国,更为重要的可能在于尚未开发研制出能够满足司法活动特殊需求的人工智能产品。此外,不可否认的是,我国也不乏对人工智能介入司法活动尤其是裁判活动的反对之音。但整体而言,我国法律界对人工智能的接受程度是高于域外的,这一点从司法机关频频举办或参与各种关于人工智能的研讨活动、与科技公司合作开发人工智能产品便可见一斑。② 只是实际的人工智能产品适配性还未跟上步伐。

当然,在司法人工智能难以普遍化运用的前提下,笔者也认为,在中国,AI 法官也许在非常有限的范围内,就相当有限的问题,在未来能有一席之地,但其具体实施还取决于下述相关问题的妥善解决。

(一)形成对人工智能的合理预期

应当降低对司法人工智能应用领域的预期。必须明确,进行类似预测或裁判的人工智能在目前技术上是最为复杂且难以突破的。为何我国类案推送系统不太成功,就是因为区分、评判相似案件所要求的数据量、算法、模型构造需要人类法官和工程师的长期实践。在人工有限、智能不足的中国司法人工智能浪潮中,如果还要对司法智能有所期待,笔者认为,现实化、低标化应该是不二选择。如同"AlphaGo"适用于围棋这样规则清楚、边界明确、信息充分的场域一样,司法人工智能应当适用于信息客观性强且易于获得、案件事实清楚、法律规定明确的简单案件,而复杂、模糊案件的裁判仍需要倚重法官们的专业智慧。前述"法治蓝皮书"也指出,当下存在"算

---

① See Pedro Rubim Borges Fortes, *Paths to Digital Justice: Judicial Robots, Algorithmic Decision-Making and Due Process*, 7 Law and Artificial Intelligence in Asia 453-469(2020).

② 我国对法律人工智能的态度较为积极主动,一个重要的现实原因可能在于我国高度依赖卷宗的审判传统。而这种基于文字的审判方式,高度契合了人工智能的学习模式,即卷宗的存在为人工智能广泛收集数据进行深度学习提供了优厚的基础条件,而域外尤其是英美法系国家在审判中对言词证据更加青睐,因而缺乏了卷宗为人工智能提供的数据前提条件。

法局限”与“裁判扩张”之间的矛盾，但人工智能在司法中的使用受限于技术条件，只能解决司法裁判中的某些具体问题，还难以贯穿所有案件与所有诉讼环节。具体而言，在刑事案件中，盗窃、抢劫、酒驾等案件较为适合运用人工智能，因为它们比较倚重数据化的定罪、量刑标准，可以由 AI 法官对数据进行收集、分析、建模，并以“自动售货机”模式裁判。相反，职务犯罪、经济犯罪、杀人等案件的处理标准相对复杂、多样，往往还要甄别证据，个案特殊性较强，应用人工智能必须谨慎。所以，在刑事司法领域 AI 法官难以大展身手。同样，民事裁判中最适宜的也是事实清楚，规则明确简单，算法可以识别、总结和建模的案件。相反，规则复杂多样、事实有争议、算法难以成功总结与建模的案件，AI 法官也难以胜任。就此而言，只有一部分简单案件可能成为 AI 法官的裁判对象。值得一提的是，域外部分学者也持此种观点，吴蒂姆（Tim Wu）通过对推特和脸书使用人工智能进行言论审查的案例分析，发现纯粹的人工智能目前更适宜用在简单案件中，因为人工智能在解释性方面存在缺陷，仅能说明“如何做”而无法解释“为何做”。因此，面对具有重大利害关系的案件时，人类法官依旧无法被取代，运用辅助功能的机器人是最优的选择。未来司法领域人工智能的运用或许会进入人工与人工智能的混合模式。①

（二）多层面推动司法人工智能技术发展

1. 数据层面

应当首先解决裁判智能产品的前提——数据问题。诸如 COMPAS 这样的智能量刑软件，为何我们尚未打造出来？这当然与裁判人工智能在我国依然缺乏充分的可以信赖的数据有关。显然，我们在辨识、提取和总结法律数据方面存在困难。机器识别自然语言已属不易，识别法律专业术语更是难上加难。面对法律，主流方法如无监督学习效果不甚理想，必须使用人工方式筛选、清洗法律数据并进行分类。同时，当下不少所谓的法律科技公司或研究

---

① See Tim Wu, *Will Artificial Intelligence Eat the Law? The Rise Of Hybrid Social-Ordering Systems*, 119 Columbia Law Review 1-29(2019).

团队严重依赖自己事先假定的知识图谱来提取、印证规范化的裁判模式,他们打造的裁判模式可能严重脱离实践模式。实际上,笔者带领的团队也在做裁判文书的识别、提取等工作。我们发现,稍微复杂的文书识别往往极其困难,因为机器识别在抽取多样、微妙的语言时经常出错,从而影响大样本材料提取的准确性,最终给出误差很大甚至错误的解读。由此,裁判模式的建模往往错误百出。为了解决这一问题,人类的反复、深度介入在所难免。或许,当务之急是找到好的方法,方便机器识别、学习法律数据。这需要在实践中摸索,按照以下主要路径逐步予以解决:

其一,解决司法数据获取严重不全的问题。谋求对中国法律运行真实情况的充分认识,如果仅依靠裁判文书网上的大数据或其他有限公开渠道上的信息,显然不科学。因为这些数据可能时常具有结构性缺陷,或者并非关键数据,或者与真实情况背离。我们需要学会在数据有限甚至失真的前提下,探索代表性研究,包括结合局部数据形成整体性结论,印证大数据研究的结论。

其二,透过公开的法律数据的"表象性",发现实质性的关键所在。这种"表象性"是指,法院、法官在决策时所真正采用的"实质信息"并未以裁判文书等公开的文字化方式表现出来。当下,纸面上形式真实的法律信息与实践中实质真实的法律信息之间的鸿沟难以为司法人工智能所充分归纳,如若不能识别出人类裁判的真实理由、普遍标准,则难以得出真正有效的裁判模式。对此,应在数据之外,通过社会调查等方式,把握司法决策的要害所在,并将之嵌入裁判模式,用实践数据来评估、调整公开法律数据的权重,最终打造真实、有效的裁判产品。

其三,正确处理法律数据的主观性、复杂化问题。司法裁决不可避免地具有主观色彩,这意味着司法判决以及其依据都具有很强的主体性、主观性。其典型表现是"同案不同判"。不同法官对同一法律问题往往有着不同的看法与见解。在一些所谓的"疑难"案件中,更是如此。在未来,发展司法人工智能,应重点针对具有主观性的数据进行深入挖掘,区分、提炼出准确、合理的裁判模式,并限定其适用范围。

2. 算法层面

打造成功、有效的裁判算法和研究方式，抛弃明显落后的知识图谱式的裁判人工智能算法和研究方法。[①] 从实践来看，一些法律人和法律科技公司并未做过实证研究，统计学方法的应用阙如，也没有证据显示其做过法律领域的机器学习研究。所谓的知识图谱应用，似乎主要是对立法的解读，而非对实践数据的挖掘、建模。而在域外的机器人裁判实践中，我们可以发现的统计学方法乃至机器学习方式的普遍使用，法律机器学习的论文常见于高级别的自然科学刊物。换言之，对裁判模式的发现、建模一定离不开基于实践数据的统计学或机器学习方法，然而，在中国司法人工智能的实践中我们始终难以见到类似的研究与应用。由此，我们或许可以大胆断定：不懂、不用实践数据的算法可能是中国司法人工智能实践的一种通病。因此，抛弃带有传统的法教义学色彩的司法人工智能研究方式、裁判模型的生产机制，转而打造面向实践的、统计式的、机器学习介入的研究范式、裁判模型机制，将成为司法人工智能在中国成功运用的关键。当然，如何通过机器学习算法发现或者充分发现裁判规律是一个漫长且未知的过程，中国司法人工智能之路道阻且长。

（三）构建适配的司法伦理规则

其一，解决 AI 法官运行机制的公正性问题。这一点是域外学者、实务人士关注且努力解决的问题。尽管存在裁判类人工智能研究的尝试，但其实际应用有何机制来保障？如何赋予其程序正当性？这是未来实际使用司法人工智能的关键。笔者认为，未来应该积极思考如何打造与人类法官审判既有共性也有差异性的程序机

① 在中国司法中，算法究竟是什么？答案似乎长期存在于“云山雾罩”中。法院和法律科技公司到底采用了何种算法及其实际效果如何？我们难以得知。根据笔者的观察与访谈，在中国法律人工智能领域特别是预测裁判方面，知识图谱+深度学习是话语层面的主流算法，几乎每家法律科技公司都宣称使用了“最先进”的“神经网络深度学习”算法。但在实践中，知识图谱而非深度学习可能才是法律界运用人工智能的较多做法。如前所述，知识图谱具体来说就是用可视化的图谱形象地把复杂的知识领域通过数据挖掘、信息处理、知识计量和图形绘制而显示出来。参见秦长江、侯汉清：《知识图谱——信息管理与知识管理的新领域》，载《大学图书馆学报》2009 年第 1 期。

制。具体而言,在差异性方面,应当理解并容许 AI 法官在审判效率上的技术优势,其能在极短时间内处理数以千计的数据信息,与人类的信息处理能力具有无可比拟的优势,因此,对于司法人工智能的技术设计并不能苛求其采取和人类法官完全一致的理念或方式。[①] 此外,我们也要确保裁判智能应用程序与人类法官在审判公正上的一致性。申言之,除了追求 AI 法官的高效处理案件的能力之外,也应杜绝其可能出现的歧视性,而这需要在决策之前进行公正性的考察,即对数据挖掘过程、算法训练过程进行公正性验证,并建立起相应的事后修正机制,从事前监管与事后修正两个角度确保 AI 法官裁判的公正性。

其二,解决算法的公开性(透明性)问题。关于透明性,有学者主张,一方面应该确定人工智能以及算法在司法系统中的应用所引起的所有潜在问题,由来自 IT、法律、社会学、工程学等众多学科的多位专家(如流程工程师、法律知识工程师、数据科学家、信息专家)建立联合团队,全面评估 AI 系统可能对社会产生的影响。相应地,在全球范围内尽可能有效地制定标准,这些联合团队应该在全球范围内相互沟通。讨论相关主题的前提是用户了解工具是如何实现从数据输入、处理和计算到预测输出的。[②] 另一方面,打开法律黑匣子,即必须赋予法官权力,让软件开发私有公司披露评估工具的称量代码,同时只让公共机构负责法律软件,让司法系统能够在决策过程中依赖人工智能。

其三,解决自动化决策的有关责任问题。在自动化系统作出决策时,是法官、立法者还是系统开发者来负责?智能机器失灵时又

---

① 认为 AI 需要以与人类同样的方式达到某种预期才算匹配了人类的智能,这种认识或许是对 AI 智能的发展模式陷入了一种自我为中心的窠臼。实际上,AI 可能是以人类无法理解的方式实现同样的功能。例如,自动驾驶设计并不是基于对人类的模仿,因而不需要设计手来握住方向盘,只要实现功能等价就可以了。再如,测谎仪并非具有侦测谎言的能力,其是通过测量人体的生理特征变化来给予欺骗与否的提示。就此而论,无论是事实认定还是法律适用,AI 通过机器学习,只要在结果输出上不弱于人类,或许也算是一种殊途同归的智能。参见[美]安德里娅·罗斯、董帅、张弛、阳平:《机器审判》,载《证据科学》2021 年第 1 期。

② 参见[美]安德里娅·罗斯、董帅、张弛、阳平:《机器审判》,载《证据科学》2021 年第 1 期。

由谁来负责？将自动化决策过程纳入司法决策过程后，我们应该意识到，公司设计的风险评估工具表明公共权力在一定程度上被授予作为开发者的技术公司，使其能够影响公民权利。所以，一方面，必须明确这样做的法理依据何在，即明确间接赋予开发者部分参与司法决策的正当性依据。另一方面，笔者认为，在具体责任承担上可能难以简单将责任归于某一主体，这样既容易打压技术创新的积极性，也不利于追责程序的实际展开。在此可以借鉴有的研究者提出的差异化责任承担方式：区分司法人工智能各个主体之间的职责，作为应用者的司法机关首先提供救济渠道，再追究研发者与审核者的相关责任。①

最后，一个或许危言耸听但也不可不防的后果是：鉴于司法人工智能的模仿性，将权力转让给 AI 法官可能意味着让人类丧失制定法律的能力。笔者的看法是，谨慎而积极地使用 AI，建议一开始就尝试将其限制在标准化裁判的案件中。

---

① 参见李训虎：《刑事司法人工智能的包容性规制》，载《中国社会科学》2021 年第 2 期。

参考文献

一、中文文献

（一）专著

1. 风笑天:《社会研究方法》,中国人民大学出版社 2001 年版。

2. 中华人民共和国最高人民法院编:《中国法院的互联网司法》,人民法院出版社 2019 年版。

3. 白建军:《法律实证研究方法》(第二版),北京大学出版社 2014 年版。

4. 左卫民:《实证研究:中国法学的范式转型》,法律出版社 2019 年版。

5. 王飞跃等:《社会计算的基本方法与应用》,浙江大学出版社 2012 年版。

6. 最高人民法院编:《中国法院的司法改革:2013-2016》,人民法院出版社 2017 年版。

7. 涂子沛:《大数据:正在到来的数据革命,以及它如何改变政府、商业与我们的生活》,广西师范大学出版社 2017 年版。

8. [英]汉娜·弗莱:《算法统治世界》,李松英译,贵州人民出版社 2021 年版。

9. [美]克劳迪奥·乔菲-雷维利亚:《计算社会科学:原理与应用》,梁君英等译,浙江大学出版社

2019 年版。

10. [英]维克托·迈尔·舍恩伯格、[英]肯尼思·库克耶:《大数据时代:生活、工作与思维的大变革》,盛杨燕、周涛译,浙江人民出版社 2013 年版。

11. [美]马修·萨尔加尼克:《计算社会学》,赵红梅、赵婷译,中信出版集团 2019 年版。

12. [美]黄宗智:《经验与理论:中国社会、经济与法律的实践历史研究》,中国人民大学出版社 2007 年版。

13. [美]乔治·梅奥:《霍桑实验——为什么物质激励不总是有效的》,项文辉译,立信会计出版社 2017 年版。

14. [英]理查德·萨斯坎德:《线上法院与未来司法》,何广越译,北京大学出版社 2021 年版。

15. [美]伊恩·艾瑞斯:《大数据思维与决策》,宫相真译,人民邮电出版社 2014 年版。

16. [美]凯西·欧尼尔:《大数据的傲慢与偏见:一个圈内数学家对演算法霸权的警告与揭发》,许瑞宋译,台北,大写出版社 2017 年版。

17. [美]佩德罗·多明戈斯:《终极算法　机器学习和人工智能如何重塑世界》,黄芳萍译,中信出版集团 2017 年版。

18. [美]瑞恩·卡洛、[美]迈克尔·弗兰金、[加拿大]伊恩·克尔:《人工智能与法律的对话　人类的法律体系能跟上人工智能的脚步吗? 性机器人合法吗?》,彭诚信编,陈吉栋、董惠敏、杭颖颖译,上海人民出版社 2018 年版。

(二)论文

19. 白建军:《法律大数据时代裁判预测的可能与限度》,载《探索与争鸣》2017 年第 10 期。

20. 白建军:《大数据对法学研究的些许影响》,载《中外法学》2015 年第 1 期。

21. 刘艳红:《人工智能法学研究的反智化批判》,载《东方法学》2019 年第 5 期。

22. 刘艳红:《人工智能法学的"时代三问"》,载《东方法学》

2021 年第 5 期。

23. 申卫星:《法学研究新范式:计算法学的内涵、范畴与方法》,载《法学研究》2020 年第 5 期。

24. 马长山:《司法人工智能的重塑效应及其限度》,载《法学研究》2020 年第 4 期。

25. 李训虎:《刑事司法人工智能的包容性规制》,载《中国社会科学》2021 年第 2 期。

26. 季卫东:《计算法学的疆域》,载《社会科学辑刊》2021 年第 3 期。

27. 江必新、郑礼华:《互联网、大数据、人工智能与科学立法》,载《法学杂志》2018 年第 5 期。

28. 左卫民:《"诉讼爆炸"的中国应对:基于 W 区法院近三十年审判实践的实证分析》,载《中国法学》2018 年第 4 期。

29. 左卫民:《如何打造具有法理合理性的刑事诉讼法——审思 2018 年刑事诉讼法修正案》,载《比较法研究》2019 年第 3 期。

30. 左卫民、张潋瀚:《刑事辩护率:差异化及其经济因素分析——以四川省 2015—2016 年一审判决书为样本》,载《法学研究》2019 年第 3 期。

31. 左卫民:《审判委员会运行状况的实证研究》,载《法学研究》2016 年第 3 期。

32. 左卫民、何胤霖:《1979-2019:当代中国刑事诉讼研究话语体系的兴起与转型》,载《法学评论》2020 年第 4 期。

33. 左卫民:《迈向实践:反思当代中国刑事诉讼知识体系》,载《中外法学》2011 年第 2 期。

34. 苏力:《好的研究与实证研究》,载《法学》2013 年第 4 期。

35. 王利明:《人工智能时代对民法学的新挑战》,载《东方法学》2018 年第 3 期。

36. 胡凌:《人工智能的法律想象》,载《文化纵横》2017 年第 2 期。

37. 胡凌:《大数据兴起对法律实践与理论研究的影响》,载《新疆师范大学学报(哲学社会科学版)》2015 年第 4 期。

38. 程金华:《迈向科学的法律实证研究》,载《清华法学》2018年第4期。

39. 侯猛:《社科法学的传统与挑战》,载《法商研究》2014年第5期。

40. 侯猛:《实证"包装"法学?——法律的实证研究在中国》,载《中国法律评论》2020年第4期。

41. 车浩:《法教义学与社会科学——以刑法学为例的展开》,载《中国法律评论》2021年第5期。

42. 申卫星、刘云:《法学研究新范式:计算法学的内涵、范畴与方法》,载《法学研究》2020年第5期。

43. 张永健、程金华:《法律实证研究的方法坐标》,载《中国法律评论》2018年第6期。

44. 张永健:《量化法律实证研究的因果革命》,载《中国法律评论》2019年第2期。

45. 陈柏峰:《法律实证研究的兴起与分化》,载《中国法学》2018年第3期。

46. 陈柏峰:《社科法学及其功用》,载《法商研究》2014年第5期。

47. 王禄生:《司法大数据应用的法理冲突与价值平衡——从法国司法大数据禁令展开》,载《比较法研究》2020年第2期。

48. 王禄生:《司法大数据与人工智能技术应用的风险及伦理规制》,载《法商研究》2019年第2期。

49. 王禄生:《司法大数据与人工智能开发的技术障碍》,载《中国法律评论》2018年第2期。

50. 唐应茂、刘庄:《庭审直播是否影响公正审判?——基于西部某法院的实验研究》,载《清华法学》2021年第5期。

51. 唐应茂:《法律实证研究的受众问题》,载《法学》2013年第4期。

52. 唐应茂:《司法公开及其决定性因素:基于中国裁判文书网的数据分析》,载《清华法学》2018年第4期。

53. 刘思达、侯猛、陈柏峰:《社科法学三人谈:国际视野与本土经验》,载《交大法学》2016 年第 1 期。

54. 张文娟:《信息社会概念溯源——背景 产生 发展》,载《情报科学》2007 年第 7 期。

55. 刘小鹏:《庭审网络直播与当事人隐私权保护的冲突与平衡》,载《法律科学(西北政法大学学报)》2015 年第 3 期。

56. 姚广宜:《对网络微博庭审直播现状的实证分析》,载《中国政法大学学报》2016 年第 4 期。

57. 冯姣:《禁止庭审微博直播与审判公开关系之探析》,载《法治研究》2013 年第 8 期。

58. 高一飞、祝继萍:《英国微博庭审直播的兴起》,载《新闻与传播研究》2012 年第 3 期。

59. 王燃:《美国庭审直播制度》,载《国家检察官学院学报》2015 年第 3 期。

60. 自正法:《自由之边界:司法改革背景下新媒体公开的维度与限度》,载《安徽师范大学学报(人文社会科学版)》2016 年第 6 期。

61. 刘敏:《电子诉讼潮流与我国民事诉讼法的应对》,载《当代法学》2016 年第 5 期。

62. 宋朝武:《电子司法的实践运用与制度碰撞》,载《中国政法大学学报》2011 年第 6 期。

63. 周翠:《德国司法的电子应用方式改革》,载《环球法律评论》2016 年第 1 期。

64. 陈增宝:《构建网络法治时代的司法新形态——以杭州互联网法院为样本的分析》,载《中国法律评论》2018 年第 2 期。

65. 张兴美:《电子诉讼制度建设的观念基础与适用路径》,载《政法论坛》2019 年第 5 期。

66. 段厚省:《论互联网法院的功能定位与程序创新》,载《上海师范大学学报(哲学社会科学版)》2020 年第 6 期。

67. 段厚省:《远程审判的程序正当性考察》,载《政法论丛》2020 年第 2 期。

68. 刘佳奇:《论大数据时代法律实效研究范式之变革》,载《湖北社会科学》2015 年第 7 期。

69. 徐明:《大数据时代的隐私危机及其侵权法应对》,载《中国法学》2017 年第 1 期。

70. 张吉豫:《大数据时代中国司法面临的主要挑战与机遇——兼论大数据时代司法对法学研究及人才培养的需求》,载《法制与社会发展》2016 年第 6 期。

71. 邓矜婷、张建悦:《计算法学:作为一种新的法学研究方法》,载《法学》2019 年第 4 期。

72. 于晓虹:《计算法学:展开维度、发展趋向与视域前瞻》,载《现代法学》2020 年第 1 期。

73. 凌昀、李伦:《计算社会科学研究:范式转换与伦理问题》,载《江汉论坛》2020 年第 9 期。

74. 屈茂辉、匡凯:《计量法学的学科发展史研究——兼论我国法学定量研究的着力点》,载《求是学刊》2014 年第 5 期。

75. 张妮、蒲亦非:《计量法学、计算法学到认知法学的演进》,载《四川大学学报(自然科学版)》2021 年第 2 期。

76. 雷鑫洪:《方法论演进视野下的中国法律实证研究》,载《法学研究》2017 年第 4 期。

77. 马超、于晓虹、何海波:《大数据分析:中国司法裁判文书上网公开报告》,载《中国法律评论》2016 年第 4 期。

78. 孙秀林:《互联网与社会学定量研究》,载《中国社会科学》2016 年第 7 期。

79. 王天思:《大数据中的因果关系及其哲学内涵》,载《中国社会科学》2016 年第 5 期。

80. 唐文方:《大数据与小数据:社会科学研究方法的探讨》,载《中山大学学报(社会科学版)》2015 年第 6 期。

81. 张小天:《因果关系与相关关系:它们的关系及它们的差异》,载《社会学研究》1992 年第 3 期。

82. 张庆熊:《大数据时代社会科学方法论探讨》,载《社会科学》2018 年第 9 期。

83. 张妮、徐静村:《计算法学:法律与人工智能的交叉研究》,载

《现代法学》2019 年第 6 期。

84. 郑戈:《人工智能与法律的未来》,载《探索与争鸣》2017 年第 10 期。

二、外文文献

1. Dr. Richard Hilhorst & Prof. Tom van Engers, *E-dossier at the Dutch Council of State: Design, Implementation and Lessons Learned*, Post-proceedings of the 2nd International Conference on ICT Solutions for Justice (ICT4 Justice 2009).

2. Doron Menashe, *A Critical Analysis of the Online Court*, 39 U. Pa. J. Int'l L. 921 (2018).

3. Brian A. Pappas, *Online Court: Online Dispute Resolution & the Future of Small Claims*, 12 UCLA J. L. Tech. (Fall 2008).

4. Andrew Guthrie Ferguson, *The Big Data Jury*, 91 Notre Dame Law Review 960 (2016).

5. Lyria Bennett Moses & Janet Chan, *Using Big Data for Legal and Law Enforcement Decisions: Testing the New Tools*, 37 UNSW Law Journal 643-678 (2014).

6. Jared D. Correia & Heidi Alexander, *Big Data, Big Problem: Are Small Law Firms Given a Sporting Chance to Access Big Data?*, 37 W. New Eng. L. Rev. 144 (2014-2015).

7. Kevin Miller & *Total Surveillance, Big Data, and Predictive Crime Technology: Privacy's Perfect Storm*, 19 Journal of Technology Law & Policy 105-146 (2014).

8. Neil M. Richards & Jonathan H. King, *Big Data Ethics*, 49 Wake Forest L. Rev. 393-432 (2014).

9. Sohayla M. Roudsari, *Fourth Amendment Jurisprudence in the Age of Big Data: A fresh Look at the "Penumbers" Through the Lens of Justice Sotomayor's Concurrence in United States V. Jones*, 9 Federal Courts Law Review 139-174 (2016).

10. Ismail Cem Kuru, *Your Hard Drive is Almost Full: How*

Much Data Can the Fourth Amendment Hold, 2016 U. of Ill. JL Tech. & Pol'y 89-134 (2016).

11. Lieberman et al., *Jury Psychology: Social Aspects of Trial Processes*, Ashgate Publishing Company 6-10(2009).

12. Kleinberg et al., *Human Decisions and Machine Predictions* (February 2017). NBER Working Paper No. w23180.

13. Wolfgang Alschner et al., *The Data-driven Future of International Economic Law*, 20 J. of Int'l Econ L. 230 (2017).

14. Loevinger L., *Jurimetrics: The Next Step Forward*, 33 Minnesota Law Review 455-493 (1949).

15. Kleinberg, J. et al., *Human Decisions and Machine Predictions*, 133 Quarterly Journal of Economics 237-293(2018).

16. Surden & Harry, *Machine Learning and Law*, 89 Washington Law Review 87-115 (2014).

17. Chang Y. C. et al., *Drawing the Legal Family Tree: An Empirical Comparative Study of* 170 *Dimensions of Property Law in* 129 *Jurisdictions*, 13 Journal of legal Analysis 127-178 (2021).

18. Liebmanet et al., *Mass Digitization of Chinese Court Decisions: How to Use Text as Data in the Field of Chinese Law*, 8 Journal of Law and Courts 177-201 (2020).

19. Blumenstock J. et al., *Predicting Poverty and Wealth from Mobile Phone Metadata*, 350 Science 1073-1076(2015).

20. Wang W. et al., *Forecasting Elections with Non-representative Polls*, 31(3) International Journal of Forecasting 980-991(2015).

21. Hersh A. E., *Validation: What Big Data Reveal about Survey Misreporting and the Real Electorate*, 20(4) Political Analysis 437-459(2012).

22. Fischman J. B., *Reuniting "is" and "ought" in Empirical Legal Scholarship*, 162(1) University of Pennsylvania Law Review 117-168(2013).

23. Liebman B. L. et al., *Mass Digitization of Chinese Court*

Decisions: How to Use Text as Data in the Field of Chinese Law, Social Science Electronic Publishing, 2017.

24. Bruce G. Buchanand & Thomas E. Headrickr, *Some Speculation about Artificial Intelligence and Legal Reasoning*,23 Stan. L. Rev. 40.

25. Anthony D'Amato, *Can/Should Computers Replace Judges*, 11 Ga. L. Rev. 1277 (1977).

26. Michael Mills, *Using AI in Law Practice: It's Practical Now*, 42 Law Prac 48-51 (2016).

27. Walton, David J. , *Litigation and Trial Practice in the Era of Big Data*, 41 Litig. 55, 55.

28. Bennett Moses, L*yria and Chan*, *Janet*, *Using Big Data for Legal and Law Enforcement Decisions: Testing the New Tools.*, 37 University of New South Wales Law Journal 643-678(2014).

29. Edwards et al. , *Slave to the Algorithm? Why a "Right to an Explanation" is Probably Not the Remedy You are Looking For*, 16 Duke Law & Technology Review 18 (2017).

30. Yuval Noah Harari, *Homo Deus: A Brief History of Tomorrow*, New York: Harper Collins Publishers Ine 318-321(2016).

31. Benjamin L. Liebman, *Leniency in Chinese Criminal Law? Everyday Justice in Henan*, 33 Berkeley J. Int'l Law. (2015).

32. Amy J. Schmitz, *Expanding Access to Remendies through E-court Initiatives*, 67 Buff. L. Rev. 89(2019).

33. Pamela S. Katz, *Expert Robot: Using Artificial Intelligence to Assist Judges in Admitting Scientific Expert Testimony*, 24 ALB. L. J. SCI. & TECH. 1, 41 (2014).

34. Walton & David J. , *Litigation and Trial Practice in the Era of Big Data*, 41 Litigation. 55 (2014-2015).

35. Henriette Nakad-Westrate et al. , *Digitally Produced Judgements in Modern Court Proceedings*, International Journal of Digital Society, Column 6 Issue 4, December 2015, p. 1102.

36. Skeem et al. , *Impact of Risk Assessment on Judges' Fairness*

in Sentencing Relatively Poor Defendants, 44(1) Law and Human Behavior 51-59 (2020).

37. Veale M. & Edwards L., *Clarity, Surprises, and Further Question in the Article* 29 *Working Party Draft Guidance on automated Decision-Making and Profiling*, 34 Computer Law & Security Review 398(2018).

38. Tim Wu, *Will Artificial Intelligence Eat the Law? The Rise of Hybrid Social-Ordering Systems*, 119 Columbia Law Review 1-29 (2019).